“十二五”国家重点出版物出版规

国家汉办新世纪汉语本科系列教材

汉语言专业本科系列教材·听说类

COMMUNICATION 沟通

TASK-BASED INTERMEDIATE SPOKEN CHINESE

任务型中级汉语口语

本册主编：赵雷

副主编：赵建华

编　者：赵雷　赵建华　高岳

ERYA CHINESE

汉语言专业本科系列教材

总 序

《尔雅中文——汉语言专业本科系列教材》（以下简称《尔雅中文》）是面向以汉语作为第二语言的学习者的汉语言专业本科学历教育教材，是继上世纪90年代至本世纪初出版的《对外汉语本科系列教材》之后推出的新一代大型系列教材。

近年来，国际职场对复合型汉语人才的需求猛增，对专业建设、教学改革、课程建设以及教材编写都提出了新的要求。我们顺应这一发展趋势，将汉语言专业的人才培养目标由以往单纯强调语言技能的“汉语专门型人才”调整为目前的具备“语言+专业”复合能力的“汉语通用型人才”，在汉语言专业陆续增设一些新的方向，凸显出汉语言专业课程体系的时代特色。但是，我们充分认识到，对于汉语言专业的学生而言，核心问题仍是如何更有利于自身语言能力的提高，特别是语言交际能力、认知能力、跨文化交流能力等综合性、复合型能力的提升。因此，虽在语言技能、语言知识课程外增设了较为系统的历史文化、国情社会、经济商务等方向课程，但是，这些课程不是仅用来灌输知识的，而是为更好地扩展语言能力而服务，以语言能力培养为核心的理念并未改变。

《尔雅中文》教材体系与专业课程体系紧密相连，包含了横向和纵向两个序列：横向上，在不断完善语言技能、语言知识、文化系列教材的基础上，增设了较为系统的商务、翻译、教学等专业方向的专业语言技能和专业知识教材；纵向上，建立起更为缜密的综合课与听、说、读、写、译各分技能课的一至四年级的梯度等级，平衡了一般技能课跟各序列的专业技能课、知识课的比例。横向与纵向协调发展，形成了汉语言专业本科大型教材的网状系统，最大程度地体现出专业教学的系统性、关联性、层级性和针对性，也为以汉语言专业为依托、面向汉语作为第二语言学习者的本科专业群的建设奠定了坚实的基础。《尔雅中文》教材相对应的课程序列与梯度等级如图所示：

课程序列与梯度等级示意图

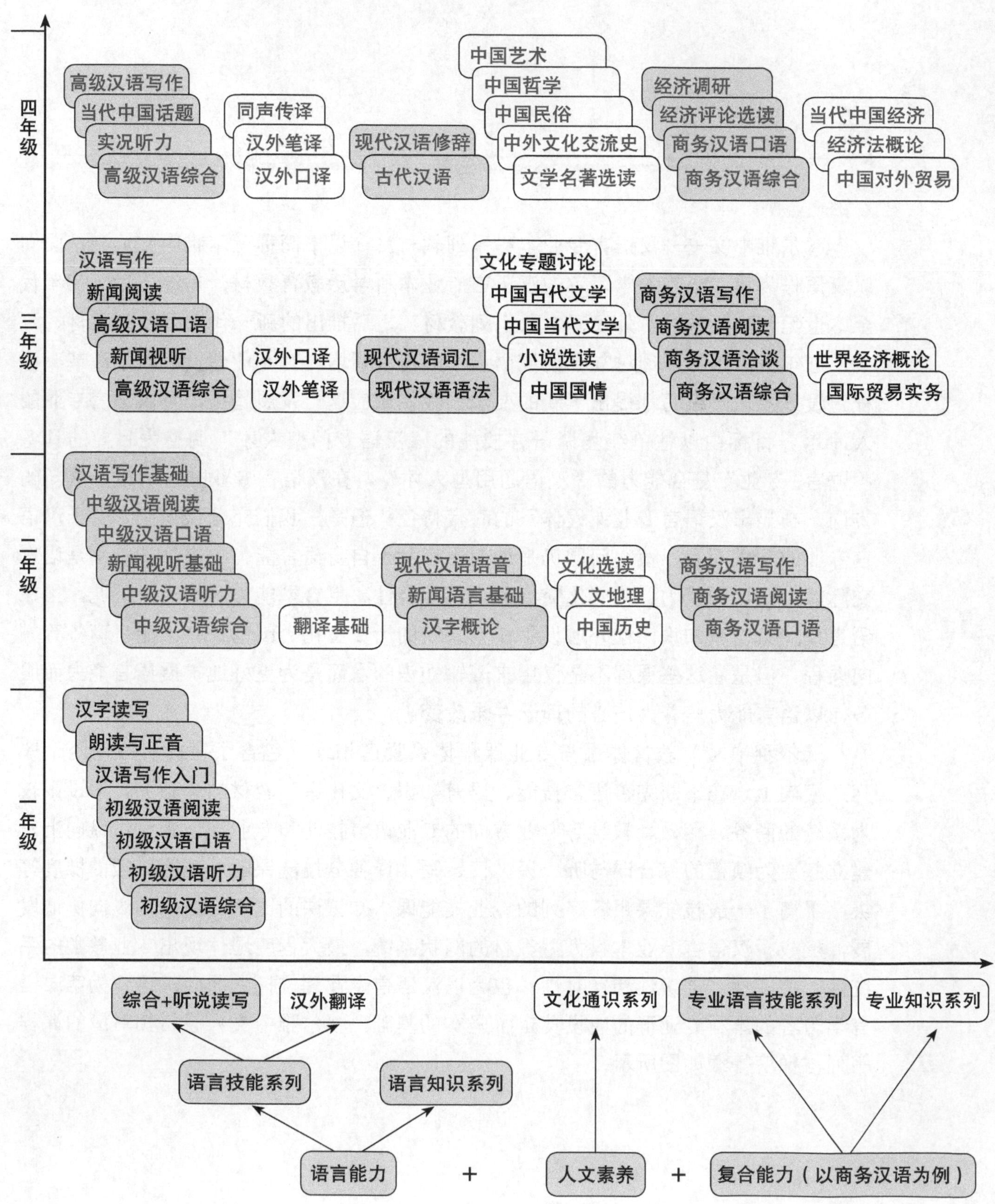
四年级
高级汉语写作
当代中国话题
实况听力
高级汉语综合
同声传译
汉外笔译
汉外口译
现代汉语修辞
古代汉语
中国艺术
中国哲学
中国民俗
中外文化交流史
文学名著选读
经济调研
经济评论选读
商务汉语口语
商务汉语综合
当代中国经济
经济法概论
中国对外贸易
三年级
汉语写作
新闻阅读
高级汉语口语
新闻视听
高级汉语综合
汉外口译
汉外笔译
现代汉语词汇
现代汉语语法
文化专题讨论
中国古代文学
中国当代文学
小说选读
中国国情
商务汉语写作
商务汉语阅读
商务汉语洽谈
商务汉语综合
世界经济概论
国际贸易实务
二年级
汉语写作基础
中级汉语阅读
中级汉语口语
新闻视听基础
中级汉语听力
中级汉语综合
翻译基础
现代汉语语音
新闻语言基础
汉字概论
文化选读
人文地理
中国历史
商务汉语写作
商务汉语阅读
商务汉语口语
一年级
汉字读写
朗读与正音
汉语写作入门
初级汉语阅读
初级汉语口语
初级汉语听力
初级汉语综合
综合+听说读写
汉外翻译
文化通识系列
专业语言技能系列
专业知识系列
语言技能系列
语言知识系列
语言能力
+
人文素养
+
复合能力（以商务汉语为例）

《尔雅中文》系列教材在继承上一代《对外汉语本科系列教材》长处的同时，更加贴近现实社会需要和学习者的需求，也融入了近些年汉语言专业课程建设与教学改革的多方面成果，从而呈现出崭新的面貌，形成了自己的特点。概括起来有以下四点：

一、总体设计更具系统性和前瞻性，最大程度地反映出专业人才培养的新目标

语言技能、语言知识、文化知识、专业语言技能、专业知识五大板块既相互关联，又各自独立。语言技能课程贯穿始终，凸显以养成语言能力为主的专业发展理念；文化知识序列不断丰富，体现出对汉语国际教育本质的全面认识，自觉地将提升人文素质、培养全面发展的人作为汉语言专业本科教育的最终目标。专业技能和知识课程在中高级阶段逐步增加，循序渐进，实现由初级的“语言技能+语言知识”基础能力向中高级的“语言+专业”综合能力的自然过渡。同时，各专业方向的教材都具有自身特色，自成体系，体现了统一中的多样性，也体现了专业人才培养模式向厚基础、宽口径、复合型的转变。

二、语言技能序列的设计更具延展性，结构更加合理

作为面向汉语作为第二语言学习者的汉语言专业本科系列教材，由汉语综合技能与以“听、说、读、写”分立形成的各分技能训练无疑是其主干部分。这套教材的设计与编写，不仅填补了中高级阶段“听、说、读、写”分技能教材的诸多空白，而且增强“译”这一重要的技能，形成了“听、说、读、写、译”各自独立并相互关联的完整的分技能序列。与此同时，初、中、高各教学阶段逐层递进，且横向延伸，使得语言技能教材序列更加协调和完整。由于汉语综合课以及听、说、读、写、译各技能课都自成体系，具备面向初、中、高三个阶段、四个年级的多层级和覆盖面广的特点，因此，教材的使用范围、对象就不限于本科学历教育，而是对各种层次和需求的中文学习者都具有不同程度的适用性，可以各取所需。

三、强化以学习者为中心的教材编写意识，跨文化视角更加突出

编写者大都为多年从事汉语作为第二语言教学工作的资深教师，基本上都具有海外汉语教学的经历，对不同课型的教学原则和实践策略有着较为深入的了解和体会，对大量的同类汉语教材的编写理念以及教学法、跨文化交际理论等做过前期研究。从教师规划学习内容、层级、知识点，到编排教材中的练习及设计课堂活动，尽量从学生学习的视角和跨文化的视角去安排、镕裁，换言之，更加重视教材编排跟教学过程、习得过程与效果的关联程度，使语言及文化、商务的教材内容丰富而生动，以提高学生主动学习的兴趣以及课堂活动的参与度。

四、通过调查统计、大纲设计和试用试验等环节，使教材编写有章可循，科学实用

新一代汉语言专业本科系列教材的编写工作启动于2007年，首先对原有教材、国内外市场同类教材的使用情况进行调研。编写者均为相应课型的任课教师，且大多参与过上一代教材的编写工作，对任务轻重和努力方向都有较深的体会。同时，组织资深的教学研究专家以及语言、文化、商务、翻译等领域专家，与教材编写小组共同研讨，确立各部教材的基调，审阅推敲文稿，斟酌取舍。教材编写过程较长，各位作者付出了大量心血，已编成的教材提

交出版前大多试用过几个学期，对象涉及来自世界上80多个国家和地区的上千名留学生，每学期试用后，教师都会汇总情况，分析研究，做出适当的修订、更新。

大纲是教材编写的重要前提，并贯彻于整个编写过程。教材与大纲处于动态关系之中，大纲统摄教材，但并非一成不变，教材编写促使大纲趋于完善。本系列教材主要参照《高等学校外国留学生汉语言专业教学大纲》（2002）和《新汉语水平考试大纲（1-6级）》（2009、2010），同时参酌各类语言大纲、框架、标准、词表、调查报告等研究成果，其中的各个序列、各部教材都按照自身性质与类型，研制了便于操作的词汇、语法、功能及话题大纲，既自成一体，又相互照应。对此，各部教材都有自己的编写前言，会做更详细的说明。大纲编订与教材编写相辅相成，教材一面世，大纲也随即推出，如商务汉语方向的教材编写者同时研制出版了《经贸汉语本科教学词汇大纲》（2012），文化大纲的编订也与教材编写协调配合，这些使得教材编写的科学性和内在系统性得以保障。

根据不同的课程性质和专业方向，《尔雅中文》系列教材划分为四大序列：汉语言技能与知识；汉外翻译；文化通识；商务汉语。翻译往往被视为一种语言技能，原本可归入语言技能与知识序列，但鉴于翻译能力是一种复合能力，翻译类课程及教材在一至四年级自成一统，翻译综合课、口译课、笔译课等体系完备，且涉及多个国别，所以这里单列出来。

北京语言大学面向留学生开办汉语言专业的本科学历教育，始于上世纪70年代末，其成长过程历史地见证了中国改革开放以来汉语国际教育的发展。历经几代人的辛勤努力，2008年9月，汉语言专业被批准为国家级高等学校特色专业，2010年7月，汉语言专业教学团队被评为国家级教学团队。这套教材的大部分编著者均出自这一专业团队。汉语言专业的每一步改革与创新，都离不开北语几代对外汉语教育工作者的关心与鼓励，离不开学校领导及海内外专家的大力支持。这里要特别感谢北京语言大学出版社董事长戚德祥、总编辑张健和各位责任编辑，这套教材历经数年终于得以问世，跟他们的严谨态度、耐心督促和细致工作密不可分，而教材得以入选新闻出版总署“十二五”国家重点出版物出版规划项目，正是教材编写规划团队与编辑出版团队精诚合作的结果。

系列教材取名“尔雅”，众所周知，《尔雅》是中国古代汇集分类专门词语以供人学习的经典，这里取其字面义，“尔”通“迩”，“尔雅”指趋于雅正、得体。语言学习不可一蹴而就，而是一个不断接近目标语和目标文化的累积过程，或许正因如此，英人威妥玛（Thomas Francis Wade）将其所编的汉语口语和书面语教材命名为《语言自迩集》和《文件自迩集》。我们编写新一代汉语言专业本科系列教材，同样是希望学生通过系统的学习，逐渐接近目标语言与文化，获得较强的跨文化交流能力，最终不仅要达到较高的汉语水平，而且要更加深入地了解中国社会政治经济和历史文化。

是为总序。

郭　鹏

于北京语言大学

本册序

口语课是学生寄予重望的课，口语课也是一门看似容易，其实难上的课，编写口语教材，是一件吃力不讨好的活儿。

难就难在如何处理“学”和“用”的关系。传统的办法是先学后用，先由教师教，然后让学生用。但是，在口语课上，教师要是教得多了，学生会抱怨开口的机会太少；教师要是教得少了呢，学生又抱怨学不到东西，没有进步。何况，到了让学生开口说的时候，学生没准又不愿意说了，或者说得一团糟。更让人伤心的是，课文教完了，练习做完了，让学生围绕相关主题自由发言的时候，刚才教的词语啊、结构啊，没用到几个，而用到的不少词语和结构呢，不知道他们是从哪里学来的。

以上种种问题，其症结在于，如何处理好输入与输出的交融、“学”与“用”的统一、教材的指导性与学生学习的自主性之间的平衡。我们需要寻找有效的教学单位和教学手段，真正实现以学生为中心的教学。

任务型教学理念给我们带来了极大的启示，“任务”正是口语教学中理想的教学单位和教学手段，任务把“学”和“用”统一起来，让学生主动地为“用”而“学”，在“用”中“学”。我们欣喜地看到，赵雷、赵建华、高岳三位老师编写的《沟通——任务型中级汉语口语》上下册就是这样一部基于任务型教学理念、具有很强的可操作性、让人耳目一新的口语教材。

以我拙见，这部教材的高明之处主要在于以下四个方面：

一、教材通过任务把输入和输出自然地关联起来，让学习者在运用语言的过程中不断地建构、丰富自身的汉语口头表达系统，全面提高口头表达能力。

二、教材在单元话题这根主线下，在任务前、任务中、任务后各环节适时关注语言形式，把内容和形式有机地融合起来，提高学生口语表达的准确度、流利度、复杂度。

三、教材通过形式多样的任务设计，搭建“支架”，逐步引导，层层推进，把过程和目标艺术地统一起来，有步骤地实现口语教学目标。

四、教材通过多种手段关注对学生学习策略和自我管理能力的培养，激励学生不断进步。

赵雷老师告诉我教材即将出版，并嘱我作序，我感到由衷的高兴，同时也甚为惶恐。我在任务型汉语教学方面发表过一些观点，在《对外汉语任务型教学》这本书中也谈到过任务型教材的编写设想，但都是纸上谈兵，曾经想要编写一部任务型的口语教材，但是因为理论准备不足，精力有限，知难而退。而赵雷老师她们不但进行了充分的理论研究，而且付诸教学实践，在教学实验的基础上，推出这样一部充满创新精神的教材，实在令人敬佩！

当然，十全十美的教材是不存在的，任务型教材的编写需要长期的探索。对于任务型教学，教师和学生可能都要有一个适应过程。何况，教师、教材和学生之间应该是互动的关系。在实际教学中，根据学习者的不同情况，适当调整教学内容和教学方式，这本来就是任务型教学的基本精神。但是，把任务作为组织教学的基本单位，通过任务逐步推进教学内容，让学生在有指导的口语实践中综合提高口头交际能力，这一原则应该是符合口语教学规律的。

一种新的教学理念需要相应的新型教材来体现，而新教材的问世，必然有利于新理念的普及和推广。本书编者的工作是开创性的，并且是卓有成效的。我相信，这部教材一定会受到师生普遍欢迎，并且，将在使用中日臻完善。

是为序。

吴中伟

致使用者

欢迎您使用《沟通——任务型中级汉语口语》！

■ 总体介绍

本教材以培养外国汉语学习者的跨文化汉语口头交际能力为目标，以《国际汉语教学通用课程大纲》规定的同级教学目标为蓝本，围绕口头表达训练的各个不同侧面，选择与学习者现实生活、学习以及未来工作相关的各种主题，设计丰富多样的交际任务活动。旨在训练、帮助学习者在以对话和独白的形式合作完成各种任务的过程中，能基本流利、准确、灵活地选择多种语言表达方式，得体地与人沟通或表达自己的观点，顺利完成各种口头交际任务。

教材分上、下两册，供中级水平的外国汉语学习者使用一年。

■ 理论基础

本教材基于任务型语言教学理论编写而成。之所以编写成任务型口语教材，主要有以下原因：

首先，任务型语言教学是交际法的深化和发展，它主要以建构主义、语言习得理论为理论基础，主张“在做中学、在用中学”，即在为完成任务做事情的过程中接触语言、学习语言，在运用语言完成任务的过程中掌握语言。因此，它以理论研究为支撑，又与教学实践紧密结合，反映了新世纪的语言教学理念，是真正落实以学习者为中心，培养语言综合运用能力的有效方法和途径。20世纪90年代，国际语言教学界被称为“任务的年代”，任务法在国际语言教学界被广泛采用。

其次，任务型教学法有利于体现口语教学的课型特点，解决目前口语教学中存在的问题，实现口语教学的目标。跨文化口头交际能力，是语言的综合运用能力，是一种整体素质，既包含语言知识和能力，也包括交际策略、非言语交际技能、跨文化意识等。它不同于书面表达能力，它要通过声音来达意和彼此沟通。因此，需要语言的整体学习。技能训练的过程就是将陈述性知识程序化，程序性知识自动化，即从显性知识到隐性知识的建构过程，而这一过程正是通过“用中学”来实现的。换言之，这种口头交际技能不是教师能教会的，它是需要学习者在掌握了基本的语言知识基础上，通过合作互动中的意义协商，在进行大量的可理解输入和输出的过程中去建构和发展的。因此，以学习者为中心，设计多种类型的交际任务，为学习者提供大量输入输出机会的任务型教学法特别适合口语教学，尤其适合已经掌握了基础语音、词汇、语法知识，需要大量实践机会的中、高级学习者。

任务型教学法为语言习得创造了条件，多种与学习者现实及未来相关的任务活动，激发了学习者的学习动机，为其提供了意义协商的机会，使其可以综合地运用所学语言，不断地建构、丰富自身的汉语口头表达系统，进而全面提高口头表达技能，在沟通交流中学会用汉语交际。通过近年来的理论研究和教学实践，我们认为采用任务型教学途径，将有利于解决口语教学中的诸多问题，有效地提高教学质量和效率。

■ 主要特色

1. 以学习者为中心

本教材根据学习者的需求设计任务活动，努力将学习者的课内、外学习活动结合起来，注意激发学习动机；通过设计配对、小组、全班互动合作的各种类型的任务活动，实现学习者知识和技能的建构。使用本教材进行口语教学可以使学习者真正成为课堂教学的主体、中心，使学生成为演员、运动员，使教师成为导演、指挥、教练，使教师的工作真正变成授人以渔。

2. 交际任务活动贯穿始终

每单元都围绕口头表达的两个侧面——对话和独白，设计了与学生现实学习、生活或未来工作相关的具有推理差、信息差、意见差、解决问题等特点的多种类型的任务活动，将有意义的交际活动贯穿于课堂教学的各个环节。这些任务活动种类多样、涉猎广泛，丰富多彩。

3. 首要关注意义，但注意保持形式和意义的平衡

任务活动一般有真实的情景，有交际的理由和意义，有明显的课堂活动结果。而完成任务必须以语言形式为基础，因此，教材设计了语言形式的课前预习、任务前的热身、任务中的语句、语篇结构提示以及任务后的语言聚焦等学习活动，注意保持内容与形式的平衡。

4. 满足学习者跨文化交际的需求

本教材根据外国学习者跨文化交流的实际需求设计编排任务活动。始终注意满足具有多元文化背景的外国学习者跨文化交流的需求，注意满足他们对交际活动的场景、交际对象、交际话语的“跨文化”的特殊需求。

5. 突出口语教学的特点与规律

口头表达主要通过对话和独白的形式完成，因此教材中注意把关于对话、独白的知识

规律有机地融入任务活动中。注意突出外国学习者在现实和未来使用汉语的目标场景中最常用的交际功能及表达式。同时真实自然的语音语调是外国学习者口头表达时的一个难点，对此，本教材以视听说情境配音的方式进行针对性训练。本教材设计的任务活动均以训练“说”的技能为主，多种技能相结合，听、读、写都为“说”服务。

6. 融入了评价体系

本教材十分注意激发学习者的成就感，不仅通过让学生完成任务展现学习成果和学习成就，而且设计了“评价表”，帮助其运用学习策略，注意调控、反思，以此来持续地激励进步，使之更加乐于合作学习，乐于积极主动地学习。

7. 突出以现代化教育技术为辅助性手段

本教材充分利用先进的现代教育技术，以多媒体技术为辅助手段，通过音、像、图、文等多种输入形式，提供激发学生兴趣的任务，并为学生完成任务提供工具箱、资源包和脚手架。此外，我们还制作了配套的多媒体课件，使教材实现立体化，更便于师生使用。

8. 活动丰富，内容翔实，版面引人入胜

每项任务活动，都有具体翔实的行动步骤，以便于师生进行课堂操作。本教材色彩丰富，版面活泼，真实丰富的输入材料、多样的输入形式、丰富的色彩、精彩的人性化版面设计有机地融为一体，更能激发学习者的学习热情。

为全面提高口语课堂教学效率，本教材努力做到以下“四让”，即：让学生直接参与课堂学习的时间达到最大限度；让学生直接参与课堂学习的覆盖面达到最大限度；让学生的交际真实性达到最大限度；让学生相互之间的学习机会达到最大限度。（文秋芳，1999，《英语口语测试与教学》）总之，教材充分贯彻“用中学”的理念，充分调动学习者的学习积极性、主动性和自主性，发挥其多元智能，增强其责任感、团队精神，让学习者在自然、愉快地使用汉语的过程中体验→感悟→学习→反思→进步。

■ 结构及内容

本教材按照单元排列。除开篇的“用中学”和最后的“语言实践”外，由18个单元构成，涉及了外国学习者在中国学习、生活以及未来生活、工作方方面面的主题。上下册各9个单元。单元顺序基本按照主题与学习者的关系，由近及远编排；单元之间没有明显的难易之分，基本上是并列关系。

每单元主题下，包括两个分话题，然后以话题为主线，围绕该话题设计任务活动，知识体系以暗线贯穿其中。

单元结构如下：

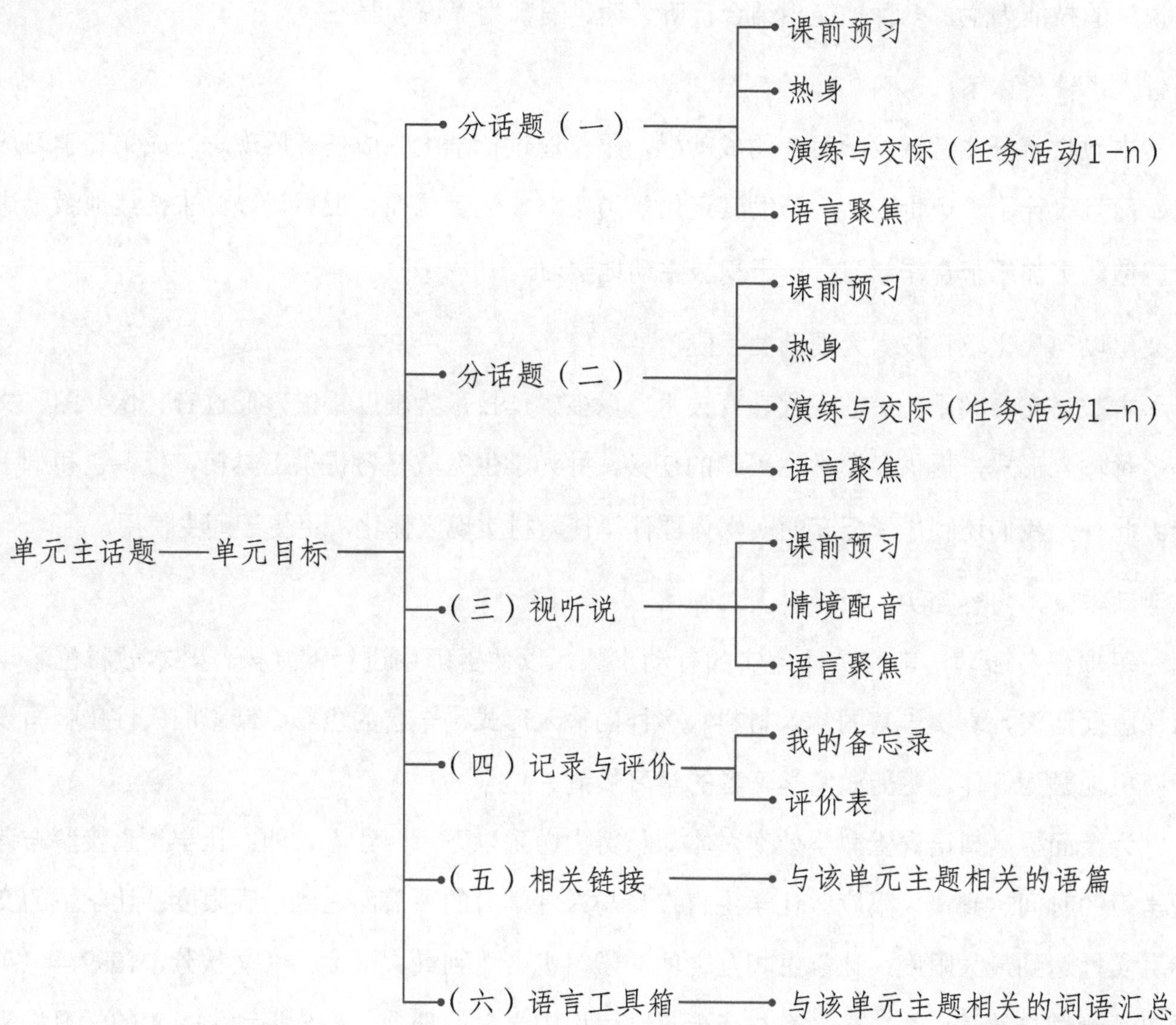

全书最后附有两个附录：附录1——录音文本及部分练习参考答案、附录2——词语总表。

■ 使用建议

全书18个单元，每个单元一般用6课时完成。分话题（一）、（二）一般可用4课时，（一）和（二）个别复杂任务活动和（三）视听说，以及语言聚焦部分的检查、学生口头录音的点评等，可在最后的2课时完成。

由于各单元之间没有明显的难易区别，教师可根据学年教学课时以及学生兴趣、需要和水平进行选择、取舍。

为帮助您更好地使用本教材，我们提出如下建议：

1. 上好开学第一课——“用中学”。

在“开篇”中，学习者将通过具体的任务活动，明确学习目的，了解口语课的学习内容以及体验、了解“用中学”的学习方法，明确自己的现有水平和目标间的距离并初步制订出自己的学习计划。好的开始是成功的一半，对于习惯于传统的“学生词——读课文——做练习”的学生来说，本教材是一种新的体验和挑战，因此，帮助、引导学生学会“用中学”是非常重要的第一课。本部分建议用4课时完成。

2. 帮助学生掌握教材正文之前的“请记住：你经常要用的句子”，并在随后的教学中，引导鼓励学生熟练运用。

“经常要用的句子”是合作学习时每个学生常用的句子，灵活、熟练地选用这些语句将帮助学习者进行可理解的输入和输出，使之有效地进行意义协商，有利于汉语习得。

3. 每个单元开始时，首先要使学生明确本单元的主话题和任务目标。

【课前预习部分】要求学生课前完成，提示学生可参考每单元最后的“语言工具箱”。

从热身开始，可按照教材活动顺序，按照每项任务活动的具体要求、步骤，参照相关提示依次进行。

【故事会部分】主要有以下几种方式：

❶ 4人（A1、A2、B1、B2）一组，以4－3－2的方式，讲述两个不同的故事A、B。

步骤一：两人一组，分别看故事A、B。

步骤二：与另一组同学组成一个大组（A1、B1＋A2、B2），面对面站立，开始互相给对方讲述自己看到的故事，每人共讲三遍。

第一遍：A1－A2，B1－B2，每人给对方讲4分钟。

第二遍：A1－B1，A2－B2，每人给对方讲3分钟。

第三遍：A1－B2，A2－B1，每人给对方讲2分钟。

步骤三：可以采取集体同期录音或抽查的方式，让学生再讲一遍。

步骤四：集体点评，并进行针对性训练。

注意此项活动每人共练习讲述3次，每人都要向不同的同学重复讲述一件内容相同的事情，要求讲述时间越来越短，从4分钟减少到3分钟，再减少到2分钟。由于要面对不同的同学，讲述者为了吸引对方都会重视意义的表达；而不断地重复讲述，也使其对语篇的形式和内容越来越熟悉，因而可以加快讲述的速度；由于时间缩减的压力，也使其必然要抓住内容要旨，尽力避免重复、啰唆。

采用“4-3-2”活动有助于提高口语表达的流利性和准确性。但每次讲述的时间可根据语料内容、学生水平灵活规定。如内容简短，即可3-2-1；如内容较长、较难，也可5-4-3。开始训练时，可不限定时间，教师可根据学生水平、活动进展情况随机应变地发出时间、行动指令。

❷在活动❶重复的基础上，步骤一、二、四不变，步骤三有所变化，即要求最后每人要能把从对方组员那里听到的故事复述出来，并说出故事带给我们的启示。

❸故事A、B是一个故事的前后两部分。在活动❶的基础上，步骤一、二、四不变，步骤三有所变化，即要求最后每人要能把从对方组员那里听到的故事和自己看到的故事组成一个完整的故事复述出来，并说出故事带给我们的启示。

❹故事被打乱分成多个不同的语段，同组的几个同学分别得到其中的一个语段。

步骤一：每人要迅速看懂并记住自己得到的语段。

步骤二：在组内，每人复述自己得到的语段内容，大家听后讨论，排出语段的顺序，并按照正确的故事顺序再次复述，可练习两遍。

步骤三：全班集中，各组复述比赛，看哪组能准确、流利、完整地把故事复述出来。

❺看图讲故事。

步骤一：看图后，先组内预测并按预测内容接力编故事。

步骤二：听故事录音后，按照录音合作讲述故事，并进行猜情节、续故事结尾等后续活动。

步骤三：可以采取集体同期录音或抽查的方式，让学生再讲一遍。

步骤四：集体点评，并进行针对性训练。

【小组讨论部分】

讨论前，教师要帮助小组成员学会合作学习，做好组内任务分工。例如，主持人：负责主持讨论，确保讨论按次序进行，人人参与，讨论不跑题并控制好时间；提问者：负责向发言者提出疑问或请求其重新解释、澄清观点等，确保大家能听懂发言者的话；鼓励者：负责鼓励发言者，及时对其给予必要的帮助或鼓励，确保其能把话讲下去或表述完整；总结者：负责记录大家的观点，并能做出最后的归纳总结；报告者：负责向全班报告小组讨论情况，并回答提问。当然，任务分工是相对的，可根据小组人数和活动要求有所变动。

小组成员可经常随机变换，每个同学都能有同来自不同国家的同学合作学习的机会。组内的任务分工也要经常变换。

小组讨论主要有三种形式：

❶对同一问题，全班分组讨论并报告后，集体讲评。

❷对不同问题，全班分组讨论后，听取不同讨论报告并提问，集体讲评。

❸对同一问题，根据抽签决定的正、反、中立方的角色，分别发表观点并做出小组讨论报告。

【调查报告部分】主要有两种方式：

❶根据调查表进行课外调查，课内汇总、分析调查结果，并做出小组调查报告。

❷根据调查表课内进行组内成员之间的调查，然后汇总、分析调查结果，并做出小组调查报告。

【语言聚焦部分】

一般布置学生课下自主、独立完成后，自己参考附录中的参考答案进行核对。对难点或共性问题，教师可课上进行有针对性的指导或训练。

【情境配音部分】

此部分主要是训练学生的语音语调，尤其是在语境中的真实自然语调。课上观看两遍视频并根据内容做必要的问答后，教师可带领学生分角色练习两遍，然后布置学生课下反复练习，要求能够自然、流利、准确地为剧中人物配音，语音语调模仿得越像越好。如有条件，可把该部分的视频、音频发给每个学生，便于随时练习。

【记录与评价部分】

要求每学完一个单元后，学生课下自行完成。教师也要及时检查了解学生的情况，并据此采取必要的措施，鼓励帮助每个学生使其不掉队，并努力帮助他们构建高效的合作团队，使之更好地进行意义协商，让每个学生在合作学习中获益。

4. 视听说

上下册的最后一个单元分别是视听说——电影《刮痧》和《女人的天空》，这两个单元，每个至少用连续的4课时完成。但什么时间学习这两个单元，教师可根据教学计划和教学情况，灵活调整。

5. 语言工具箱

每个单元的生词或重要的难点语句都放在了这里，并且给出了拼音和英文解释，学生可随时参考、查找。

6. 语言实践

本部分的语言实践，主要为了帮助学生把课内和课外的学习结合起来，学以致用。同时，也可增进世界各国间相互了解，加深友谊。本部分可在教学中合适的时间提前布置学生课下准备。

语言实践包括两方面内容，可酌情选择其一：

❶3－4人一组，自由进行某个方面的社会调查，并准备PPT，然后小组成员向全班报告社会调查结果。

❷演讲比赛，由学生自由选题，准备演讲稿，在班级演讲的基础上进行年级演讲比赛。

■ 编者的话

本教材是将任务型语言教学理论应用于对外汉语口语教学实践的一次探索。我们主张以任务法为主，但要融会贯通其他教学法的长处，使继承与创新相结合。为了编写这部教材，几年来，我们查阅了大量可以找到的国内外口语教材，但由于没有可以直接借鉴的样本，我们遇到了很多困难，付出了超出以往编写传统教材几倍的辛劳。从每项活动的设计，到选配的每张图片、每个表格、每段视频、搭建的每个“脚手架”…… 我们都反复斟酌，数易其稿，每个单元无不凝聚着大家的心血和汗水。为了我们热爱的事业，为了提高教学质量和效率，为了不辜负不远万里来中国学汉语的学生们，每个人都毫无怨言。但毕竟把任务法运用于对外汉语口语教学的实践还需要一个探索、完善的过程，我们的探索才刚刚开始，还有很多难题没有解决好，教材中还存在着这样那样的缺点和不足。但无论成功的经验还是失败的教训，我们都希望能为同行，为汉语口语教学的改革、发展铺路搭桥，尽己绵薄之力。真诚地希望您能对这部教材提出宝贵意见和建议。

希望大家能喜欢这部教材，并衷心祝愿大家用得满意！学得开心！

编　者

赵　雷　赵建华　高　岳

致　谢

本教材是北京市教改项目“基于任务法的口语教学研究和教材编写”成果之一。此前，我们尚未见到真正意义上的任务型中级汉语口语教材，因此这是一次探索性的实践。在编写过程中，我们得到了许多同行专家的指导、帮助，得到了学校、学院领导以及同行、学生们的支持和鼓励，在此，我们谨向他们致以诚挚的谢意！

感谢复旦大学吴中伟教授，他是国内运用任务法进行汉语教学研究领域的专家，我们与他并不熟识，但他没有回绝我们冒昧的请教，多次在百忙之中审阅我们的文稿，提出了很多关键性的、十分中肯、很有价值的指导性意见和建议，令我们十分感动。

感谢我校的崔永华教授，他曾在审阅初稿的部分样课后，提出了很多具体、细致的修改意见，对我们很有帮助。我们还要感谢学校教务处和校教学督导组的鲁健骥、杨惠元、李杨、陈天顺、刘希明等各位专家，他们对我们运用本教材开设的教学实验观摩课给予了很高的评价和鼓励，给予了我们不断前行继续探索的勇气和力量。

感谢几年来和我们一起摸爬滚打的教学团队的同行王晓澎、郭颖雯、刘畅、于洁、朱艳华等老师！他们为教材的修改提出了大量宝贵的意见。也要感谢几年来试用本教材学习的所有外国留学生，他们以极大的热情参与教学实验，他们在学习中的快乐和收获给了我们信心！也感谢同意我们在本教材中使用照片的所有同学！

感谢参加了本教材前期工作的王治敏老师，她曾为本教材做了很多基础性的工作！感谢研究生涂伶俐、苏晓娟、张熠程等同学，她们为教学课件的制作付出了汗水！

我们还要感谢电影《刮痧》、《女人的天空》、《不见不散》和电视剧《我的青春谁做主》的剧作家、演员以及版权方北京鑫宝源影视投资公司、北京电视艺术中心有限公司、北京俏佳人文化传播有限公司、北京正天文化传播中心对本教材的无私帮助和大力支持！

最后，衷心感谢北京语言大学出版社总编辑张健、责任编辑王轩等，感谢她们的支持和严谨细致的工作！

我们永远真诚地感谢大家！

编者

赵　雷　赵建华　高　岳

目 录

图标使用说明

单人活动

配对活动

小组活动

全班活动

听录音

MP3　目录

请记住：你经常要用的句子

【向对方提出请求】

如果对方说得太快或声音小，或你没有听懂，你想让对方慢点儿说、大点儿声，你怎样礼貌地说？

提问

- 对不起，您/你能慢点儿讲/说吗？
- 请您/你大点儿声说好吗？
- 能请您/你再讲/说一遍吗？
- 您/你能解释一下吗？
- 对不起，我没听懂你的意思，请你……好吗？

【验证自己的理解】

如果你不能确认你是否准确地理解了对方的意思，你怎么说？如果你不能肯定自己说的话对不对，应该怎么说？

证实

- 您/你的意思是……，是吗？
- 如果我没听错的话，您/你是说……，对吗？
- 我不知道这样说/理解对不对？……。
- 我不能肯定，也许你/您是说……。

【解释自己的意思】

如果对方没有听懂或听清楚你的意思，你怎样礼貌地解释？

重述

- 我的意思是说……。
- 哦，我是说……。
- 对不起，我可能没说清楚。我的意思简单地说，就是……。
- 您的意思我懂了，可是我是想说……。

【对话应答】

- 哦，差不多，我是说……。
- 好，我明白了。
- 嗯，我就是这个意思。
- 没错，情况就是这样。

- 行。
- 对。
- 是的。
- 可以。
- 好啊。
- 没问题。
- 当然可以。

第十单元 医疗健身

■单元目标

在这一单元里，你将：

1. 能准确地向医生描述自己的病情，了解看病的一般程序。
2. 能完整、流利地讲述故事——“抓药的传说”。
3. 能流利地介绍一种自己喜欢的运动健身项目。
4. 能就极限运动和危险运动的话题发表看法。
5. 能就留学生运动健身方面的情况发表调查报告。

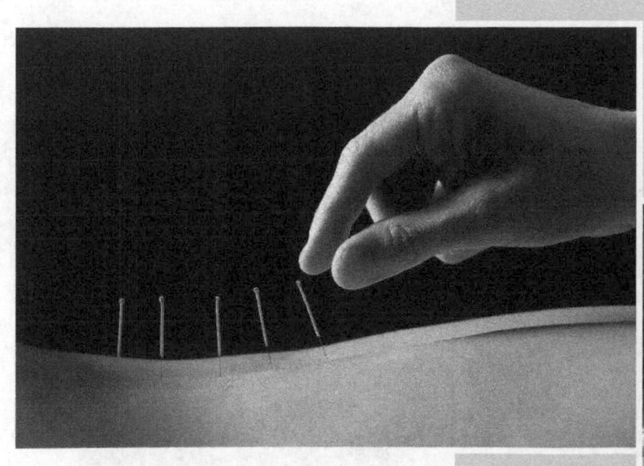

1 求医看病

课前预习

头脑风暴：你能说出多少与去医院看病相关的词语？想一想，尽可能地写出来，越多越好！

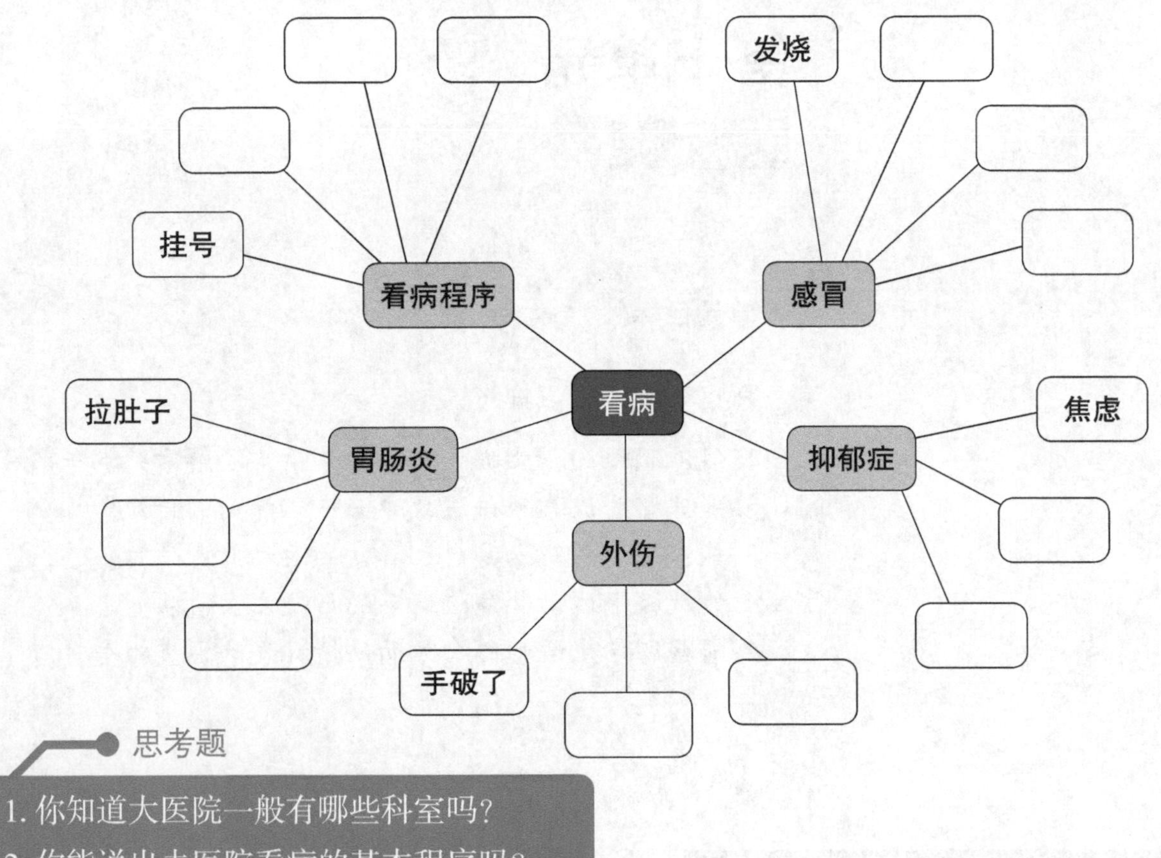

思考题

1. 你知道大医院一般有哪些科室吗？
2. 你能说出去医院看病的基本程序吗？

1 热身　看病程序

生病了，你知道该如何到医院看病吗？应该先做什么、后做什么？请和你的同伴一起看图了解一下在医院看病的一般过程。

挂号

候诊（病人等候医生看病）

看病

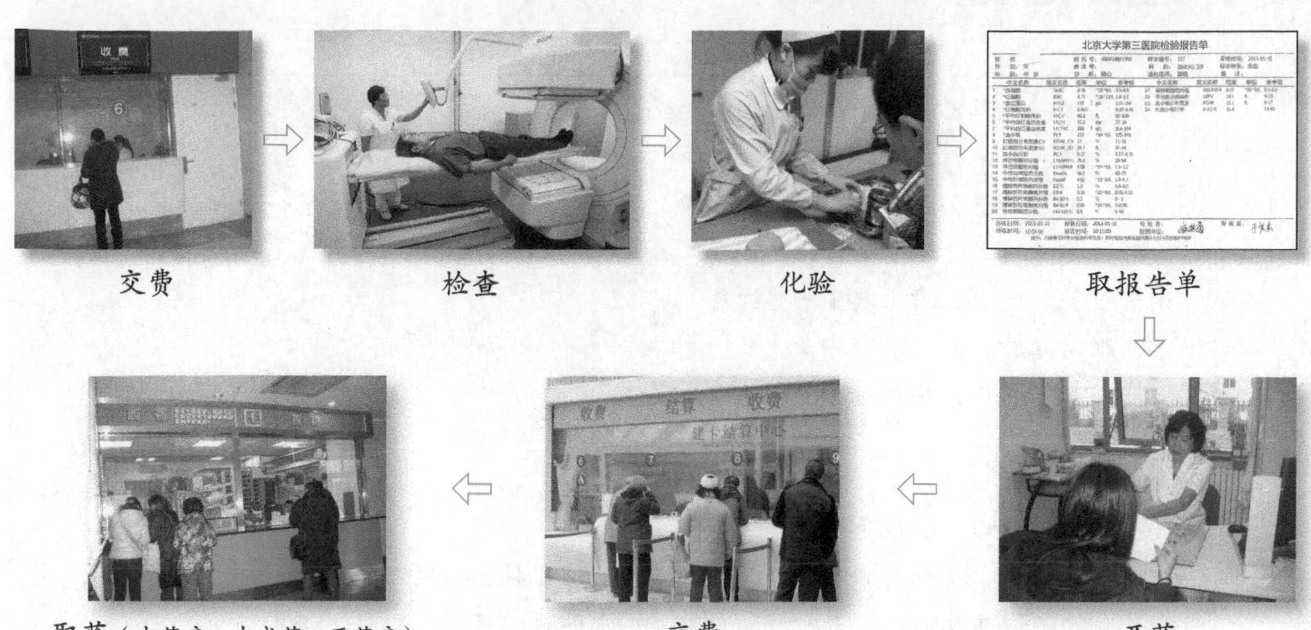

交费　→　检查　→　化验　→　取报告单

↓

取药（中药房、中成药、西药房）　←　交费　←　开药

2 演练与交际

1 根据病症选择科室

根据图片说说各种病症的名称，并说说每种病要挂哪个科室的号。

① ______　② ______　③ ______　④ ______　⑤ ______　⑥ ______

⑦ ______　⑧ ______　⑨ ______　⑩ ______　⑪ ______　⑫ ______

病症提示

牙疼

发烧、浑身发冷

没有食欲，不想吃东西

胃疼、肚子疼

腰/腿/脚受伤了，不能走路

感冒、流鼻涕、嗓子疼、咳嗽（késou）
头疼、头晕，没精神
夜里总失眠，常常心情不好、烦躁，不愿意参加任何活动，就想一个人待着
胳膊骨折了，流了好多血
过敏，脸上、身上起了一些红包
眼睛红肿，看东西模糊
拉肚子，一天去好多次卫生间

医院主要科室

急诊、门诊、住院部、药房
普通内科、普通外科、骨科、神经内科、消化科、心理卫生科、
妇产科、中医科、耳鼻喉科、口腔科、皮肤科、眼科、儿科、泌尿科
放射科（X光、CT）超声诊断科（B超）
注：放射科和超声诊断科主要用于做检查，不直接看病。

2 在医院看病

10-1 如果你生病了，你知道怎样去医院看病、怎样向医生描述自己的病情吗？听录音，边听边记录要点，然后与同伴一起，分角色完成下面的对话。

医　生：你哪儿不舒服？
病　人：我现在________不太好。________，说话时________，吃东西时________。
医　生：别着急，让我先检查一下。张嘴，说“________”！哦，你只是嗓子有点儿________，吃点儿药就好了。不用担心！
病　人：除了________，我还要________？
医　生：多休息，多喝水。一周以后再来________一次吧。
病　人：好的，谢谢您！

[一周以后]
医　生：现在感觉怎么样了？
病　人：________了您________，我现在好多了。
医　生：好，让我再检查一下。嗯，看来你________得还不错。不过，还是要注意不要________用嗓子。
病　人：嗯，我记住了。

先讨论一下出现下列病情应该如何向医生描述，然后分别扮演医生和病人，选择1-2个病情，进行角色表演。和你的同伴演练一下。

发　烧：量体温、体温升高、烧到……度了、时冷时热、退烧药、肺炎

感　冒：打喷嚏（pēntì）、流鼻涕、咳嗽、黄痰/白痰/浓痰、……疼、全身不适

胃肠炎：腹泻/拉肚子、腹痛、阵痛、呕吐、恶心、发烧、大便水样、浑身酸痛

骨　折：摔伤、崴（wǎi）脚、瘀（yū）血、肿/疼得厉害、动不了、不敢碰

牙　疼：肿、钻心地疼、牙疼不是病，疼起来真要命

你哪儿不舒服？
你疼/咳/烧得厉害吗？
睡眠怎么样？
最近吃什么了？
你的头怎么了？
现在感觉好点儿吗？

我的……（有点儿）疼。
我现在感觉不太好。
我……受伤了。
疼/咳/烧得特别厉害。
咳，别提了，我……。
什么……也（都）……。
我现在好多了/好点儿了/好些了/不疼了。

先观察三天，给你开点儿药。
先去验血/尿/大便，再拍个胸片（X光）/做个B超/CT
你只是……有些炎症，吃点儿药就好了。
按照你现在的情况，得打针/输液。
你最好卧床休息。
多休息，多喝水。五天后来复查。
你需要马上住院/转院。

除了吃药，我还要注意些什么？
我不想打针/输液/手术，只吃药可以吗？

 挑选2-3组同学在班上进行表演。

3 故事会——抓药的传说

6人一组。讲故事比赛。

① 每人从A、B、C、D、E、F中抽签选择一个，快速记住自己看到的内容。

② 每人不看文本，把记住的内容向其他5位同学讲一遍，然后大家一起根据内容之间的逻辑关系，排出正确的顺序。

③ 按照正确的顺序，6人接力完整地在全班面前把故事完整地讲一遍。最先准确、流利地完成上述任务的小组获胜。

10-2

全班一起完整地听一遍“抓药的传说”后，两人一组，互相给对方快速完整地讲一遍。

集体录音，抽查讲评。

A. 有一次，孙思邈（miǎo）看见一位腿部流血的妇女正痛苦地叫着，就急忙从一个小袋里拿出一种药，给她抹（mǒ）上，很快，血止住了，她也不那么疼了。

B. 至今，中药店还是模仿孙思邈（miǎo）的方法，把药柜做成一个一个格子式的小抽屉（chōuti），小抽屉的外边写上中药名，分类取药很方便。怎么样，如果你生病了，不想去试试“抓药”吗？

C. 传说中国唐代的药王孙思邈（miǎo），经常外出行（xíng）医采（cǎi）药，因为他采的药很多，而药的性质、味道和作用又不相同，所以不能放在一起。

D. 如果你去过中药店，一定会发现那儿有很多很多神秘的小抽屉（chōuti），抽屉上面还写着些字，你知道这是怎么回事吗？

E. 于是，他就做了一个围裙（wéiqun），上面有许多小口袋，每次采到一种药，就装到一个小口袋里，并在外面写上药名，这样用起来就方便多了。

F. 后来，药王经常从小口袋里拿出各种药来给人治病，因为每种药不需要很多，总是从小袋里抓一点儿出来，所以人们就把这种取药的方法叫“抓药”。

3 语言聚焦

1 选词填空。

量、打、化验、急诊、呕吐、腹泻、抗生素（antibiotics）、胃肠炎

夜里，田中发起了烧，越来越厉害，还恶心________、不停地________，可把我们吓坏了，急忙把他送到了医院。在________室，大夫给他________了体温，还让他去________了血和便，说他得了急性________。大夫给他________了一针，然后，又给他开了些________和几种中药，就让我们回来了。今天早晨，田中感觉好多了。

2 如果你是下面这些外国同学的朋友，他/她出现了一些问题，你陪他/她去医院看病，你会建议他/她挂什么号？

词语提示

内科、神经内科、消化科、外科、皮肤科、口腔科、耳鼻喉科、中医科

1. 安娜牙很疼，脸也肿了。（　　）
2. 丽西不小心把脚扭伤了，疼得厉害，不敢着地。（　　）
3. 朴大中最近常失眠，没有食欲，浑身酸痛、无力。（　　）
4. 小野枝子脸上、身上出现了许多小红包，很痒（yǎng）。（　　）
5. 巴特尔常常鼻子不通气，总得用嘴呼吸，很难受。（　　）
6. 玛丽亚胃很疼，不想吃东西。（　　）
7. 路德最近总是头疼得厉害，有时还头晕，想吐，看东西也有些模糊不清。（　　）
8. 艾丽做了检查，没有发现问题，但她总感觉口苦、嘴干；肚子不舒服、便秘；心烦、浑身无力、失眠等。（　　）

2 运动健身

课前预习

A．选择合适的词语，把下面这位体育教练的话补充完整。

进攻、防守、刺激、增强、健身、取胜、循环、慎重、向……提出了……

跑步，是一种很普及的群众性体育运动，是一种________运动，对于________体质、促进全身的血液________都很有帮助。当然，如果是长跑，比如马拉松，那就不是每个人都能做的了，它________人的心肺功能________严肃的挑战。还有一些运动，如蹦极、跳伞等，虽然很________，许多年轻人很喜欢，但如果你要参加，可一定要________，因为那些运动更需要强健的身体和技能，而且有一定的危险。如果你参加球类运动，如足球、篮球、排球、羽毛球、乒乓球等，就一定要学习并掌握________和________的技术，否则，你很难________。

B．请记住下面几句关于运动的名言，它们对你谈论运动很有帮助。

1. 生命在于运动。
2. 我运动，我健康；我快乐，我长寿。
3. 如果你想强壮，跑步吧！如果你想健美，跑步吧！如果你想聪明，跑步吧！

1 热身　运动/健身项目

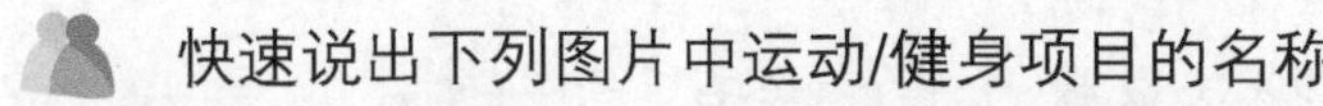

快速说出下列图片中运动/健身项目的名称

① ________　② ________　③ ________　④ ________

⑤ ________ ⑥ ________ ⑦ ________ ⑧ ________

⑨ ________ ⑩ ________ ⑪ ________ ⑫ ________

⑬ ________ ⑭ ________ ⑮ ________ ⑯ ________

⑰ ________ ⑱ ________ ⑲ ________ ⑳ ________

㉑ ________ ㉒ ________ ㉓ ________ ㉔ ________

㉕ ________

提示

游泳、跳水、射击、跳高、跳远、排球、棒球、篮球、足球、网球、赛跑、马术、体操、滑冰、举重、拳击、乒乓球、羽毛球、赛艇（sàitǐng，rowing）瑜伽（yújiā，yoga）、爬/登山、太极拳、健美操、跑步（机）、自行车赛

2 演练与交际

1 介绍一个运动健身项目

10-3 听录音《乒乓球运动》，边听边记录要点，然后回答下面几个问题。

1. 乒乓球运动最初来自哪儿？为什么中国人称这项运动为“乒乓球”？

   ______

2. 乒乓球比赛有几种不同的方式？

   ______

3. 打乒乓球需要准备什么？

   ______

4. 学习乒乓球应该怎么做？

   首先，……然后再……，接下来……

5. 在中国，打乒乓球为什么很受欢迎？

   ______

相互介绍自己最喜欢或最擅长的运动项目

我最喜欢的运动/健身项目是……。我之所以喜欢这项运动，是因为它对我们有很多好处，首先，它……，其次，……。

哦，第一步，……；第二步，……；最后，还要……。

如果有时间，我们一起去吧！

哦，是不错。

学习这项运动应该怎么做呢？

那我们下课后可以……吗？

好啊，我跟你一起去！

2 留学生运动健身情况小调查

课前请同学们根据“个人调查任务单”课下调查自己周围的各国留学生，每人调查5—10人，将相关信息填在“个人调查任务单”的相应位置上。（“小组汇总”和“分析”留在课上小组讨论时完成）

个人调查任务单

留学生运动健身情况小调查

调查者：＿＿＿＿＿，调查人数：男＿＿人、女＿＿人，时间：＿＿＿年＿＿月

1. 你每天坚持运动吗？

A. 坚持（　人）　B. 有时（　人）　C. 从不运动（　人）

【小组汇总】 A.（　人）　B.（　人）　C.（　人）

【分析】＿＿＿＿＿占多数（　%），＿＿＿＿＿是少数（　%）

2. 有些同学很少运动或从不运动，你认为最根本的原因是什么？

A. 学习太忙，没有时间（　人）

B. 认为年轻人身体好，不需要运动（　人）　C. 懒惰（　人）

【小组汇总】 A.（　人）　B.（　人）　C.（　人）

【分析】

3. 你经常做（或比较喜欢做）哪类运动？

A. 跑步（　人）　B. 球类（　人）　C. 健美（　人）

D. 游泳（　人）　E. 太极拳、武术等（　人）

F. 其他，如：＿＿＿＿＿＿＿＿＿＿＿＿（　人）

【小组汇总】 A.（　人）　B.（　人）　C.（　人）　D.（　人）

E.（　人）　F.＿＿＿＿＿＿＿＿＿＿＿＿（　人）

【分析】

4. 你想学习武术（功夫）、太极拳、太极剑等中国传统的健身运动项目吗？

A. 很想（　人）　B. 无所谓（　人）　C. 不想（　人）

因为＿＿＿＿＿＿＿＿＿＿＿＿＿＿＿＿＿＿＿＿＿＿＿＿

【小组汇总】 A.（　人）　B.（　人）　C.（　人）

因为＿＿＿＿＿＿＿＿＿＿＿＿＿＿＿＿＿＿＿＿＿＿＿＿

【分析】

5. 目前，你的身体健康状况怎么样？

A. 好，从不生病（　人）　B. 还可以，有时有点儿小毛病（　人）

C. 不太好，常常生病（　人）

【小组汇总】 A.（　人）　B.（　人）　C.（　人）

【分析】

6. 你认为有些人“身体不太好，常生病”，与缺少运动有关系吗？

A. 很有关系（ 人） B. 有一点儿关系（ 人） C. 没有关系（ 人）

因为：________________

提示：提高/增强免疫力、体质/免疫力下降

【小组汇总】 A.（ 人） B.（ 人） C.（ 人）

因为：________________

【分析】

课上4–5人一组，总结调查结果。

① 组长组织汇总小组调查结果，每人汇报自己的调查情况（数据），进行结果统计，记录在“个人调查任务单”的【小组汇总】中。

② 根据调查数据等，讨论分析其反映的问题，记录在【分析】中。

③ 共同讨论、完成“小组调查报告单”。小组代表向全班报告调查结果，或各自集体同期录音，每人报告小组调查结果。

小组调查报告单

留学生运动健身情况小调查

为了了解各国留学生运动健身方面的真实情况和大家对运动健身的看法，我们于20____年____月对世界____国家的____名同学进行了调查，其中男同学____名，女同学____名。

从调查数据中，我们发现：

1. ________________

2. ________________

3. ________________

4. ________________

n. ________________

因此，我们向留学生同学提出如下几点建议：

第一，________________

第二，________________

第n，________________

总之，________________

________________。

句型提示

结果显示（调查显示/我们发现/我们了解到）……

我们小组大部分（多数/少数/半数/三分之一的/一半以上的/X%的）同学认为（选择/赞成/反对）……

认为（选择/赞成/反对）……的人数超过半数（不到X%/不足半数）

全班选听1-2位同学的报告，集体讲评。

3 拓展训练——见仁见智

老师的提示

极限运动指的是一些难度较高、挑战性较大的运动项目，比如低空跳伞、攀岩（rock climbing）、高山滑雪、蹦极（bungee jumping）、潜水（diving）等。极限运动在自我挑战的同时，也伴随着种种危险。它对人的体能、胆量等提出了很高的要求。那么，你对这些运动项目是怎么看的呢？

跳伞

攀岩

滑雪

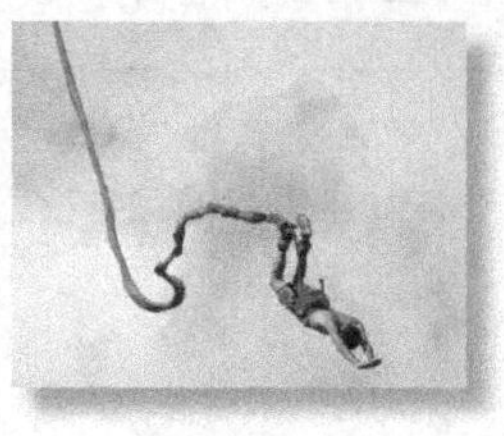

蹦极

潜水

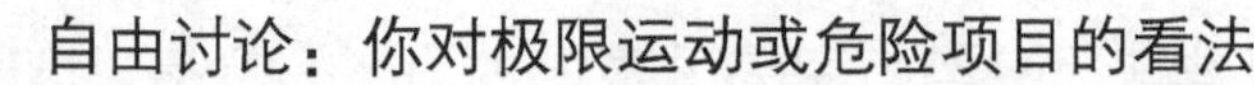

自由讨论：你对极限运动或危险项目的看法

4人一组，抽签选择一个题目进行讨论。然后，参考选用报告单（一）或（二）向全班报告。

① 极限运动是否也是一种健身方式？如果有机会，你愿意尝试一下极限运动吗？为什么？

② 除极限运动外，还有一些比较危险的体育项目，如拳击、高速赛车、速降滑雪等，你认为这类危险运动项目是否应该废止？为什么？

【注：小组同学观点不一致的用报告单（一），小组同学观点一致的用报告单（二）】

小组讨论报告单（一）

对于________________的问题，我们小组四个人一共有_____种观点。
第一种观点是，________________，理由是，____________________。
第二种观点是，________________，理由是，____________________。
第n种观点是，_________________，理由是，____________________。
（对"如果有机会，你愿意尝试一下极限运动吗？"这个问题，大家的想法是：____。）
以上就是我们小组的讨论情况。谢谢大家！

小组讨论报告单（二）

对于________________的问题，我们小组四个人观点一致。我们都认为：
第一，____；
第二，____；
第n，____。
（对"如果有机会，你愿意尝试一下极限运动吗？"这个问题，大家的想法是：____。）
总之，我们认为____。
以上就是我们小组的讨论情况。谢谢大家！

每组代表汇报。最后集体讲评。

3 语言聚焦

1 将本部分学习的运动项目按照一定的标准进行分类，完成下表。

_____运动项目	_____运动	篮球、足球、________、乒乓球、________、________、棒球
	水上运动	游泳、________、________
	田径运动	________、________、________
冬季运动项目		________、________
你喜欢的运动/健身项目		

2 选词填空。

健身房、扇子舞、交际舞、跑步机、户外、瑜伽、打、踢

你知道现在的人们都怎样健身吗?

对中青年人来说，有的喜欢去健身房健身，有的就选择在小区里或公园里锻炼身体。一般来说，________的健身活动更丰富一些，人们可以利用里面的器械进行练习，比如，使用________。不过，比起利用健身房里的跑步机练习跑步来，有些人更喜欢在________跑步、爬山，呼吸新鲜空气。而且，现在有越来越多的人开始练习________，以保持良好的体形。

老年人呢，他们一般在公园里进行晨练，健身项目也以集体项目为主，比如________太极拳、舞太极剑、抖空竹、________毽子，有时他们也跳________或________。

3 视听说

课前预习

你知道下面词语的意思和用法吗？试着选择合适的词语，完整地说出下面的话。

> 维持、抢救、虚弱、危险、昏迷、动手术
>
> 阻塞（zǔsè，因被某物堵塞而不能通过）、承受不了、不乐观
>
> 微乎其微(wēi hū qí wēi，形容非常小或非常少)、做好……精神准备

病人已经＿＿＿＿＿了，从心肌酶（xīnjīméi，可检测心脏功能）结果看，血管＿＿＿＿＿非常严重。为了＿＿＿＿＿心脏功能，只能靠药物升压。

医生在紧急＿＿＿＿＿，要给病人＿＿＿＿＿，但病人身体很＿＿＿＿＿，医生担心他＿＿＿＿＿。于是，就对病人家属说：这位患者的情况很＿＿＿＿＿，能治好的可能性＿＿＿＿＿，你们要＿＿＿＿＿各种＿＿＿＿＿。医生的话很委婉，实际上就是告诉家属，病人很＿＿＿＿＿，可能下不了手术台。

1 情境配音

1. 看电视剧《我的青春谁做主》第2集片段（约02:35–03:45）两遍。
2. 就所看内容进行问答。
3. 分角色朗读情景对白并做配音表演。

对白节选

［医院里］

杨　杉：大夫，我爸情况怎么样了？

张大夫：病人暂时抢救过来了，但是还在昏迷，情况很不乐观。

姥　姥：能说得具体点儿吗？

张大夫：心肌酶测试结果显示，血管阻塞非常严重，只能动手术，但病人年纪太大了，身体又很虚弱，根本就承受不了这么大的手术。

姥　姥：那怎么办呢？

张大夫：目前只能靠药物升压，勉强维持心脏功能。剩下的，就只能等了。

杨 杉：等什么呀？

张大夫：也许还能等来奇迹的出现呢。不过，这种希望微乎其微。我建议你们家属做好各种精神准备吧。

高 齐：张医生不好说得太直接，实际上就是时间早晚的事儿，随时都有可能，让你家里人有个思想准备吧。现在最需要注意的是你姥姥的情绪。还有，我就在办公室，有需要随时找我。

青 楚：谢谢！

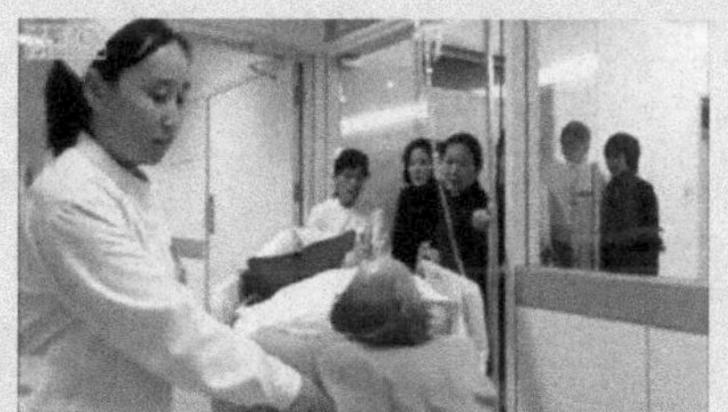

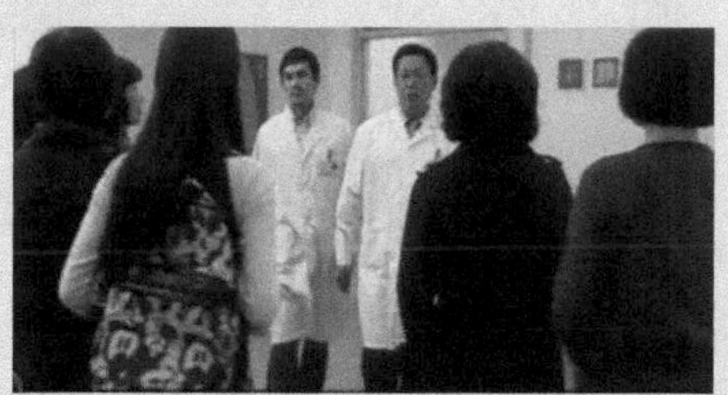

2 语言聚焦

1 用合适的语气、语调说出下面的句子。

① 等什么呀？

【询问】 问成人：我看你在这儿站半天了，你在等什么呀？

亲切地问孩子：小朋友，你在等什么呀？

【反问】 表示“不该等”：等什么呀？他根本就不会来了！

② 那怎么办呢？

【一般询问】 如果不能动手术，那怎么办呢？

【急切询问】 什么？着火了？！那怎么办呢？

2 根据提示词语和括号里的要求，编一段短剧“手术前”。然后进行角色表演。

词语提示

动手术、不乐观、昏迷、抢救、救活、尽力、凶险、来不及、做好……思想准备、拜托了

短剧：手术前

病人家属十分担忧、害怕；医生语气严肃

医　生：谁是李刚家属啊？

家　属：啊，啊啊，是我！我在这儿！

医　生：______________________（告知病情）

家　属：______________________（提出疑问）

医　生：______________________（简要回答并告知危险）

家　属：______________________（提出请求）

医　生：______________________（表示将尽力）

家　属：______________________（新的疑问）

医　生：______________________（简要回答）

家　属：______________________（还是不放心）

医　生：______________________（打断，提醒做好准备）

家　属：______________________（感谢、恳求）

3 10-4 学说绕口令

① 张三登山

三月三，张三去登山；
上山又下山，下山又上山；
登了三次山，跑了三里三；
出了一身汗，湿了三件衫；
张三山上大声喊，离天只有三尺三。

② 嘴和腿

嘴说腿，腿说嘴，
嘴说腿爱跑腿，
腿说嘴爱卖嘴；
光动嘴，不动腿，
光动腿，不动嘴，
不如不长腿和嘴。

4 记录与评价

根据本单元你的学习情况，填写“我的备忘录”和“评价表”。

我的备忘录 （　　年　月　日）		
	本单元学过的最有用的语句	容易错的语音语调和语句
1		
2		
3		
4		
5		
6		

评价表　　　　年　月　日					
完成质量 / 口头交际任务	5分 很好	4分 好	3分 一般	2分 较差	1分 很差
1. 能准确地向医生描述自己的病情，了解看病的一般程序。					
2. 能完整、流利地讲述故事——“抓药的传说”。					
3. 能流利地介绍一种自己喜欢的运动健身项目。					
4. 能就极限运动与危险运动的话题发表看法。					
5. 能就留学生运动健身方面的情况发表调查报告。					
6. 能根据情境，自然、准确、流利地为人物配音。					
7. 积极主动地参与课堂活动，具有与小组同学互助、合作的团队精神。					
8. 自己在小组中的职责是：________，自己的职责完成得怎么样？					
9. 我认为我们小组的表现：					
10. 自己需要注意的问题（如态度，语言方面等）是：					
11. 我们小组需要改进的问题是：					

5 相关链接

1 几种常见中医疗法简介

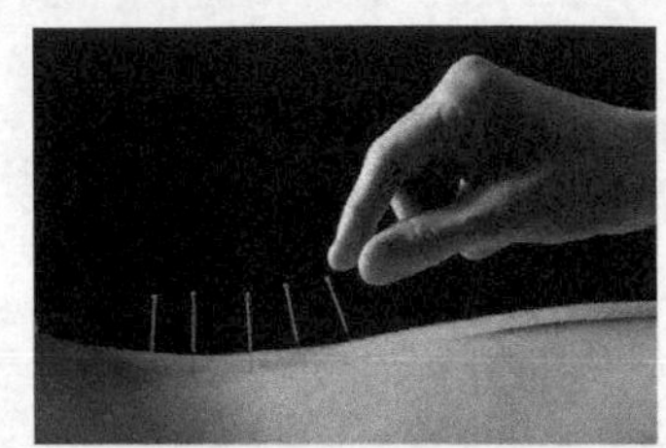

针灸：针法和灸法的合称。针法是把毫针按一定穴位刺入患者体内，刺激穴位来治疗疾病；灸法是把燃烧着的艾绒按一定穴位熏灼皮肤，利用热的刺激来治疗疾病。

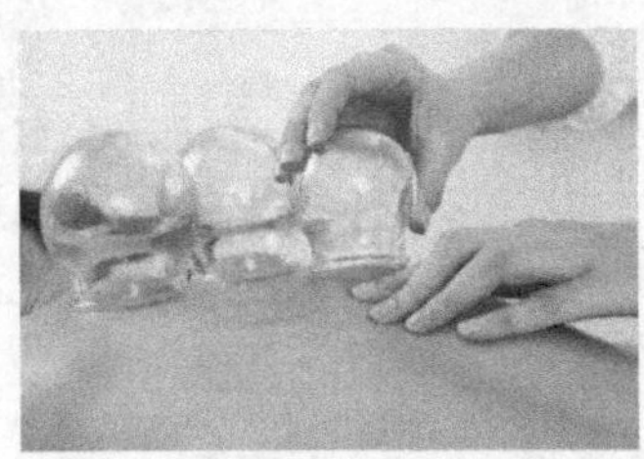

拔火罐：以杯罐做工具，借热力排去其中的空气产生负压，使吸着于皮肤，造成瘀血现象的一种疗法。它能增进血液的循环，调理气血，达到提高和调节人体免疫力的作用。

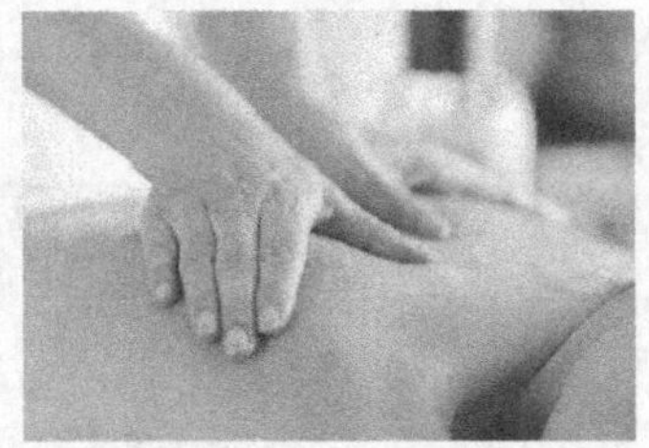

推拿：运用推拿手法作用于人体特定的部位和穴位，以达到防病治病目的一种治疗方法。它可以疏通经络，行气活血、调整脏腑、理筋散结、正骨复位。

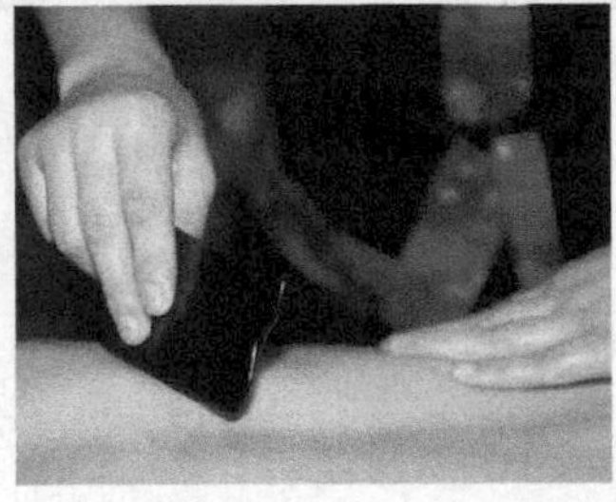

刮痧：用器具（牛角、玉石）等在皮肤相关部位刮拭，以达到疏通经络、活血化瘀之目的。刮痧可以促进血液循环，增加免疫功能。

2 太极拳

太极拳，是一种武术项目，也是体育运动和健身项目，在中国有着悠久的历史，至今发展为很多流派。因其每一个动作圆柔连贯，每一式都是绵绵不断，犹如太极图，所以这种拳术被称作太极拳。太极拳的拳理来源于中国传统哲学、医术、武术等经典著作，并在其长期的发展过程中又吸收了道、儒等文化的合理内容，故太极拳被称为中国的“国粹”。

太极拳也是一种技击术。其特点是“以柔克刚，以静待动，以圆化直，以小胜大，以弱胜强”。它“中正安舒、轻灵圆活、松柔慢匀、开合有序、刚柔相济”，动如“行云流水，连绵不断”，既自然又高雅，让人亲身体会到音乐的韵律、哲学的内涵、美的造型、诗的意境。

当前，仅北京市公园、街头和体育场就设有太极拳辅导站数百处，吸引了大批爱好者。太极拳在国外，也受到普遍欢迎。欧美、东南亚、日本等国家和地区，都有太极拳活动。许多国家成立了太极拳协会等团体，积极与中国进行交流。如今，太极拳已经成为了世界许多国家人民的共同爱好和健身项目。

6 语言工具箱

1 求医看病

1.	抑郁症	yìyùzhèng	depression
2.	焦虑	jiāolǜ	to feel anxious
3.	失眠	shīmián	to suffer from insomnia
4.	厌食	yànshí	to have a poor appetite
5.	骨折	gǔzhé	(bone) fracture
6.	过敏	guòmǐn	anaphylactic
7.	急诊	jízhěn	emergency treatment
8.	门诊	ménzhěn	outpatient service
9.	放射科（X光、CT）	fàngshè kē (X guāng, CT)	radiosurgery (X-ray, CT)
10.	超声诊断科（B超）	chāoshēng zhěnduàn kē (B chāo)	ultrasonic diagnosis department (B-scan)
11.	时冷时热	shí lěng shí rè	sometimes cold and sometimes hot
12.	退烧药	tuìshāoyào	antipyretic
13.	肺炎	fèiyán	pneumonia
14.	打喷嚏	dǎ pēntì	to sneeze
15.	流鼻涕	liú bítì	to have a running nose
16.	黄/白痰	huáng/bái tán	yellow/white sputum
17.	浓痰	nóng tán	thick sputum
18.	全身不适	quánshēn búshì	general malaise; to feel uncomfortable all over the body
19.	胃肠炎	wèichángyán	gastroenteritis
20.	腹泻（拉肚子）	fùxiè (lā dùzi)	diarrhoea; to have loose bowels
21.	阵痛	zhèntòng	recurrent spasm of pain
22.	呕吐	ǒutù	to throw up, to vomit
23.	恶心	ěxin	to feel nauseous
24.	浑身酸痛	húnshēn suāntòng	to have pains all over the body
25.	摔伤	shuāishāng	to fall and hurt oneself
26.	崴脚	wǎi jiǎo	to sprain one's ankle
27.	瘀血	yū xiě/yūxuè	blood stasis
28.	肿/疼得厉害	zhǒng/téng de lìhai	to be terribly swollen/painful
29.	动不了	dòng bu liǎo	cannot move
30.	钻心地疼	zuānxīn de téng	to feel unbearable pain

31.	牙疼不是病，疼起来真要命。	Yá téng bú shì bìng, téng qilai zhēn yào mìng.	Toothache is nothing, but it's everything when it happens.
32.	痒	yǎng	to itch
33.	头晕	tóu yūn	dizziness
34.	模糊不清	móhu bù qīng	blurred, indistinct
35.	便秘	biànmì	constipation
36.	抽屉	chōuti	drawer
37.	抹	mǒ	to apply (medicine, ointment, etc.)
38.	围裙	wéiqun	apron

2 运动健身

39.	晨练	chénliàn	morning exercise
40.	极限运动	jíxiàn yùndòng	extreme sport
41.	跳水	tiàoshuǐ	diving
42.	跳高	tiàogāo	high jump
43.	跳远	tiàoyuǎn	long jump
44.	排球	páiqiú	volleyball
45.	棒球	bàngqiú	baseball
46.	网球	wǎngqiú	tennis
47.	赛跑	sàipǎo	race
48.	马术	mǎshù	horsemanship
49.	射击	shèjī	shooting
50.	体操	tǐcāo	gymnastics
51.	滑冰	huábīng	skating
52.	举重	jǔzhòng	weightlifting
53.	拳击	quánjī	boxing
54.	乒乓球	pīngpāngqiú	ping-pong, table tennis
55.	羽毛球	yǔmáoqiú	badminton
56.	赛艇	sàitǐng	rowing
57.	瑜伽	yújiā	yoga
58.	爬/登山	pá/dēng shān	mountain climbing, mountaineering
59.	太极拳	tàijíquán	tai chi chuan, shadow boxing
60.	健美操	jiànměicāo	callisthenics, body-building exercise
61.	进攻	jìngōng	to attack
62.	防守	fángshǒu	to defend
63.	血液循环	xuèyè xúnhuán	blood circulation
64.	体质	tǐzhì	physique, constitution
65.	免疫力	miǎnyìlì	immunity

66.	刺激	cìjī	to stimulate
67.	攀岩	pānyán	rock climbing
68.	蹦极	bèngjí	bungee jumping
69.	潜水	qiánshuǐ	(underwater) diving

3 视听说

70.	动手术	dòng shǒushù	to perform/have an operation
71.	不乐观	bú lèguān	not optimistic, not hopeful
72.	承受不了	chéngshòu bu liǎo	cannot bear
73.	昏迷	hūnmí	to be comatose
74.	血管	xuèguǎn	(blood) vessel
75.	阻塞	zǔsè	to block, to jam
76.	维持	wéichí	to maintain
77.	抢救	qiǎngjiù	to rescue, to save
78.	虚弱	xūruò	(of the body) weak
79.	微乎其微	wēihūqíwēi	next to nothing

第十一单元 恋爱婚姻

11

单元目标

在这一单元里，你将：

1. 能运用与恋爱婚姻相关的语句表达祝福。
2. 能流利自然地讲述感人的爱情故事。
3. 能对爱情婚姻的热点问题发表自己的看法。

1 美好爱情

课前预习

你知道下面这些四字词语的意思吗？画线连接词语和它们的意思。

提示

可参考本单元的“语言工具箱”

1. 中西融合 a. 兼有中西方两种风格。
2. 地久天长 b. 全家人都幸福。
3. 风雨同舟 c. 时间长，日子久。常用于祝颂人们之间的情感或友谊。
4. 白头偕老 d. 在狂风暴雨中同乘一条船，一起与风雨搏斗。比喻共同度过困难。
5. 相濡以沫 e. 夫妇一起生活到老，一直到满头白发的时候。
6. 阖家幸福 f. 如意称心。多用于祝颂他人美满称心。
7. 吉祥如意 g. 形容夫妇永远和好。常用于祝福。
8. 百年好合 h. 比喻夫妇一起在困难的处境里，用微小的力量互相帮助。

思考题

好朋友要结婚了，你会送他/她什么礼物？对他/她说什么？

1 热身

世界各国的婚礼形式是多种多样的，如有传统婚礼、现代婚礼、宗教婚礼、融合不同文化的婚礼、集体婚礼等。

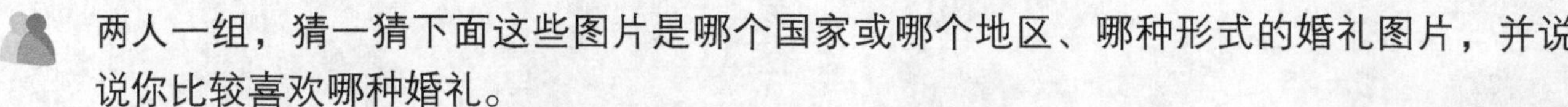

两人一组，猜一猜下面这些图片是哪个国家或哪个地区、哪种形式的婚礼图片，并说说你比较喜欢哪种婚礼。

1

2

3

4

提示 韩国婚礼、日本婚礼、中国婚礼、印度婚礼、俄罗斯婚礼、尼日利亚婚礼、教堂婚礼、集体婚礼、中西合璧婚礼

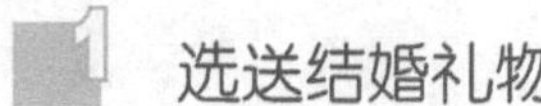

2 演练与交际

1 选送结婚礼物

两人一组，先讨论理解祝福的话语，然后选择下面图片中的结婚礼物送给对方（假设对方就要结婚），同时真诚地说一句祝福的话（祝福的话语要能够代表你所选的礼物的含义）。

抽选2-3组同学在班上进行表演。

礼物中的美好祝福

A. 相濡以沫，风雨与共！　B. 情深意厚，爱情永恒！　C. 心心相印，地久天长！

D. 婚姻美满，阖家幸福！　E. 红红火火，幸福永远！　F. 风雨同舟，共度一生！

G. 十全十美，吉祥如意！　H. 牵手相伴，白头偕老！　I. 相亲相爱，百年好合！

① 红酒“天长地久”

② 工艺品“鱼水情”

③ 台灯“百年好合”

④ 红茶具“红红火火”

⑤ 工艺品“一生相伴”

⑥ 工艺品“爱之舟”

⑦ 相框“全家福”

⑧ 红包“心心相印”

我送给你们这个结婚礼物，衷心祝愿你们相亲相爱，白头偕老！

我把“爱情誓言”送给你们，祝愿你们心心相印，爱情永恒，婚姻美满！

2 小话剧：不变的爱情

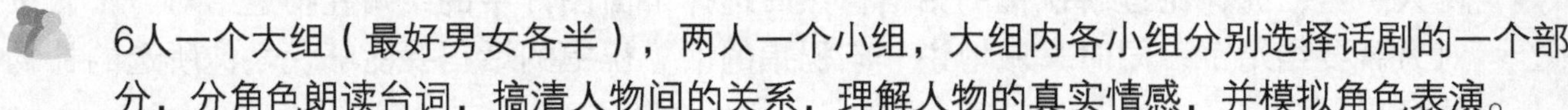

6人一个大组（最好男女各半），两人一个小组，大组内各小组分别选择话剧的一个部分，分角色朗读台词，搞清人物间的关系，理解人物的真实情感，并模拟角色表演。

选出一个大组在班上表演，评选出优秀小组和最佳男、女主角。

1

小话剧：不变的爱情（改编自网络）

（桌子两边，坐着一个中年男人和一个年轻女人）

女　人：我喜欢你！（女人一边摆弄着手里的酒杯，一边热辣辣地注视着男人）

男　人：我有老婆。（男人摸着自己手上的戒指）

女　人：我不在乎，我只想知道你的感觉。你，喜欢我吗？

男　人：嗯……（男人含混地支吾着，抬起头打量着对面年轻、有朝气，有着一双明亮的、会说话的眼睛的女人……真是不错的女人啊，可惜。他心里想）

女　人：如果你也喜欢我，我愿意做你的情人。（女人终于等不下去，追加了一句）

男　人：我爱我妻子。（男人坚定地回答）

女　人：你爱她？爱她什么？现在的她，应该已经年老色衰（shuāi），见不得人了吧？否则，公司的晚宴，怎么从来不见你带她来？……（女人还想继续说，可突然看到男人冷冷的目光，就停了下来。两个人沉默了……过了一会儿，男人开口了）

男　人：你喜欢我什么？

女　人：成熟，稳重，有男人味，懂得关心人，很多很多……反正，你和别的男人不一样，很特别！

2

男　人：你知道三年前的我，什么样子？（男人点了支烟）

女　人：不知道。我不在乎，即使你坐过牢。

男　人：三年前，我就是你现在眼里的那些普通男人。（男人没理会女人，继续说）普通大学毕业，工作不顺心，整天喝酒，发脾气。对女孩子爱理不理，还因为去夜总会找小姐，被警察抓过。

女　人：那怎么——因为她？（女人急于知道是什么让男人转变的）

男　人：嗯。她安慰我，让我别太计较得失，让我尽量待人和善。那时真的很奇怪，倔（juè）脾气的我，却能听进她的话，开始接受现实，努力工作。那年年底，工作上，稍微有了起色，我们结婚了。（男人弹了弹烟灰，陷入沉思）

女　人：你们婚后生活得好吗？（女人有了兴趣，想知道他们婚后的情况）

男　人：那时，日子过得很苦，结婚时连结婚戒指都没给她买。那阵子，我身体不好。她就每天晚上给我熬汤喝。那味道也只有她做得出来……（男人在回忆着，忘记了时间。女人静静地听着，没有丝毫打断他的意思。等男人注意到时间，已经晚上10点了）

3

男　人：啊，对不起，已经这么晚了。（男人歉意地笑了笑）现在，你可以理解吗？我不可能，也不会做对不起她的事。

女　人：啊，知道了。输给这样的女人，心服口服啊。（女人无奈地摇了摇头）不过，我到了她的年纪，会更棒的。

男　人：嗯。你一定能找到更好的男人。（男人微笑着附和）今天太晚了，我送你回去吧！（男人站起身，想送女人）

女　人：哦，不了，我可以自己回去。（女人摆了摆手）你，快回去吧，别让她等急了。（男人会心地笑了笑，转身要走）

女　人：她漂亮吗？

男　人：……嗯，很美。（男人的身影消失在夜色中。女人独坐桌边，对着蜡烛，发呆……男人回到家，推开门，沿着床边，坐了下来，手里拿着妻子的相框……）

男　人：老婆，你在天堂过得好吗？我真想你啊！……（男人哽咽地说着，终于泣不成声。眼泪，一滴滴从男人的脸颊流下，打在手中的相框上。昏暗的灯光中，旧照片里，弥漫着的是已逝女子淡淡的温柔）

3 故事会

两人（A、B）一组，分别看故事A、B，并思考故事下面的问题。

与另一组同学组成一个大组（A1、B1＋A2、B2）根据问题线索以4-3-2的方式互相给对方讲述你看到的故事，每人共讲三遍。

① A1-A2、B1-B2，每人给对方讲4分钟。

② A1-B1、A2-B2，每人给对方讲3分钟。

③ A1-B2、A2-B1，每人给对方讲2分钟。

集体同期录音，抽查并集体讲评。

A 故事　牛郎织女

古时候有个小伙子，因为经常放牛，大家就叫他牛郎。有一天，天上的织女来到人间游玩儿，认识了正在放牛的牛郎，他们相爱了，成了夫妻。

后来牛郎和织女有了一男一女两个孩子，一家人生活得很幸福。但是这事很快被天神王母娘娘知道了，她非常生气，就想办法把织女带回了天宫。

牛郎找不到上天的路，又着急又难过。这时身边的一头老牛告诉牛郎，在它死后，穿上用它的皮做的鞋就可以上天。牛郎按照老牛的话做了，带着儿女一起到天上去追织女，眼看就要追到了，没想到天神在他们中间画出了一条河，把牛郎和织女隔开了，他们无法相会。

牛郎和织女的爱情感动了喜鹊，成千上万只喜鹊飞来，用身体搭成了一座桥，让他们在桥上相会，天神没有办法，就答应他们每年农历的七月七日可以见一次面，这就是鹊桥相会。

后来，每到七月初七，人们就会来到花前月下，望着星空，寻找牛郎星和织女星，希望能看到他们一年一度的相会，也希望自己有一个美满的婚姻，这一天也就成了中国的情人节——七夕节。

根据下面的问题线索讲故事：

（1）牛郎是谁？为什么叫牛郎？

（2）牛郎是怎么认识织女的？他和织女后来有了什么样的关系？

（3）他们的爱情得到了天神王母娘娘的认可吗？

（4）牛郎是怎么飞上天的？他追上织女了吗？天神做了什么事？

（5）鹊桥相会是怎么回事？

（6）中国的情人节是在哪一天？那一天人们会做什么事情？

B 故事　梁山伯和祝英台

古时候，浙江一个姓祝的人家有个女儿叫祝英台。英台长得非常漂亮，而且聪明好学。16岁那年，她女扮男装去杭州读书，路上，认识了一个也去杭州读书的小伙子，叫梁山伯。他们同学三年，成了好朋友。可是梁山伯始终不知道祝英台是女的。祝英台深深地爱着梁山伯，但她把爱藏在心里，一直没有向梁山伯表白。

有一天，祝英台接到了父亲的一封信，父亲让她马上回家，祝英台与梁山伯两个人依依不舍地分了手。祝英台走后，梁山伯才知道祝英台是个女孩子。于是他马上到祝家求婚。可是，祝英台告诉他，父亲已经让她嫁给一个大官的儿子。两人都很痛苦，他们发誓："活着不能成夫妻，死了一定要在一起。"

梁山伯回家后，吃不下饭，睡不着觉，不久就得重病死了。祝英台知道后，哭了三天三夜。到了结婚那天，她一定要让自己的花轿（jiào）从梁山伯的墓前经过。

在墓前，祝英台痛哭起来。这时，天空变暗，刮起了大风，下起了大雨。接着，梁山伯的墓突然裂开了，祝英台一下子扑了进去，墓又合上了。

很快，风停了，雨住了，太阳出来了，墓地上开满了鲜花，两只美丽的蝴蝶从墓中飞了出来，在花丛中自由地飞舞着。

根据下面的问题线索讲故事：

（1）梁山伯和祝英台的故事发生在什么时候？他们是怎么认识的？
（2）同学三年，梁山伯知道祝英台是女的吗？为什么？
（3）祝英台为什么要回家？送别时，他们感觉怎么样？
（4）后来梁山伯知道了什么？做了什么事？结果怎样？
（5）祝英台结婚那天发生了什么事？

3 语言聚焦

1 快速说出缺少的词语。

A. 相濡以__，风__与共！　B. 情深__厚，爱情永恒！　C. 心心相__，地久____！
D. 婚姻美__，阖家____！　E. 红__火__，幸福永远！　F. ____同舟，共度一生！
G. 十全十__，吉祥____！　H. 牵手相伴，白头____！　I. 相亲相爱，百年____！

2 选用合适的词语，完成下面的祝福。

和和美美、红红火火、十全十美、天天快乐、爱情永恒、幸福永远、恩恩爱爱、地久天长、婚姻幸福、百年好合、白头偕老、早生贵子、婚姻美满

① 祝你们________、________！
② 祝愿你们________、________！
③ 祝你们全家________！生活________！
④ 祝愿你们婚后的生活________、________！
⑤ 在新的一年里，祝愿你们夫妻________、________！
⑥ 在你们大喜的日子里，衷心祝愿你们________、________！
⑦ 今天是你们的银婚纪念日，衷心祝福你们________、________！
⑧ 今天是你们喜结良缘的日子，我代表全家祝贺你们，祝你俩________，________！

3 选词填空。

介意、起色、表白、附和、打量、倔脾气、见不得人、一见如故、依依不舍、相依为命

① 他抬起头来，________着坐在对面的这个年轻人。
② 我想抽一支烟，你不________吧？
③ 他常带一个女秘书去参加各种宴会，他觉得妻子已经满脸皱纹，________了。
④ 别人说什么你都听不进去，你这________什么时候能改？
⑤ 他的工作一直不太顺利，今年才刚刚有了一点儿________。
⑥ 他这个人从来不反对我的意见，我说什么他都跟着________。
⑦ 由于丈夫死得早，10多年来她都是和女儿二人________。
⑧ 两个人________，坐在一起有说不完的话。
⑨ 毕业后，男友不得不回父母身边生活，两个人________地分了手。
⑩ 他虽然很喜欢隔壁班的那个女孩儿，但一直没有向她________。

2 婚恋问题

课前预习

你知道下面这些词语的意思吗？画线连接词语和它们的意思。

A. ① 一见钟情	a. 指男女幼年时非常亲密，长大后成为恋人或夫妻。
② 青梅竹马	b. 彼此相爱的人终于成为夫妻。
③ 门当户对	c. 形容夫妻相互尊重，像对待客人一样。
④ 比翼齐飞	d. 男女之间一见面就产生了爱情。
⑤ 相敬如宾	e. 指男女家庭的社会地位和经济状况相当（适合结婚）。
⑥ 有情人终成眷属	f. 比喻双方有共同的理想，在事业上互相帮助，一起努力。

B. ⑦ 红娘	g. 比喻恩爱夫妻。
⑧ 连理	h. 婚姻介绍人的代称。
⑨ 出轨	i. 男方有才华，女方长得漂亮，形容男女非常相配。
⑩ 第三者	j. 比喻言语和行为超出了界线，违反了道德准则。
⑪ 郎才女貌	k. 特指插入他人婚姻，甚至拆散他人家庭的人。

思考题

你对未婚同居和独身主义怎么看？请说说你的想法。

可参考本单元的“语言工具箱”

1 热身

两人一组，请选择“课前预习”中与婚恋有关的词语完成下面的四段话。

A. 人和人真是不同啊！你看，我们身边的刘阿姨，她热心地帮助许多人找到了伴侣，组成了幸福家庭，大家都称她________阿姨。

B. 而另一些人呢，却根本不顾传统的家庭婚姻观念，行为________或成为可恶的________。其实，这种人最后也不会得到真正的幸福。

C. 虽然很多人反对________，但是，不可否认的是，有相似家庭背景的人，一定有许多共同点，在婚后的家庭生活中，容易相互理解和沟通。

D. 安娜和大卫来自两个不同的国家，虽然不是________，也没有________介绍，但他们在北京开往上海的火车上________，而且，有情人________，他们很快就结婚了。朋友们也觉得他们特别般配，说他们是________。在婚礼上，大家祝愿他们________！________!新郎和新娘也当着大家的面，用新学的汉语发誓："在天愿做比翼鸟，在地愿为________枝"。现在，他们有了两个孩子，生活得很幸福。

2 演练与交际

1 讨论交流——见仁见智

11-1 听录音《你对跨国婚姻怎么看》，听后三人一组，总结文中的不同观点，然后就"如何看待独身主义"进行讨论，最后，根据讨论情况完成"小组讨论报告单"。

【要求】

一个人赞成独身；一个人反对独身；一个人中立（认为是否独身是个人的私生活问题，只要感觉幸福就好）。三方要用充分的理由、生活中的具体事例来论证自己的观点。

记录总结录音中的几种不同观点

观点1：________________，理由是：____________________
____。

观点2：________________，理由是：____________________
____。

观点3：________________，理由是：____________________
____。

如何看待独身主义

我赞成独身，也不准备结婚。因为我觉得结婚就意味着……。像我现在，经常……，周末去……，如果……，还怎么可能呢？

我反对独身主义。我认为结婚绝对不是……。在我看来，如果你遇到了一个……，他爱你，你爱他，那结婚是……。再说，很多事情双方可以一起……。

是否独身是个人的私生活问题，只要感觉幸福就好。如果你遇到了一个……，当然……，再说，家庭是社会稳定的重要因素……；如果不能遇到……，也没必要勉强自己……，一个人生活也没什么……。

小组讨论报告单

大家好！关于______________的问题，我们小组有以下三种观点：

第一种观点认为____。理由一是：____________________，比如：____________________；二是________________________；三是________________________。

第二种观点相反，认为____________________。理由有_____个：1.________________ 2.__________________ 3.________________。

第三种观点认为____。理由是：____。

我支持第____种观点，因为______________________________。

总之，对__________________的问题，我们小组每个人都有自己的看法，也都有自己的道理。

我的报告完了，谢谢大家！

各组选出一名代表做小组讨论报告或全班同期录音，然后集体讲评。

2 关于未婚同居的调查

四人一组，针对“未婚同居”问题相互做调查，并进行总结分析，说明观点以及理由。

“未婚同居”调查表（下列情形你是赞成还是反对？）		
观点	赞成	反对
1. 任何时候都可以，没有关系。		
2. 如果他们是20岁以上就可以。		
3. 如果他们准备结婚就可以。		
4. 如果他们是20岁以上，而且准备结婚就可以。		
5. 如果他们彼此相爱就可以。		
6. 只要保密不让别人知道就可以。		
7. 如果他们的父母允许他们这样就可以。		
8. 如果他们采取避孕措施就可以。		

9. 未婚同居是不对的，任何时候都不可以。		
10. 也许有时候可以，不好说。		
11. 其他，如：		
未婚同居的好处：		
未婚同居的坏处：		
我的观点及理由：		

小组调查报告

对于未婚同居问题，我们小组有____种观点：

一种是：________ 理由是：________ 比如：________________________________。

另一种是：________ 理由是：________ 比如：________________________________。

第三种是：________ 理由是：________ 比如：________________________________。

总之，________________________________。

各组选出一名代表做小组讨论报告或全班同期录音，然后集体讲评。

3 语言聚焦

1 读一读，然后用本课新学到的关于恋爱婚姻的词语改说这段话。

李强和王丽上个月结婚了。虽然他们两个人不是从小就认识，而是两年前通过婚姻介绍人认识的，但是他们第一次见面就产生了爱情。李强很有才华，在一家电脑公司做项目经理，王丽长得非常漂亮，是一家酒店的服务员。在别人看来，两人的社会地位和经济收入相差很大，但是他们自己却并不在乎。李强和王丽认为夫妻之间最重要的就是相互尊重，在困难面前互相帮助。真心祝福他们两人能够永远相爱和睦！

2 用恰当的语句填空。

我有三个兄弟姐妹：一个哥哥、一个姐姐和一个妹妹。我们每个人对恋爱婚姻的看法都不一样。我哥哥娶了一个外国嫂子，组成了__________家庭。对他来说，跟哪国人结婚并不重要，关键是__________。不过，我觉得恐怕没那么简单，__________都有差异。我姐姐和她的男朋友__________，虽然父母都反对他们两个人没结婚就住在一起，但是我姐姐认为__________。我妹妹对__________很着迷，她在网络聊天中结识了现在的男朋友。我呢？我坚持__________，因为这样很自由，生活也更随意。你对恋爱婚姻的态度是什么呢？

3 视听说

课前预习

理解下面的词语，并选用合适的词语填空。

由不得、犹豫、疯狂、了解、海峡、理智、理解

1. 听说一个因意外事故失去四肢的法国男子成功游过了英吉利______，真了不起！
2. 这件事得听我的，______你。
3. 因取款机不能取款就砸了取款机，这种______的举动让我们很不能______。
4. 谁都不愿意见到如此糟糕的事情发生，但发生了就要______地解决，发火是没有用的。
5. 赶快拿主意吧！还______什么？
6. 凭着我对他的______，他是不会做出这样的事的。

思考题

玛拉为什么说洛依疯了？

提示

可参考本单元的“语言工具箱”

1 情境配音

1. 看电影《魂断蓝桥》片段（约33:00–34:35）两遍。
2. 就所看内容进行问答。
3. 分角色朗读情景对白并做配音表演。

对白节选

玛拉：你好！
洛依：你好！
玛拉：你来看我太好了！
洛依：别这么说。
玛拉：你……你没走？
洛依：海峡有水雷，放假四十八小时。

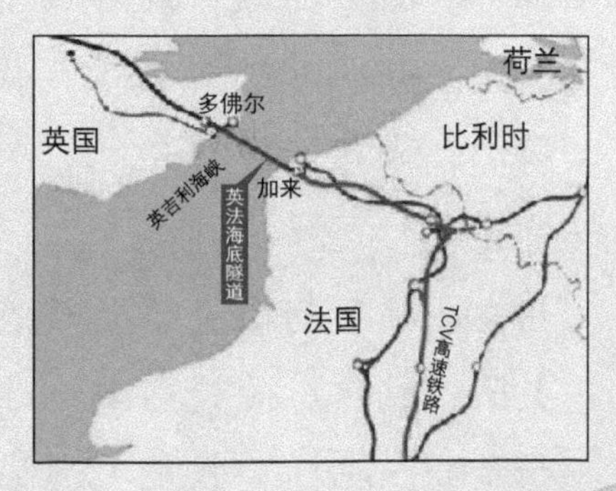

玛拉：这真太好了！
洛依：是的，有整整两天！你知道，我一夜都在想你！睡也睡不着！
玛拉：你终于学会了记住我了。
洛依：呵呵，是啊，刚刚学会。玛拉，今天我们干什么？
玛拉：嗯，我——我……
洛依：现在由不得你这样了。
玛拉：这样？
洛依：这样犹豫，你不能再犹豫了！
玛拉：不能？
洛依：不能！
玛拉：那我应该怎么样呢？
洛依：去跟我结婚！
玛拉：哦，洛依，你疯了吧！
洛依：疯狂是美好的感觉！
玛拉：哦，洛依，理智点儿。
洛依：我才不呢！
玛拉：可你还不了解我……
洛依：会了解的！用我一生来了解！

2 语言聚焦

1 用不同的语气说出下面的句子。

① 现在由不得你这样了。

丈夫：我的烟呢？给我！
妻子：还想抽烟？现在由不得你这样了，你儿子把你的烟扔了！（得意）
丈夫：由不得我这样了？你们俩太过分了！（生气）
妻子：哎呀，生什么气？我们还不是为你好嘛！

② 不能？/不能！

母亲：外面雨很大，你现在不能出去！
儿子：不能？（疑惑）
母亲：不能！（肯定）别忘了你感冒刚好点儿！

2 根据人物的意思，用合适的语气语调快速完成下面的对话。

女：你，喜欢我吗？

男：嗯，______________________。（含混地支吾）

女：__________________________？（追问）

男：__________________________。（委婉拒绝）

女：__________________________？（询问理由）

男：你喜欢我什么？

女：__________________________。（说明理由）

男：__________________________。（表示歉意、坦诚相告）

女：__________。______________！（无奈、祝福）

3 11–2 学说打油诗和绕口令

①

爱情就像一杯酒（打油诗）

爱情就像一杯酒，总想偷偷喝一口。
喝上一口难放手，从此灵魂跟你走。
只想和你长相守，真情爱你到永久。
时刻陪伴你左右，一心偕老到白头。

②

牛郎与刘娘（绕口令）

牛郎年年恋刘娘，
刘娘月月念牛郎，
牛郎刘娘苦苦恋，
刘娘牛郎心相连，
郎恋娘来娘念郎。

提示

注：打油诗最早起源于唐代民间，以后不断发展，表现出活跃的生命力。这类诗一般通俗易懂，诙谐幽默，有时暗含讥讽，风趣逗人。

4 记录与评价

根据本单元你的学习情况，填写“我的备忘录”和“评价表”。

我的备忘录 （　　年　月　日）		
	本单元学过的最有用的语句	容易错的语音语调和语句
1		
2		
3		
4		
5		
6		

评价表　　　　年　月　日					
完成质量 口头交际任务	5分 很好	4分 好	3分 一般	2分 较差	1分 很差
1. 能运用与恋爱婚姻相关的语句表达祝福。					
2. 能流利自然地讲述感人的爱情故事。					
3. 能对爱情婚姻的热点问题发表自己的看法。					
4. 能根据情境，自然、准确、流利地为人物配音。					
5. 积极主动地参与课堂活动，具有与小组同学互助、合作的团队精神。					
6. 自己在小组中的职责是：__________，自己的职责完成得怎么样？					
7. 我认为我们小组的表现：					
8. 自己需要注意的问题（如态度、语言方面等）是：					
9. 我们小组需要改进的问题是：					

5 相关链接

1 《中华人民共和国婚姻法》摘录

第一章 总 则

第一条 本法是婚姻家庭关系的基本准则。

第二条 实行婚姻自由、一夫一妻、男女平等的婚姻制度。保护妇女、儿童和老人的合法权益。实行计划生育。

第三条 禁止包办、买卖婚姻和其他干涉婚姻自由的行为。禁止借婚姻索取财物。禁止重婚。禁止有配偶者与他人同居。禁止家庭暴力。禁止家庭成员间的虐待和遗弃。

第四条 夫妻应当互相忠实，互相尊重；家庭成员间应当敬老爱幼，互相帮助，维护平等、和睦、文明的婚姻家庭关系。

第二章 结 婚

第五条 结婚必须男女双方完全自愿，不许任何一方对他方加以强迫或任何第三者加以干涉。

第六条 结婚年龄，男不得早于二十二周岁，女不得早于二十周岁。晚婚晚育应予鼓励。

第四章 离 婚

第三十一条 男女双方自愿离婚的，准予离婚。双方必须到婚姻登记机关申请离婚。婚姻登记机关查明双方确实是自愿并对子女和财产问题已有适当处理时，发给离婚证。

第三十二条 男女一方要求离婚的，可由有关部门进行调解或直接向人民法院提出离婚诉讼。人民法院审理离婚案件，应当进行调解；如感情确已破裂，调解无效，应准予离婚。

有下列情形之一，调解无效的，应准予离婚：

（一）重婚或有配偶者与他人同居的；

（二）实施家庭暴力或虐待、遗弃家庭成员的；

（三）有赌博、吸毒等恶习屡教不改的；

（四）因感情不和分居满二年的；

（五）其他导致夫妻感情破裂的情形。一方被宣告失踪，另一方提出离婚诉讼的，应准予离婚。

2 中国民间婚俗

中国传统的婚姻是讲究一定的程序的，如果一个小伙子看上了一位姑娘，就会请媒人（婚姻介绍人）到女方家说亲。说亲时，媒人要把写着双方姓名、属相的帖子进行交换。如果双方同意，就开始相亲。相亲时，男方要选择一个好日子去女方家进一步了解女方的情况，如女方家的经济情况、姑娘的品德相貌等，也有女方家长去看未来的女婿（nǚxu，女儿的丈夫）的。但女子一般不去看未来的丈夫。在现代，相亲的方式有所改变，如何相亲要根据情况而定，比较随意。

相亲之后是订婚。订婚往往是由男方送给女方定亲礼物，在一些地方，男方常常要买一对戒指，双方各戴一枚，表示婚事不变，因为戒指是圆的，象征着圆满与永恒。订婚虽是民间的一种做法，但人们很重视它，传统的观念是，订婚之后不能中途变更，也不允许再与别人议婚。

接下来是迎亲。迎亲的当天，新娘一般都穿表示吉祥喜庆的大红服饰，现在也有人学西方人的做法，穿白色婚纱。新娘在离开家时，要边走边哭，表示对家人的留恋。新娘来到新郎家，婚礼仪式便正式开始。在一些地方，女方要跨过院内的一个火盆，为的是烧去不吉利的东西，使夫妻日后生活红火。新娘进入房间后，仪式一个接着一个。首先是拜堂：一拜天地，二拜父母，然后夫妻对拜并喝下交杯酒。在新房里，新人还要相互剪一些头发，作为夫妻关系的信物放在一起保存起来。

婚礼的高潮是婚宴，也叫"喜宴"。人们常把参加婚礼说成是"喝喜酒"。在民间，喜宴代表着婚礼的隆重程度，所以备受重视。席间，新娘要为客人斟（zhēn，往杯子里倒）酒、敬烟，感谢客人的光临。新房又叫"喜房"、"洞房"，闹洞房是婚礼最后一项活动，参加的人多是未婚男女青年。人们想尽各种方法取乐，或给新人出难题，或做逗笑的事，或让新人表演节目等，目的是为了增加婚礼欢乐的气氛，令新人终生难忘。

6 语言工具箱

1 美好爱情

1.	中西融合	zhōngxī rónghé	fusion of the Chinese and Western styles
2.	地久天长	dìjiǔ tiāncháng	as long-lasting as the heaven and the earth—everlasting and unchanging
3.	风雨同舟	fēngyǔ tóngzhōu	to be in the same storm-tossed boat—to stand together through thick and thin
4.	白头偕老	báitóu xiélǎo	(of husband and wife) to grow old together
5.	相濡以沫	xiāngrú yǐmò	to help each other pull through a plight
6.	阖家幸福	héjiā xìngfú	family happiness
7.	吉祥如意	jíxiáng rúyì	good luck and happiness
8.	百年好合	bǎinián hǎo hé	lasting harmony
9.	永恒	yǒnghéng	eternal
10.	摆弄	bǎinòng	to fiddle with
11.	含混	hánhùn	unclear
12.	支吾	zhīwu	to prevaricate, to hum and haw
13.	打量	dǎliang	to look sb. up and down
14.	介意	jièyì	to mind, to care
15.	年老色衰	nián lǎo sè shuāi	to lose one's charm with years
16.	见不得人	jiànbudé rén	not fit to be seen
17.	晚宴	wǎnyàn	evening banquet
18.	稳重	wěnzhòng	steady, prudent
19.	坐牢	zuòláo	to be in prison
20.	计较	jìjiào	to haggle over
21.	得失	déshī	gains and losses
22.	倔脾气	juè píqi	stubborn temper
23.	起色	qǐsè	improvement
24.	附和	fùhè	to echo
25.	蜡烛	làzhú	candle
26.	天堂	tiāntáng	heaven
27.	哽咽	gěngyè	to choke with sobs
28.	泣不成声	qìbùchéngshēng	to sob too bitterly to speak
29.	脸颊	liǎnjiá	cheek

30.	弥漫	mímàn	to be suffused with
31.	天宫	tiāngōng	heavenly palace
32.	隔开	gékāi	to separate
33.	喜鹊	xǐquè	magpie
34.	搭	dā	to build
35.	鹊桥相会	quèqiáo xiānghuì	to meet on the Magpie Bridge
36.	女扮男装	nǚ bàn nán zhuāng	(of a woman) to disguise oneself as a man
37.	表白	biǎobái	to express (one's feelings), to profess
38.	依依不舍	yīyī bù shě	to be reluctant to part with
39.	求婚	qiúhūn	to propose, to make an offer of marriage
40.	花轿	huājiào	bridal sedan chair
41.	墓	mù	tomb, grave
42.	电闪雷鸣	diàn shǎn léi míng	lightning flashes and thunder roars
43.	裂开	lièkāi	to crack/split open
44.	扑	pū	to throw oneself on
45.	蝴蝶	húdié	butterfly

专有名词

46.	牛郎	Niúláng	Cowherd
47.	织女	Zhīnǚ	Weaver Girl
48.	王母娘娘	Wángmǔ niángniang	Queen Mother of the Heavens
49.	七夕节	Qīxī Jié	Chinese Valentine's Day, the seventh day of the seventh month in the lunar calendar

2 婚恋问题

50.	一见钟情	yíjiàn zhōngqíng	to fall in love at first sight
51.	青梅竹马	qīngméi zhúmǎ	green plums and bamboo horse—a girl and a boy playing innocently together, childhood sweethearts
52.	门当户对	méndāng hùduì	(of a marriage) to be well-matched in socio-economic position
53.	比翼齐飞	bǐyì qífēi	to pair off wing to wing—to keep each other company all the time
54.	连理	liánlǐ	trees or plants whose branches interlock or join together—loving couple
55.	出轨	chūguǐ	to overstep the bounds—to cheat on (one's husband or wife)
56.	相敬如宾	xiāngjìng rúbīn	(of a married couple) to respect each other as if the other were a guest

57.	有情人终成眷属	yǒu qíng rén zhōng chéng juànshǔ	lovers will eventually be wedded
58.	未婚同居	wèi hūn tóngjū	to live together before marriage
59.	独身主义	dúshēnzhǔyì	celibacy
60.	伴侣	bànlǚ	mate, partner
61.	插足	chāzú	to get involved in
62.	道德准则	dàodé zhǔnzé	code of ethics
63.	情投意合	qíngtóu yìhé	to find each other congenial
64.	泉水干涸	quánshuǐ gānhé	a spring (water) dries up
65.	湿润	shīrùn	moist, wet
66.	见仁见智	jiànrén jiànzhì	opinions differ
67.	跨国婚姻	kuàguó hūnyīn	transnational marriage
68.	光宗耀祖	guāngzōng yàozǔ	to bring honour to one's ancestors
69.	造就	zàojiù	to create, to train
70.	文化差异	wénhuà chāyì	cultural difference
71.	国界	guójiè	national boundary
72.	浪漫	làngmàn	romantic
73.	慎重	shènzhòng	cautious, discreet
74.	阻挡	zǔdǎng	to stop, to obstruct
75.	飞跃	fēiyuè	to leap
76.	信仰	xìnyǎng	faith, belief
77.	跨洋过海	kuà yáng guò hǎi	to cross the ocean and sea, to go abroad
78.	避孕措施	bìyùn cuòshī	contraceptive measure, birth control method

3 视听说

79.	海峡	hǎixiá	strait, channel
80.	疯狂	fēngkuáng	crazy
81.	理智	lǐzhì	reasonable, rational

第十二单元
和睦家庭

单元目标

在这一单元里，你将：

1. 能说明家庭成员及亲属关系。
2. 能讲述感人的亲情故事。
3. 能谈论家庭教育问题及与家庭相关的问题。
4. 能完成家庭相关问题的采访、报告与演讲。

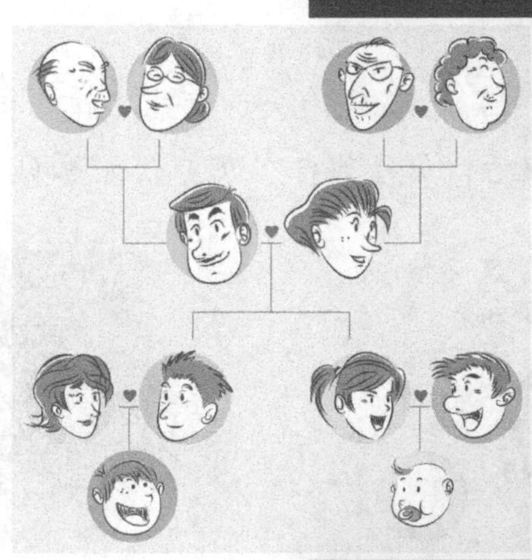

1 和睦家庭

课前预习

你知道下面这些词语的意思吗？

A. 先猜猜看，然后试着画线连接词语和它们的意思。

① 继父	a. 同一胎出生的两个人。
② 继母	b. 再婚男子从前的妻子。
③ 养父	c. 抚养自己的非生身母亲。
④ 养母	d. 再婚女子从前的丈夫。
⑤ 前夫	e. 抚养自己的非生身父亲。
⑥ 前妻	f. 种族不同的男女生育的子女。
⑦ 同父异母	g. 生父再婚后的妻子，也称“后妈”或“后娘”。
⑧ 同母异父	h. 生母再婚后的丈夫，也称“后爸”或“后爹”。
⑨ 双胞胎	i. 指再婚家庭中，孩子们的父亲相同，母亲不同。
⑩ 混血儿	j. 指再婚家庭中，孩子们的母亲相同，父亲不同。

B. 猜一猜以下图中哪一张可能是：

三口之家、单亲家庭、跨国婚姻家庭、丁克家庭（夫妇都有工作，但不要孩子的家庭）、空巢（cháo）家庭（孩子长大离家后，父母独自在家）、大家庭。

①
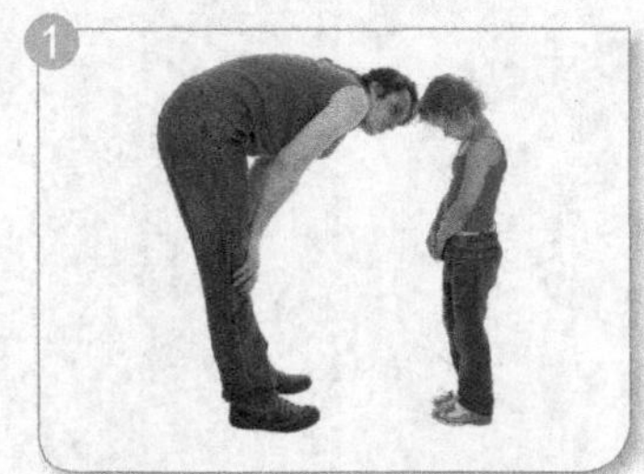

②

③

④

⑤

⑥

你自己的家庭属于哪一种？

1 热身

中国著名作家老舍先生写过一部长篇小说《四世同堂》，你知道“四世同堂”（如P53下图）是什么意思吗？这样的家庭成员之间是什么关系？相互之间怎么称呼？

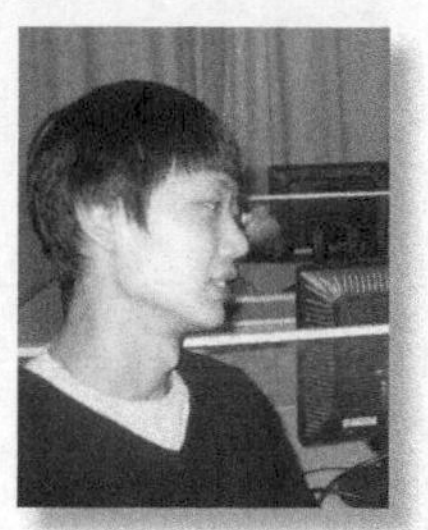

我猜“四世同堂”的意思是……，坐在中间的是……，站在他两边的是……。

那站在他身后年纪大的那两位应该是……吧。正中间站着的那位是……，后排是……。

2 演练与交际

1 完成家族树

下面是一棵中国家族树，表示出了家族成员之间的关系。其中，缺少一些家族成员，请与同伴一起，添上缺少的家族成员。

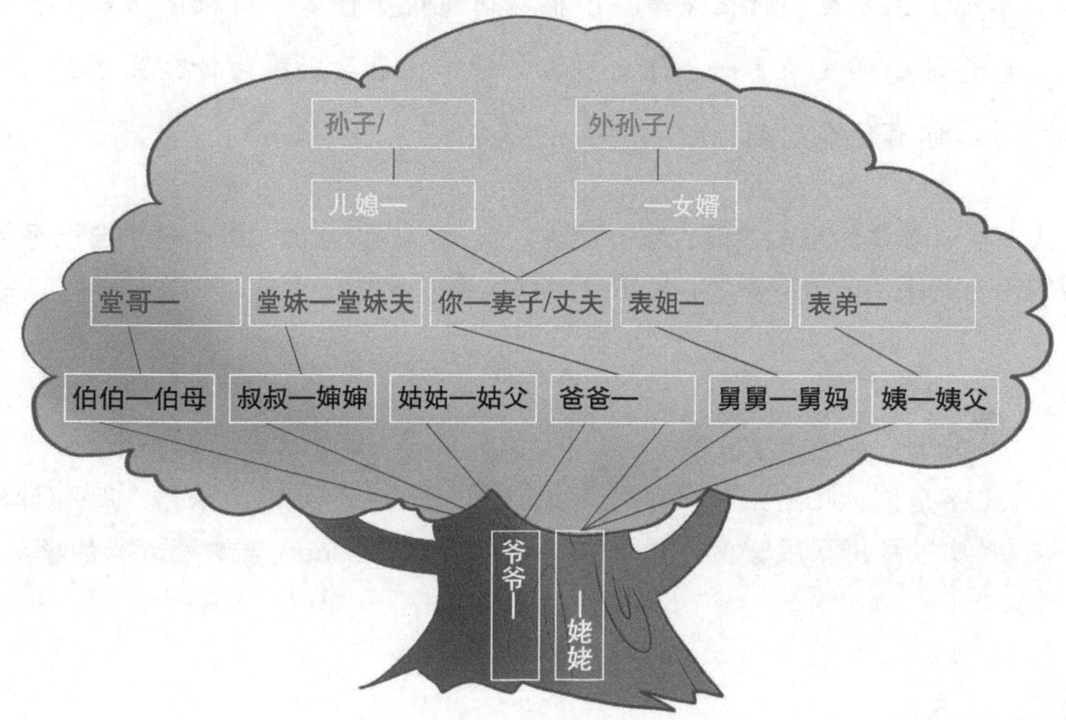

2 说出他们的关系

和同伴一起查一查、说一说：假如有一家三口——丈夫、妻子和女儿，那么下图中其他人和他们三人分别是什么关系？他们之间怎么称呼？谁和谁是亲家（qìngjia，男女结婚以后，夫妻双方的父母彼此互称“亲家”）？

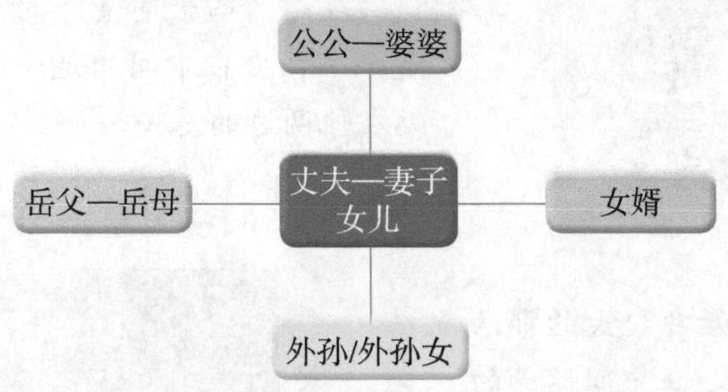

3 讲述亲情故事

12–1 先看看下面的6个问题，按照问题线索，听听小橘讲述的亲情故事。

（1）小橘为什么夜里11点给外地的妈妈打电话？

（2）早晨接到妈妈的电话，小橘心情怎样？她对妈妈说了什么？

（3）小橘到公交车站的时候感觉怎样？她见到了什么人？她听到他们在说什么？

（4）车来了，发生了什么事情？小橘对司机说了什么？司机怎么回答？

（5）爸爸给小橘发来了一条什么内容的短信？看后小橘为什么哭了？

（6）听后你有什么感想？

三人一组，参考给出的主题，准备5分钟后，每人用3分钟，讲述一个自己经历的或知道的感人的亲情故事。最后，各组选一位代表，在全班讲述。集体讲评。

参考主题

父母与你的亲情故事：母女/子情、父子/女情、父母的关爱

手足情：兄弟姐妹之间的亲情故事——我和哥哥（弟弟/姐姐/妹妹）

家的故事：温暖的家；幸福的源泉（yuánquán，指事物发生的根源）

4 故事会——周末

全班同学分为A、B两大组，先一起看公益广告《常回家看看》的视频和下面的图片A-I，然后A组同学根据视频和图片内容，讲述一个有具体情节的故事；B组同学结合现实，谈谈自己的感想。

A组两人和B组两人组成4人小组（A1、A2＋B1、B2），以4-3-2或3-2-1的方式互相讲故事或谈感想。

① A1-A2、B1-B2，每人给对方讲4分钟（或3分钟）。

② A1-B1、A2-B2，每人给对方讲3分钟（或2分钟）。

③ A1-B2、A2-B1，每人给对方讲2分钟（或1分钟）。

从A、B两大组中抽签选出3-4人，在全班讲故事或谈感想，也可以集体同期录音，选听其中3-4人讲述的故事或感想，进行集体讲评。

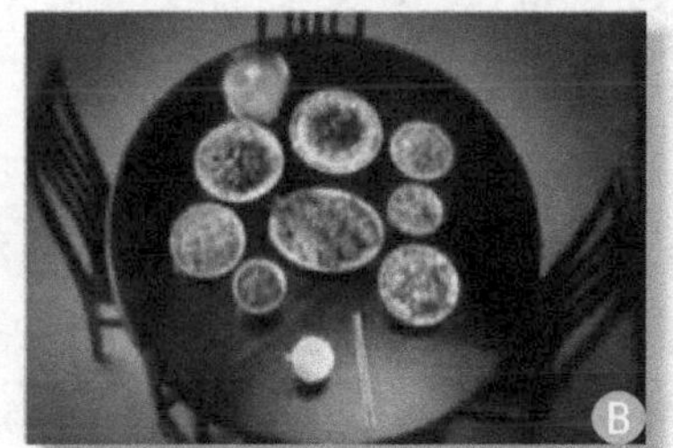

妈，说好今天回家看您的，可公司要请客户吃饭……
D

奶奶，我要和同学去公园玩儿！奶奶，再见！
E

妈，我今晚去健美班，就不回家了啊！
F

忙、忙、忙，都忙，忙点儿好啊！
G

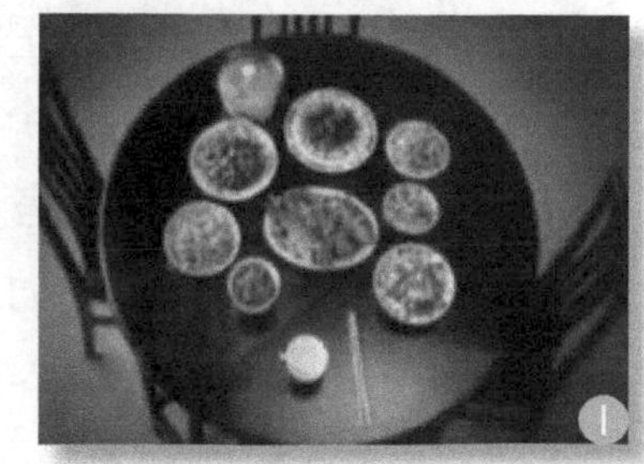

3 语言聚焦

1 根据亲属关系，填写下列每组中对应的家庭成员。

爷爷——	姥姥——	伯父——	叔叔——
姑姑——	舅舅——	姨——	公公——
岳父——	儿子——	女儿——	孙子——

2 判断下面的说法是否正确，如不正确，请说明理由并修改。

1. 早上吃早饭时我和丈夫商量："晚上公公、婆婆来，我们一起去外面吃饭怎么样？"（ ）
2. 作为儿媳妇，我应该多关心公公、婆婆。（ ）
3. 前几天，我女儿的儿子，也就是我的小孙子病了，我急坏了。（ ）
4. 我从小就一直在我妈妈的妹妹也就是我的姑姑家生活，和姑姑的感情很深。（ ）
5. 我很爱我的岳父岳母，也很爱我的公公婆婆。（ ）
6. 我叔叔和我父亲的感情很深，因为他们从小就相依为命。（ ）
7. 我妈妈在单亲家庭中长大，全靠奶奶一人抚养，所以她跟奶奶的母女情不是一般人能理解的。（ ）

3 选用"亲情""友情""爱情"填空。

每个人的一生，都离不开亲情、友情、爱情。我们一降生，就被浓浓的______包围着，爷爷、奶奶、姥姥、姥爷、爸爸、妈妈……，无私的亲情使我们慢慢长大。在幼儿园、学校和工作单位，我们又有了伙伴情、师生情、同学情、同事情。我们也总会有几位知己，给予我们纯真的______。也许在友情中，我们还可能从异性那里收获到一份属于自己的忠贞的______。

我们在享受着______的同时，追求并拥有着友情与______。但同时爱情可能又出自于______，因为和他（她）的相识、相知、相爱的过程，其实也是友情升华的过程（除非真的是一见钟情）。但当我们的______变成了现实，走进了婚姻的生活，当我们为人父、为人母后，我们将在自己的子女身上倾注我们的______，让他们生活在我们给予他们的______之中。其实人就是这样，在这三个情中不停地轮回。

朋友，如果你的生命中伴随着亲情、友情、爱情，那么，你就是幸福的人！

2 家庭教育

课前预习

A. 下面是一些错误的教育观念或方法。先猜猜它们的意思，然后试着画线连接。

1 打是亲，骂是爱，不打不骂不成材
2 娇生惯养 jiāo shēng guàn yǎng
3 有求必应 yǒu qiú bì yìng
4 分数第一
5 包办代替
6 不闻不问

a. 孩子的事情一点儿也不关心，完全不管。
b. 孩子的事情家长都包下来，替孩子做了。
c. 只要孩子考试成绩好就行，别的方面无所谓。
d. 对孩子从小就过度爱护溺爱。
e. 孩子要求什么都答应、满足。
f. 打骂是很好的教育方法。

B. 谈到教育，下面这些词常常会用到，请你猜一猜，查一查，搞清楚每个词的大概意思。

溺爱、代沟、逆反、不孝、自卑、孤僻、自私、任性、懒惰、撒谎
榜样、信任、宽容、鼓励、不自立、责任感、望子成龙、自以为是

1 热身

两人一组，先猜一猜以下图片反映了哪些家庭教育问题，然后，从下面的提示中，为每张图片找到合适的标题。说说在你的国家，教育孩子方面有哪些问题。

1 ________ 2 ________ 3 ________ 4 ________ 5 ________

6 ________ 7 ________ 8 ________ 9 ________ 10 ________

提示

溺爱、逆反、望子成龙、分数教育、家庭代沟、居高临下、“爱乐”女童、
棍棒教育、“无性”教育、在“战火”中成长

2 演练与交际

1 家庭教育问题

12-2 下面的录音谈到了一些社会上存在的家庭教育问题，请边听边思考，并找出他们所说的是哪类问题，填在相应的地方。

词语提示

不孝、自卑（zìbēi）、孤僻（gūpì）、自私、任性、自以为是、懒惰（lǎnduò）、不自立、油瓶子倒了也不扶、衣来伸手饭来张口、没有责任感、撒谎（sāhuǎng）

1. 张平的问题：________________
2. 大力的问题：________________
3. 芳芳的问题：小时候________________，长大后________________
4. 李丽的问题：________________

两人一组，选用下列词语说一说：什么才是好的教育方法？

词语提示

平等、尊重、交流、自由、榜样（bǎngyàng）、信任、宽容、鼓励（gǔlì）、严厉管教（打是亲，骂是爱，不打不骂不成材）

我觉得父母应该平等地对待子女，而不应该居高临下地下命令，更不该……。

嗯，我同意。另外父母应该是子女的榜样，如果父母自己不孝或很自私，他们的孩子长大后会……？

2 现场采访：家庭相关问题

两人（A、B）一组，A用问卷1采访B，然后B再用问卷2采访A，问题旁边的语句供回答时参考选用。

使用问卷1的A同学为一个大组，使用问卷2的B同学为一个大组（大组内4－5人再组成小组），组内同学相互交流采访结果并讨论，写出采访报告。

每组各选派一名代表，向全班报告印象最深或最有意思的采访结果。

问卷 1

1. 你来自什么样的家庭？请简单介绍一下你的家庭。

   大家庭、三口/四口/五口之家、单亲家庭

2. 你认为自己这样的家庭形式有什么利弊（好处和问题）？

   得到……的支持、代沟、温暖

3. 你怎样看中国实行的计划生育政策？

   人口最多的国家、生活水平、教育、交通、住房、自然资源、独生子女

4. 你将来想让你的孩子跟你一样吗？为什么？

   人各有志（每个人都有各自不同的志向、理想）、顺其自然、子承父业（子女继承父亲的事业或职业）

5. 如果你遇到什么问题，在家里你一般会跟谁谈？为什么？

   出主意、得到……的帮助/支持、主心骨（指有主见、主意，可依靠的人）

6. 在你家里，你更像谁？在你家里谁对你的影响最大？为什么？

在长相或性格方面、像、相似、有共同点

7. 在你家里谁做家务最多？为什么？

买菜、做饭、打扫房间

8. 你们全家常在一起共同庆祝某个节日吗？那个节日是什么节？

9. 在家庭方面中国和你们国家有什么不同？

问卷 2

1. 你觉得家庭对每个人重要吗？

温暖、关爱、支持、舒适、安全

2. 在你家里有代沟吗？有什么具体的事例吗？

3. 代沟是什么原因引起的呢？如果想解决代沟问题，你有什么好办法？

教育背景、成长环境、相互理解、宽容、加强交流、谈心

4. 在哪些方面你受父母的影响大？你会用从父母那里得到的人生观教育你的孩子吗？

思想、爱好、继承、发扬

5. 如果你遇到困难，你一般会向谁寻求帮助？为什么？

出主意、得到……的帮助/支持、主心骨（指有主见、主意，可依靠的人）

6. 大学毕业后，你会选择跟父母住在一起还是自己单住？为什么？

交流、照顾、生活方式、想法

7. 谁是你们家的“最高领导”？父亲还是母亲？你了解在传统的中国家庭中父母分别扮演什么角色吗？

挣钱养家、抚养孩子、家长、男主外，女主内

8. 你认为理想的父亲、母亲应该是什么样的？

关爱、榜样、坚强、自信、热情、有爱心、有责任感、溺爱、自私

9. 在家庭方面中国和你们国家有什么不同？

采访报告

我们就＿＿＿＿＿问题，采访了来自＿＿＿＿国家的＿＿位同学，其中男同学＿＿名，女同学＿＿名。通过本次参访，我们主要了解到以下情况：

1. ＿＿＿＿＿＿＿＿＿＿＿＿＿＿＿＿＿＿＿＿＿＿＿＿。
2. ＿＿＿＿＿＿＿＿＿＿＿＿＿＿＿＿＿＿＿＿＿＿＿＿。
3. ＿＿＿＿＿＿＿＿＿＿＿＿＿＿＿＿＿＿＿＿＿＿＿＿。
4. ＿＿＿＿＿＿＿＿＿＿＿＿＿＿＿＿＿＿＿＿＿＿＿＿。

n. ＿＿＿＿＿＿＿＿＿＿＿＿＿＿＿＿＿＿＿＿＿＿＿＿。

我们认为，＿＿。

我们小组的采访报告就汇报到这里。谢谢大家！

3 一分钟演讲

4-5人一组，每人抽签选择一个主题，准备2分钟，演讲1分钟。

演讲备选主题

父母与孩子、常回家看看、单亲家庭、望子成龙、幸福家庭、溺爱孩子、跨国婚姻、多子多福、打是亲，骂是爱、孝敬父母

演讲准备提纲

主题：＿＿＿＿＿＿＿＿＿＿＿＿。从＿＿＿方面谈这个问题；正反例证有＿＿＿个。

第一个方面：＿＿＿＿＿＿＿＿＿＿＿＿＿＿＿＿＿＿＿＿，

例证：＿＿＿＿＿＿＿＿＿＿＿＿＿＿＿＿＿＿＿＿＿＿＿＿。

第二个方面：＿＿＿＿＿＿＿＿＿＿＿＿＿＿＿＿＿＿＿＿，

例证：＿＿＿＿＿＿＿＿＿＿＿＿＿＿＿＿＿＿＿＿＿＿＿＿。

第n个方面：______________________________，

例证：______________________________。

开头（问好，引入主题）：______________________________

______________________________。

结尾（总结点题，致谢）：______________________________

______________________________。

从各组抽签选出一名代表，每位代表演讲前重新抽签选择题目，不经准备，即时演讲1分钟。最后集体讲评。

3 语言聚焦

1 根据下列每个家庭的情况，选出一个最相关的词语或句子。

A. 望子成龙 B. 重男轻女 C. 溺爱 D. 不闻不问

E. 打是亲，骂是爱，不打不骂不成材 F. 平等交流 G. 包办代替

1. 刘明从小就上各种学习班，他的父母希望他从小就比其他孩子懂得更多，他们觉得只有这样，刘明长大后才更容易成功。
2. 王丽的父母很信任王丽，他们总愿意耐心坐下来鼓励孩子说出自己的看法，很尊重王丽自己的选择。
3. 李刚和堂妹在同一所小学上学，学习成绩都很好，可爷爷奶奶总是夸奖李刚，有好吃的东西先给李刚吃，而对他的堂妹不冷不热，有家务活全让小妹妹一个人做。
4. 王晓父母从来不让孩子在家做家务活，而且每天上学前都是妈妈来给王晓装书包，作业不会做了也有爸爸来帮忙。
5. 在百货商店里无论张玲想要什么，想吃什么，她的爸爸妈妈都一一满足，有求必应，从来不说一个“不”字。

⑥ 赵兰的父母平时工作很忙，没有什么时间照顾孩子，对赵兰在学校里的学习和生活也并不十分清楚。他们认为孩子会自己慢慢长大，不需要父母有太多的干预。

⑦ 上小学三年级的王强很淘气，他的父母坚持棍棒教育，只要王强犯错误或者学习成绩下降，父母就打他骂他。他们认为只有这样做，王强才会更快地改正错误。

2 选词填空。

> 尊重、代沟、平等、家务活、多子多福、
> 五口之家、子承父业、重男轻女、独生子女、人各有志

我来自一个____________，家里有爸爸、妈妈、哥哥、妹妹和我。虽然我们的年龄不同，但是并没有____________。遇到问题时，父母都能耐心地与我们____________交流，____________我们的想法。在家里做____________的时候，父母也并不是____________，只让我和妹妹两个人打扫房间。我的爸爸妈妈都是教师，但是我们三兄妹对自己的未来却有着不同的打算。我的父母总说："____________！"他们并不要求我们____________。

来中国以前，我听说中国有个传统观念，就是____________。但是后来我发现我的中国朋友大多数都是____________，他们也都生活得很幸福。说实话，家庭对我们每个人来说都是非常重要的。

3 视听说

课前预习

猜一猜下列语句的意思，然后跟同伴解释一下，看看你们的理解是否一致。

1. 她现在过得很滋润（zīrùn），每天都很快乐。
2. 他是一个空中飞人，今天在这儿，明天就可能到了美国了。
3. 他俩的感情淡了，似乎再也不会像以前那样了。
4. 你居然劝他们离婚，他们可是你的父母啊！
5. 他们的角色重新调配（tiáopèi）了，这样他们能演得更好。
6. 他开始答应了，可后来又不干（bú gàn）了，怎么跟他商量都不行。

1 情景配音

1. 看电视剧《我的青春谁做主》第3集片段（约33:35–34:40）两遍。
2. 就所看内容进行问答。
3. 分角色朗读情景对白并做配音表演。

对白节选

[在雷蕾的家里]

霹　雳：哎，你们家还有外国友人啊？

雷　蕾：对。我，我爸，我妈，一人一个家。

霹　雳：啊？你爸跟你妈不一个家？

雷　蕾：他们俩离了。那个是我们家三口，我跟我爸。这个是我妈跟她的美国老公。

霹　雳：你把这些都放一块儿？

雷　蕾：都是我的亲人嘛。

霹　雳：服你了。你爸跟你妈为什么离婚？

雷　蕾：没什么新鲜的。我爸忙生意，整个一（个）空中飞人。时间长了，俩人感情就淡了呗。我妈呢，一直想出国，就跟我爸说："咱俩离了算了吧。”我爸就同意了。我妈一看我爸这么快就同意了，又不干了。后来呢，在我的主持下他们俩就离婚了。再后来，我妈又在我的主持下嫁给了她现在的美国老公。现在呢，半年中国，半年美国，过得更滋润。

霹　雳：你居然劝你爸你妈离婚？还给你妈找一新老公？

雷　蕾：对。与其在一块儿不快乐，不如重新调配，各自过自己想过的生活，生活多美好！

2 语言聚焦

1 用不同的语气说出下面的句子。

① 啊

丈　夫：我走了！

妻　子：下班回来顺便买点儿菜，你别忘了，啊！（提醒）

丈　夫：啊？你说什么？（疑问）

妻　子：下班别忘了买菜！

丈　夫：啊，我知道了。（答应）

② 你还给你妈找一新老公？

佳　佳：这是我的继父，我给我妈介绍的。

丽　丽：A. 啊，你还给你妈找一新老公？（吃惊）

B. 你太厉害了，你还给你妈找一新老公！（嘲讽）

2 两人一组，用合适的语气语调读读下面的母子对话，并说说你们的感想。

妈　妈：我烧了鱼。你爱吃鱼吧？

儿　子：妈，我不爱吃鱼。

妈　妈：你不爱吃鱼？

儿　子：妈，我不爱吃鱼。

妈　妈：是鲔（wěi）鱼呀！

儿　子：谢谢啦！我不爱吃鱼。

妈　妈：我加了芹菜！

儿　子：我不爱吃鱼！

妈　妈：可是吃鱼很健康。

儿　子：我知道，可是我不爱吃鱼。

妈　妈：健康的人通常吃很多鱼。

儿　子：我知道，可是我不吃鱼。

妈　妈：长寿的人吃鱼比吃鸡肉还多。

儿　子：是的，妈妈，可是我不爱吃鱼。

妈　妈：我也不是在说，你应该每天吃鱼鱼鱼，因为鱼吃太多了也不好……

儿　子：是的，妈妈，……嗯，我反正不吃鱼。

妈　妈：很多文明国家的人，都是以鱼为主食的。

儿　子：我知道，可是我不吃鱼。

妈　妈：连鲔鱼也不吃？

儿　子：对，鲔鱼也不吃。

妈　妈：那你有没有试过加了芹菜的鲔鱼？

儿　子：没有。

妈　妈：没试过，你怎么知道会不喜欢呢？

儿　子：妈，我真的不喜欢吃鱼。

妈　妈：你就试试看嘛！

3 12-3 学说绕口令

1

写福字

房胡子，黄胡子，新年到了写福字；
不知道房胡子的福字写得好，
还是黄胡子的福字写得好。

2

打醋买布

有个老头他姓顾，上街打醋又买布。
买了布，打了醋，回头看见鹰抓兔。
放下布，搁下醋，上前去追鹰和兔，
飞了鹰，跑了兔。洒了醋，湿了布。

4 记录与评价

根据本单元你的学习情况，填写“我的备忘录”和“评价表”。

我的备忘录 （　年　月　日）		
	本单元学过的最有用的语句	容易错的语音语调和语句
1		
2		
3		
4		
5		
6		

评价表　　　　年　月　日					
完成质量 口头交际任务	5分 很好	4分 好	3分 一般	2分 较差	1分 很差
1. 能说明家庭成员及亲属关系。					
2. 能讲述感人的亲情故事。					
3. 能谈论家庭教育问题及与家庭相关的问题。					
4. 能完成家庭相关问题的采访、报告与演讲。					
5. 能根据情境，自然、准确、流利地为人物配音。					
6. 积极主动地参与课堂活动，具有与小组同学互助、合作的团队精神。					
7. 自己在小组中的职责是：__________，自己的职责完成得怎么样？					
8. 我认为我们小组的表现：					
9. 自己需要注意的问题（如态度、语言方面等）是：					
10. 我们小组需要改进的问题是：					

5 相关链接

1 学唱歌曲：常回家看看

常回家看看

（陈红演唱）

作词 车 行

作曲 戚建波

1=♭D 2/4

♩=92

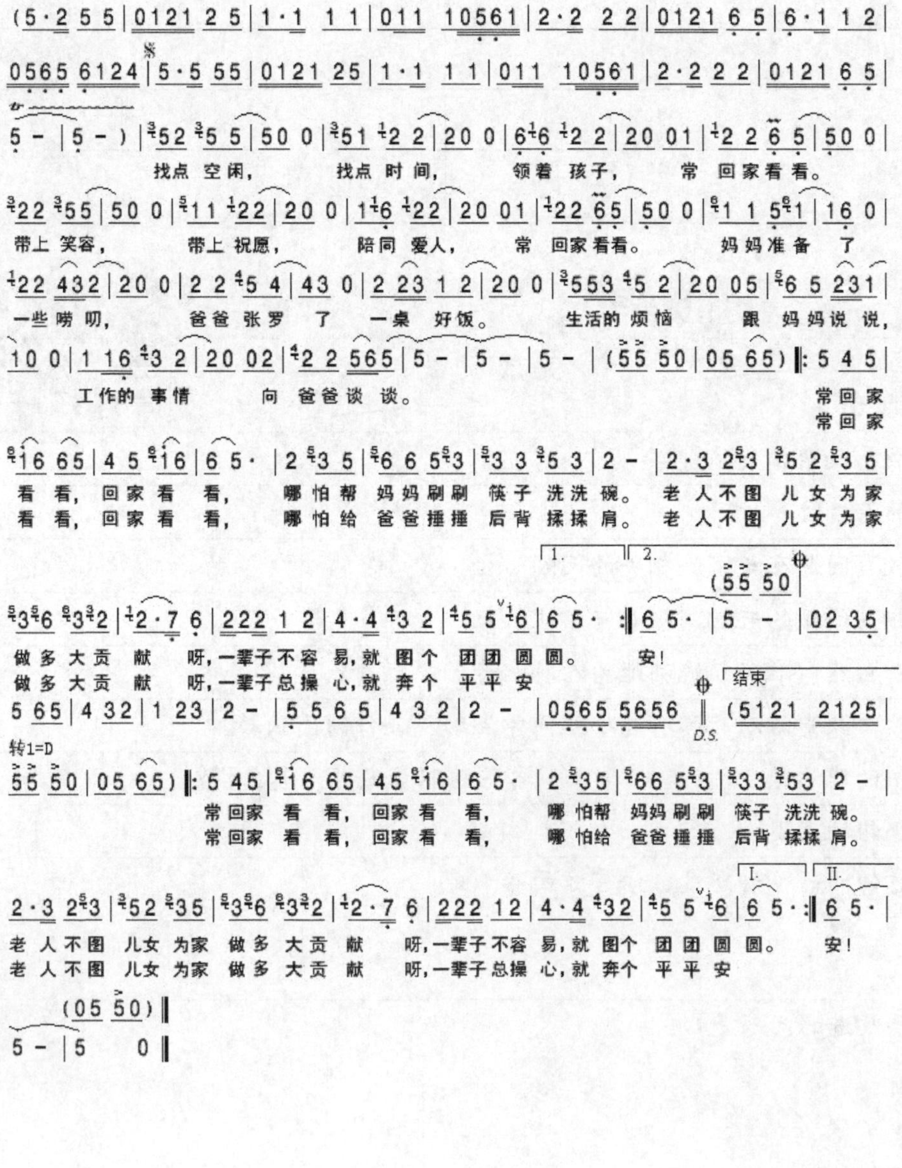

找点空闲，找点时间，领着孩子，常回家看看。

带上笑容，带上祝愿，陪同爱人，常回家看看。妈妈准备了

一些唠叨，爸爸张罗了一桌好饭。生活的烦恼跟妈妈说说，

工作的事情向爸爸谈谈。

常回家看看，回家看看，哪怕帮妈妈刷刷筷子洗洗碗。老人不图儿女为家做多大贡献呀，一辈子不容易，就图个团团圆圆。

常回家看看，回家看看，哪怕给爸爸捶捶后背揉揉肩。老人不图儿女为家做多大贡献呀，一辈子总操心，就奔个平平安安！

1. 2.

结束

D.S.

转1=D

常回家看看，回家看看，哪怕帮妈妈刷刷筷子洗洗碗。

常回家看看，回家看看，哪怕给爸爸捶捶后背揉揉肩。

老人不图儿女为家做多大贡献呀，一辈子不容易，就图个团团圆圆。

老人不图儿女为家做多大贡献呀，一辈子总操心，就奔个平平安安！

2 《中华人民共和国婚姻法》摘录

第三章　家庭关系

第 十 三 条　夫妻在家庭中地位平等。

第 十 四 条　夫妻双方都有各用自己姓名的权利。

第 十 五 条　夫妻双方都有参加生产、工作、学习和社会活动的自由，一方不得对他方加以限制或干涉。

第 十 六 条　夫妻双方都有实行计划生育的义务。

第 十 七 条　夫妻在婚姻关系存续期间所得的下列财产，归夫妻共同所有：（略）

夫妻对共同所有的财产，有平等的处理权。

第二十一条　父母对子女有抚养教育的义务；子女对父母有赡养扶助的义务。

第二十二条　子女可以随父姓，可以随母姓。

第二十五条　非婚生子女享有与婚生子女同等的权利，任何人不得加以危害和歧视。

第二十六条　国家保护合法的收养关系。养父母和养子女间的权利和义务，适用本法对父母子女关系的有关规定。

第二十七条　继父母与继子女间，不得虐待或歧视。

第二十八条　有负担能力的祖父母、外祖父母，对于父母已经死亡或父母无力抚养的未成年的孙子女、外孙子女，有抚养的义务。有负担能力的孙子女、外孙子女，对于子女已经死亡或子女无力赡养的祖父母、外祖父母，有赡养的义务。

第二十九条　有负担能力的兄、姐，对于父母已经死亡或父母无力抚养的未成年的弟、妹，有扶养的义务。由兄、姐扶养长大的有负担能力的弟、妹，对于缺乏劳动能力又缺乏生活来源的兄、姐，有扶养的义务。

第 三 十 条　子女应当尊重父母的婚姻权利，不得干涉父母再婚以及婚后的生活。子女对父母的赡养义务，不因父母的婚姻关系变化而终止。

6 语言工具箱

1 和睦家庭

1.	继父	jìfù	stepfather
2.	继母	jìmǔ	stepmother
3.	养父	yǎngfù	foster father
4.	养母	yǎngmǔ	foster mother
5.	前夫	qiánfū	ex-husband
6.	前妻	qiánqī	ex-wife
7.	同父异母	tóng fù yì mǔ	with the same father but different mothers
8.	同母异父	tóng mǔ yì fù	with the same mother but different fathers
9.	双胞胎	shuāngbāotāi	twins
10.	混血儿	hùnxuè'ér	person of mixed race
11.	单亲家庭	dānqīn jiātíng	single-parent family
12.	空巢家庭	kōngcháo jiātíng	empty-nest family
13.	丁克家庭	dīngkè jiātíng	DINK family
14.	亲家	qìngjia	relatives by marriage
15.	女婿	nǚxu	son-in-law
16.	公公	gōnggong	husband's father
17.	婆婆	pópo	husband's mother
18.	岳父	yuèfù	wife's father
19.	岳母	yuèmǔ	wife's mother
20.	外孙/外孙女	wàisūn/wàisūnnü	grandson/granddaughter, son/daughter of one's daughter
21.	手足（情）	shǒuzú (qíng)	brotherhood
22.	源泉	yuánquán	source, fountainhead
23.	伯父	bófù	father's elder brother
24.	姑姑	gūgu	father's sister
25.	舅舅	jiùjiu	mother's brother
26.	姨	yí	mother's sister
27.	姥姥	lǎolao	maternal grandmother
28.	姥爷	lǎoye	maternal grandfather

2 家庭教育

29.	娇生惯养	jiāoshēng guànyǎng	to grow up in easy circumstances
30.	有求必应	yǒuqiú bìyìng	to respond to every plea
31.	包办	bāobàn	to take everything on oneself, to take sole charge of
32.	不闻不问	bùwén búwèn	to be indifferent to
33.	溺爱	nì'ài	to spoil (a child)
34.	代沟	dàigōu	generation gap
35.	逆反	nìfǎn	to be disobedient, to be rebellious
36.	不孝	búxiào	to fail to fulfil filial obligations, to lack filial piety
37.	自卑	zìbēi	self-abased, self-contemptuous
38.	孤僻	gūpì	unsociable and eccentric
39.	自私	zìsī	selfish
40.	任性	rènxìng	self-willed
41.	懒惰	lǎnduò	lazy
42.	撒谎	sāhuǎng	to lie, to tell a lie
43.	榜样	bǎngyàng	role model
44.	信任	xìnrèn	to trust
45.	宽容	kuānróng	to be tolerant
46.	责任感	zérèngǎn	sense of responsibility
47.	望子成龙	wàngzǐ chénglóng	to hope one's children will have a bright future
48.	鼓励	gǔlì	to encourage
49.	自立	zìlì	to earn one's own living
50.	自以为是	zìyǐwéishì	to consider oneself (always) in the right
51.	人各有志	rén gè yǒu zhì	everyone has his own ambition
52.	顺其自然	shùn qí zìrán	to let nature take its course, to follow the natural tendency of sth.
53.	子承父业	zǐ chéng fù yè	to follow one's father's occupation
54.	主心骨	zhǔxīngǔ	mainstay

3 视听说

55.	滋润	zīrùn	well-off, comfortable
56.	调配	tiáopèi	to allocate, to deploy, to distribute, to allot
57.	居然	jūrán	unexpectedly
58.	不干	bú gàn	to disagree
59.	淡（情感方面）	dàn	indifferent

第十三单元 电脑网络

13

单元目标

在这一单元里，你将：

1. 能熟练运用常用的电脑、网络词语。
2. 熟悉并能说出电脑常用软件的名称及主要功能。
3. 能说明一些使用网络的具体步骤，能利用互联网解决实际问题。
4. 能就网络及宅生活的利弊等问题发表自己的观点。

1 电脑世界

课前预习

画线连接词语和它们的意思。

A. ① 首位		a. 指献出自己的财物。
② 富豪	fùháo	b. 形容事情发展复杂、变化多。
③ 捐献	juānxiàn	c. 排名位列第一。
④ 疫苗	yìmiáo	d. 指非常富有的人。
⑤ 曲折		e. 指让人觉得羞耻的事情。
⑥ 耻辱	chǐrǔ	f. 用于预防接种的生物制品。

B. ⑦ 传染病		g. 比喻学问、技能等方面达到了最高水平。
⑧ 精力过人		h. 在人或动物之间相互传播的一类疾病。
⑨ 登峰造极	dēng fēng zào jí	i. 比喻平时不突出，却一下子做出惊人的成绩。
⑩ 小事一桩	xiǎo shì yì zhuāng	j. 精力旺盛，超过一般人。
⑪ 不鸣则已，一鸣惊人	bù míng zé yǐ，yìmíng jīngrén	k. 事情不大，很容易做。

1 热身

两人一组，快速说出计算机各部件的名称

提示：鼠标、显示器、主机、打印机、音箱、键盘

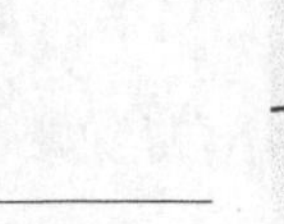

① ________

② ________

③ ________

④ ________

⑤ ________

⑥ ________

2 演练与交际

1 电脑网络

两人一组，说说是否熟悉下面这些词语。快速地读一读，猜猜每个词语的意思，然后试着选词填空，并与同伴核对一下。

词语提示

回收站、病毒、压缩、视频、硬件、硬盘、窗口、软件、U盘、无线、网卡、黑屏

① 最近出现了一种新的________，一定要及时更新你的杀毒软件。

② 这几个影音文件所占空间太大了，我建议你先________一下，再存储到________中。

③ 我们可以利用电脑听音乐、看电影、看________。

④ 计算机上专门保存删除后的文件的地方叫________。

⑤ 你的________已经没有空间了，你需要清理一下，然后我再帮你安装新________。

⑥ 只要在电脑上安装了________，在图书馆或酒吧里都可以无线上网了。

⑦ 你可以把网上下载的图片、音乐、视频刻录在光盘上或者存在________里，这样就可以随身携带了。

⑧ 显示器、键盘、鼠标都属于电脑的________。

⑨ 当电脑供电不足，中了________，或者同一时间打开的________过多时，都有可能出现________的现象。

2 模拟角色——请求帮助

两人一组，扮演同学关系、师生关系或经理与秘书的关系，轮流选用合适的请求的语句和回应请求的语句，快速提出请求、回应请求。

【背景】

你需要请对方帮你做的事（供参考）：①电脑坏了需要修；②电脑不能打汉字了，想知道原因；③电脑有病毒了，需要杀毒；④电脑突然死机了，想知道怎么办；⑤不知怎样下载一个软件；⑥不知道怎么在电脑上画图；⑦学习制表格；⑧需要给句子加上汉语拼音；⑨ Word文档打不开了；⑩想学习制作PPT等。

提出请求	回应请求
① 请问……?	
② 可不可以/能不能……?	可以/当然可以/当然能，……。
③ ……行不行/好不好?	行/好，没问题。
④ 能帮我……吗?	没问题，我马上帮你……。
⑤ 麻烦您/你……，行吗?	别客气，我来帮你，……。
⑥ ……可以吗?	干吗那么客气呀，……还不好说。
⑦ 能……吗?	跟我还那么客气！你的事就是我的事。
⑧ 我可以打扰你/您一下吗？……	说吧，什么事?
⑨ 我可以麻烦你/您一下吗？……	小事一桩(zhuāng,件)，先……，然后……。
⑩ 我可以占您/你几分钟(时间)吗?	我很想/愿意帮你，可是……。
⑪ 我可以问您/你一个问题吗?	对不起，现在不行，我太忙了，……。
⑫ 我可以求您/你帮个忙吗?	抱歉，这个我也不太清楚，……。

3 模拟角色——答疑解惑

A和B是朋友关系或经理与秘书的关系。A给B打电话说明在使用电脑的过程中碰到的问题，如：不知道如何用中文打字或者电脑总是自动关机等（可根据情况自己确定问题），请B说明应该怎样做。（对话时请参考“演练与交际2”中的句型）练习后，随机抽选几组在班上表演并集体讲评。

【要求】

① 注意使用恰当的表示请求及回应请求的句子；

② 注意说清楚行动的步骤、顺序。

词语提示

下载、安装、运行、病毒、中毒、杀毒、首先……、然后……、再……、最后……、第一步、第二步、第三步

丽娜，打扰你休息了吧？我有件事要麻烦你，你能告诉我怎么用中文打字吗？

跟我还那么客气！用中文打字，其实不难。首先，要在自己的电脑里安装一个中文输入法的软件，如搜狗拼音输入法，方法是：登录http://pinyin.sogou.com下载，然后安装、运行，再按"Ctrl+Shift"键切换到这种输入法。当看到搜狗输入法的中文图标出来，就可以在Word里使用这种输入法打中文了。

4 故事会——合作讲述比尔·盖茨的故事

两人（A、B）一组，分别看比尔·盖茨的小故事A、B。

与另一组同学组成一个大组（A1、B1＋A2、B2）：

① 以A1–A2、B1–B2的方式互相给对方讲述自己看到的故事。

② 以A1–B1、A2–B2，A1–B2、A2–B1的方式合作讲出完整的故事。

③ 每人练习把故事完整地讲一遍，然后一起说说"我心中的比尔·盖茨"。

抽签选择两组，在全班面前讲述比尔·盖茨的故事，并简要说说你自己心中的比尔·盖茨。最后，集体讲评。

你们认识这个人吗？今天我要为大家介绍……。

A 故事

比尔·盖茨是微软（Microsoft）公司创始人之一，39岁就成为世界首富，曾连续多年排在福布斯（Forbes）世界富豪榜（bǎng，list）的首位。盖茨从小就精力过人，特别爱思考，一迷上什么就全身心投入。比如，小学四年级时老师要他们写篇四五页的作文，结果他参考爸爸书房里的各种书籍，一口气写了30多页。还有一次老师让大家写一篇不超过20页的故事，他竟写了100页，而且故事写得神奇、曲折，老师和同学们都十分惊讶！大家说，不管盖茨做什么事，他总喜欢来个登峰造极（dēng fēng zào jí），不鸣则已，一鸣惊人（bù míng zé yǐ，yìmíng jīngrén）。

故事

中学毕业后，比尔·盖茨到哈佛大学读书，可是一年后他却离开了哈佛，与别人一起创办了计算机公司。

现在，人们的电脑里几乎都装有微软（Microsoft）系统。他使个人电脑成了日常生活用品，并改变了很多人的工作、生活方式。所以有人说，他的贡献，就像爱迪生发明了灯泡一样。

2008年他正式退休，他宣布拿出98%的个人财产给慈善基金会，用于研究防治传染病的疫苗（yìmiáo），并为贫穷国家提供援助。2010年，他与巴菲特（Warren Buffett）一起开展了一项活动，让美国富翁们将个人资产的至少一半捐给慈善事业，他们说，“带着巨富而死，是一种耻辱”。

在我心里，比尔·盖茨是一位……。

我眼中的比尔·盖茨是……。

3 语言聚焦

选词填空。

首位、富豪、曲折、耻辱、捐献、疫苗、传染病、
小事一桩、精力过人、登峰造极、不鸣则已，一鸣惊人

这是一个关于一位上海滩________的故事，他成功的道路十分________。

他出生在一个贫困家庭，因此被很多人瞧不起。然而，他并不认为贫穷是一种________。反而，正是贫困促发了他内心拼搏的激情。他________，每天坚持学习10个小时以上对于他来说是________。

功夫不负有心人！30岁的他成为了20世纪上海滩________资产超过百亿的富豪。

当他听说在非洲流行着的一种________夺去了很多人的生命时，他毫不吝惜地________出了5000万元作为疾病________研究的资金。在捐献会上，他还展现了他________的书法造诣。真是________，________！

2 根据情境完成对话。

[课下，学生A向学生B询问三个问题，即：如何打开Word文档？如何制作PPT？为什么电脑总是突然死机？]

A：今天上课学的你都会了吗？能帮我看看，____________________？

B：干吗那么客气呀？__________还不好说。……（教同学A打开Word文档）你看，这不就打开了吗？

A：哦，我还得求你帮个忙，________________，你知道是怎么回事吗？

B：小事一桩，我也遇到过这种情况，如果总是死机，就说明你的电脑有病毒了。你要先重新启动电脑，然后安装上新的杀毒软件进行杀毒。

A：真得好好儿谢谢你了。对了，________________，你能教我吗？

B：实在抱歉，关于PPT的制作过程我也不太清楚，______________。

A：好！我们明天一起向老师请教。

2 网络生活

课前预习

1. 画线连接词语和它们的意思。

A. ① 登录　　a. 有共同爱好的一些人在一起。
② 注册　　b. 把信息等从个人电脑发送到网络上。
③ 下载　　c. 害怕困难，不敢继续前进。
④ 上传　　d. 指输入自己的用户名、密码、个人信息等，以取得电脑网络系统的认可。
⑤ 退缩　　e. 用户使用自己的用户名和密码来进入某电脑系统。
⑥ 圈子　　f. 把网上的信息等保存到自己的电脑上。

B. ⑦ 针锋相对　　g. 指不应该得到指责、批评。
⑧ 无可厚非　　h. 针对对方的言行等站在相反的立场上进行反驳或采取行动。
⑨ 奇闻逸事　　i. 不走出家门，也指不与外界接触。
⑩ 足不出户　　j. 到处都是，特别常见。
⑪ 比比皆是　　k. 奇特的、没有多少人知道的事情。

2. 选用上面合适的词语填空。

① 这些常去旅游的人，有自己的________。
② 他把自己的照片________到了网上。
③ 一遇到困难，他就________，哪像个男人？
④ 他把自己的钱给了朋友，这是________的。
⑤ 我刚在网上________了个信箱，以后你可以往这个信箱里发信了。
⑥ 你要收、发信，需要先________啊！
⑦ 反驳别人的观点，要________才行，没用的废话就不要说了。
⑧ 上网看电影很方便，没时间看完先________，等有时间再看也行。
⑨ 他是宅男，每天________。
⑩ 现在，使用手机上网的人________。
⑪ 他对网上的一些________很感兴趣。

1 热身

1 两人一组，互相交流一下自己上网最喜欢做的事情。

看电影

网络游戏

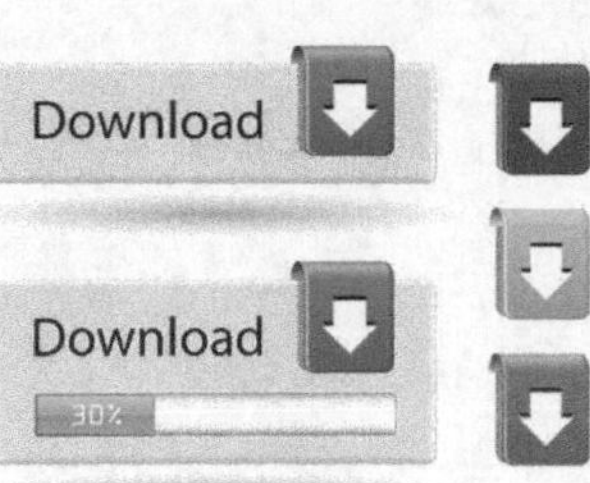

下载资料

视频会议

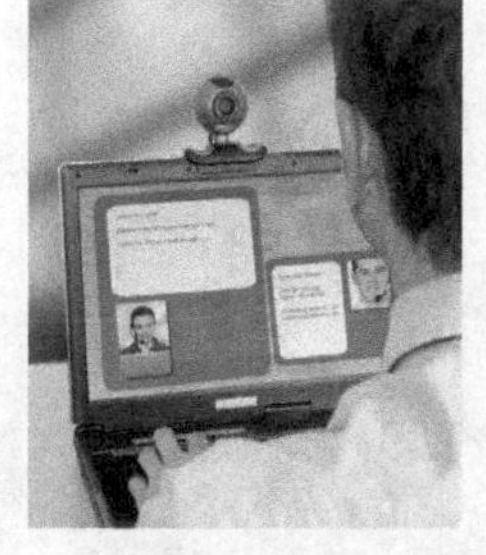
网上聊天

收发邮件

上网看新闻

网上购物

2 下面是一些常常可以在计算机、网上看到的图标，它们代表着什么？你常使用哪些、做什么？请与同伴一起说一说。

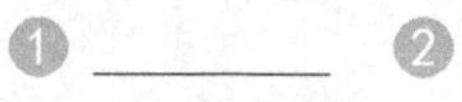

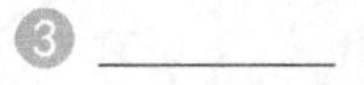

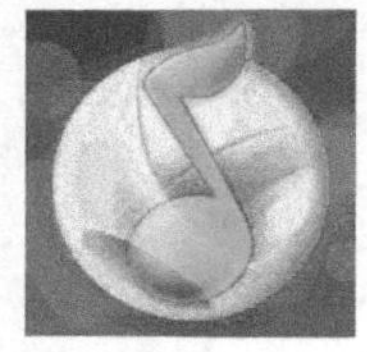

⑦ ________ ⑧ ________ ⑨ ________ ⑩ ________ ⑪ ________ ⑫ ________

提示

博客、聊天工具、Word编辑、搜索工具、网页浏览器、文件下载、杀毒软件、电子邮件、网上商城、国际视频电话、办公软件、音乐播放

2 演练与交际

1 介绍电脑软件功能及使用方法

13-1 听对话录音，边听边记要点，然后回答下列问题。

（1）妮可与家人上网通话使用什么软件？她为什么不用手机而用这个软件呢？

____

（2）Skype有什么功能？

____

（3）怎样用Skype？

先______________________________，

然后______________________________，

接着再______________________________就可以了。

 请从"热身2"的图标（软件）中，选择一个，向同伴介绍它的功能和用法。

这是……图标（软件），主要用来……，比如……。

怎么用呢？首先，……，然后……，接着再……就可以了。

 随机选择几位同学介绍并回答大家提问。

2 自由讨论——见仁见智

老师的提示

当今时代，网络不仅是一种时尚和潮流的象征，更是一个国家整体科技水平的集中体现。据中国互联网信息中心的调查，截止到2012年，中国上网人数已经超过5.5亿。目前，通过手机移动上网的人数也已经超过4亿。网络已经渗透到人们的生活中，它成为人们获取信息、与家人朋友沟通交流的平台。有人足不出户，整日靠网络生活，甚至完全“宅”在了家里。

那么，网络、宅生活，究竟有哪些好处和问题呢？让我们分成A、B两大组，分别讨论一下网络、宅生活的利弊吧！

A组：网络的利弊

与同伴讨论一下：互联网给我们的生活带来了什么？说说网络的利弊。

网络的好处	网络的弊端
________________	________________
________________	________________
________________	________________
________________	________________
________________	________________
________________	________________
________________	________________

我觉得网络给我们带来的最大的好处是……，其次是……，还有就是……，此外……；但是，网络也……。总之/总而言之，……。

B组：宅生活的利与弊

 先阅读下面的材料，然后总结一下宅生活的利弊，并谈谈自己的观点。

宅人心声

只要有网络，我就生活得很好，很快乐。这种生活挺适合我的，我不打算换一种生活方式。

一天"猫"在家里，可做的事很多，网络世界让我不再想回到现实中去。饿了，简单地煮碗面；无聊了，就在QQ上"认养"电子宠物企鹅。

上网"冲浪"（指上网浏览），看看娱乐新闻、奇闻逸事，逛"淘宝"（一个购物网站），借鉴别人的购物经验，看视频，挂QQ……。"要不是老妈赶我出去，真希望可以在家里老死。"

专家和父母的观点

【教育专家】人是在社会生活中不断完善提高的。长时间生活在虚拟世界，缺乏与人的交往，会导致个人基本社交能力的退化。一些"宅男宅女"不愿上学、上班，变成了"啃（kěn）老族"（也叫"吃老族"，是指那些不工作而待在家里，衣食住行全靠父母，而且花销很高的一类年轻人）。

【心理专家】这是社会多元化的表现，是一种新的生活状态。只要不影响他人，不损害自己的身心健康，都是无可厚非的。关键是不要为了逃避生活而退缩在虚拟世界。现在，一些年轻人宅在家里网上创业，不少人成为网上作家、网店老板等，这种新的工作和生活方式也不错。

【父母】孩子都二十岁了，可是一天到晚上网，不出家门，不出去工作，不和别人交往，这可怎么办啊？

宅生活的好处	宅生活的坏处
____________	____________
____________	____________
____________	____________
____________	____________
____________	____________
____________	____________

我们认为宅生活最大的好处/坏处有n个。第一是……，第二是……，第n是……，此外……；当然，宅生活也……。总之，……。

3 小辩论

4人一组，正、反方各两人。在前面讨论的基础上，任选下面一题进行辩论。

辩论题1：正方——网络利大于弊，反方——网络弊大于利

辩论题2：正方——宅生活弊大于利，反方——宅生活利大于弊

我认为宅生活只要……就……。
这是一种全新的生活方式，很多人……。
生活得愉快是最重要的……。

我不同意你的观点，宅生活……。

成功的人毕竟是少数，整天不出门，怎么能……？一个人生活在世上要有责任感……。

两个四人组合并，组成八人组，正反方各4人，分为一辩、二辩、三辩、四辩。先参考下面的辩论常用语句准备10分钟，然后按照辩论程序开始辩论。辩论程序：

①双方一辩先表述己方的立场（各30秒，共1分钟）；

②每人说出己方的1~2个主要论据（各30秒，共3分钟）；

③自由辩论（共6分钟）；

④双方四辩总结己方观点（各30秒，共1分钟）。

辩论常用语句

1. 我方认为……。主要有以下三个理由：第一，……；第二，……；第三，……。
2. 首先，……；其次，……；再次，……；最后，……。
3. 我不同意你的观点，在我看来……。
4. 我认为这种看法没有道理。我认为……。
5. A是A，可是，……。
6. 怎么能说……呢？事实上，……。
7. 对不起，我插一句，……。
8. 请让我说完。
9. 我还想补充一点，……。
10. 你刚才提到……，请你举个例子。
11. 下面我想谈一下……。
12. 总之/总而言之，……。

1\. 自己的观点和例证

2\. 反驳对方论点

3\. 概括总结自己的观点

抽签选择一个辩论队（或从正、反方各推选4人重新组成一个辩论队），从辩论队外的其他学生中选一人作为辩论会主持人，4位同学作为裁判，在全班进行辩论。最后选出最佳辩手两人，并说明理由。集体点评。

3 语言聚焦

选词填空。

（一）上网

邮件、博客、搜索、视频、电子邮箱、
下载、网民、BBS、上传、无线网卡、网友

自从成为一名________，我的生活变得更加丰富多彩了。每周我都在网络上写________，________照片和自拍________，以此来记录自己生活中的点点滴滴。我也时常利用________写________，通过________发表自己的看法和感受，在网络上________有用的软件、听音乐、看电影，________当天世界各地的奇闻逸事。因为有了网络，我还结识了不少新________。现在我买了新的________，上网变得更加方便了。尽管人们总在争论网络对生活的影响是有利还是有弊，但是在我看来，只要合理使用，网络还是“便捷”的代名词。

（二）宅生活

创业、宅生活、啃老族、足不出户、
无可厚非、虚拟世界、与人交往、身体健康

如今，________的出现也从一个侧面体现了网络的优势，有些人认为这是一种新的时尚，不过很多专家都反对这种生活方式。他们认为________沉迷于网络的________里，就会渐渐地失去在现实生活中________的能力。另外，总待在家里不运动，对________也没有多大好处。我认为，要一分为二地看问题，宅生活________，只要不成为“________”就行了。很多人愿意在家里工作，这样可以节省上下班路上的时间，也有很多人在网络上________成功，做了自己的老板，这不是很好吗？

3 视听说

课前预习

选择合适的词语说出下面这段话。

绿草茵茵（yīnyīn，一片葱绿，lush and thick）、摄像头、
蒙（mēng，骗）人、凑合（còuhe）、剑桥（Cambridge）、
徐志摩（1897.1.15～1931.11.19，现代诗人、散文家）

他扛着摄像机，把________对准了那________的小花园，虽然，这是在中国，他还是情不自禁地想起了英国，想起了那闻名世界的________大学，想起了________和他那美好的诗篇，“轻轻的我走了，正如我轻轻的来；我轻轻的招手，作别西天的云彩。……”此刻，他的心飞到了那梦中的天堂……他不想再这么________下去了，他要去学习，实现自己的理想。

他把他拍摄的视频放到了网上，告诉他的好友，说他到了剑桥。朋友愣住了，说：“你怎么还________呢？你不是一直跟我在一起吗？从昨天到今天！你没事吧？”他这才清醒了，说：“我一定要去剑桥，明年就去！”

1 情境配音

1. 看电视剧《我的青春谁做主》第13集（约02:03–03:45）两遍。
2. 就所看内容进行问答。
3. 分角色朗读情景对白并做配音表演。

对白节选

［在雷蕾的家里］

雷　蕾：哎，你到底要干吗呀？

霹　雳：你去屋里帮我看看，像不像窗外的景色。

雷　蕾：景色？

霹　雳：从你那边一眼望过来就看见它了。是不是显得校园外面绿草茵茵的？

雷　蕾：那我眼神得多差呀！

霹　雳：这么看是有点儿假，但是如果从电脑的摄像头里面看，是不是就可以蒙人了？

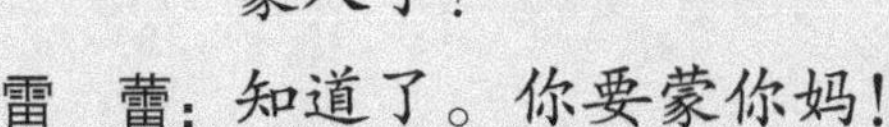

雷　蕾：知道了。你要蒙你妈！

霹　雳：聪明。这到底像不像英国校园的风景啊？

雷　蕾：试试看就知道啦。

霹　雳：你觉得怎么样？

雷　蕾：还成，凑合着蒙吧。反正你妈也没去过英国剑桥的宿舍呗。

霹　雳：你说我怎么就这么聪明呢！

［霹雳和妈妈打网络电话］

杨　尔：一直等着你呢。所有手续都办好了？一切都顺利？

霹　雳：O了都。看我公寓条件还不错吧？这儿直接能看到景色，还能看到校园呢。

杨　尔：嗯，真不错。那妈给你个任务。

霹　雳：说。

杨　尔：你赶紧去和徐志摩的叹息桥留个影给我看看。怎么样？不难吧？

霹　雳：简单。行！九点了，我要去上课。第一堂课不能迟到。拜拜！

杨　尔：好，那你赶紧去。下回再聊啊。

2 语言聚焦

1 用不同语气说出下面的句子。

① 哎，你到底要干吗呀？

小张：哎，刘平，大半夜的你不睡觉，到底要干吗呀？（询问）

刘平：我到底要干吗？（不满）你完不成任务影响了大家，还好意思问我？

② 嗯，真不错。

安娜：这是你写的书法？嗯，真不错！（夸奖）

大卫：哪里哪里，一般般吧，我也是在学习。

安娜：哈，你写的字，嗯，真不错，跟那个5岁的孩子写得差不多，哈！（嘲讽）

大卫：哎呀，你别嘲笑我了，我这不是在努力学吗！

③ 简单。

山口：小王，你教教我做课件吧。

小王：行，这简单。（轻松）

山口：简单？不简单吧！（反问）老师要求音频、动画都得有啊！

2 根据人物的意思，用合适的语气语调快速完成下面的对话。

米兰娜：哎，丽丽，你看我拍的照片怎么样？

丽　丽：__________是__________，可是照片上的__________？（怀疑）

米兰娜：当然是我了，你连我都不认识了？

丽　丽：我觉得像电影明星。

米兰娜：你不知道我__________都想__________？

丽　丽：__________？__________？（吃惊）

米兰娜：是啊，人人都能当明星。你看，在电脑上，把照片处理一下，不就__________！

丽　丽：噢，____________________。（恍然大悟）

米兰娜：哎，我也让你当一回明星吧！

丽　丽：算了，算了，我可____________________！（否定）

米兰娜：怎么当不了？

丽　丽：我怕我当了明星，我的同屋就赶我走了！她可不会跟“陌生的明星”住在一起啊！

3 13-2 学说绕口令

1

蚕（cán）和蝉（chán）

这是蚕，
那是蝉，
蚕常在叶里藏，
蝉常在林里唱。

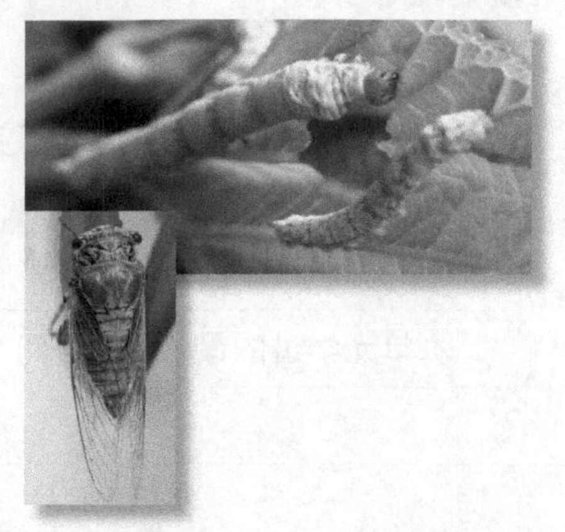

2

数狮子

公园有四排石狮子，
每排是十四只大石狮子，
每只大石狮子背上是一只小石狮子，
每只大石狮子脚边是四只小石狮子，
史老师领四十四个学生去数石狮子，
你说共数出多少只大石狮子和多少只小石狮子？

4 自我评价

根据本单元你的学习情况，填写“我的备忘录”和“评价表”。

我的备忘录 （ 年 月 日）		
	本单元学过的最有用的语句	容易错的语音语调和语句
1		
2		
3		
4		
5		
6		

评价表 年 月 日					
完成质量 口头交际任务	5分 很好	4分 好	3分 一般	2分 较差	1分 很差
1. 能熟练运用常用的电脑、网络词语。					
2. 熟悉并能说出电脑常用软件的名称及主要功能。					
3. 能说明一些使用网络的具体步骤，能利用互联网解决实际问题。					
4. 能就网络及宅生活的利弊等问题发表自己的观点。					
5. 能根据情境，自然、准确、流利地为人物配音。					
6. 积极主动地参与课堂活动，具有与小组同学互助、合作的团队精神。					
7. 自己在小组中的职责是：________，自己的职责完成得怎么样？					
8. 我认为我们小组的表现：					
9. 自己需要注意的问题（如态度、语言方面等）是：					
10. 我们小组需要改进的问题是：					

5 相关链接

1 怎样在网上申请邮箱?

你可以先登录一个网站，如http://gmail.google.com，然后，点击“创建账户”，按照要求填表，就可以申请到自己的邮箱了。有了自己的邮箱，你就可以收发电子邮件了。

2 怎样开通微博?（以开通新浪微博为例）

（1）如果你已有新浪账号（如xxx@sina.com/xxx@sina.cn），您直接登录微博就可以使用，无需单独开通。

（2）如果你还没有新浪账号，则要按照以下步骤进行微博账户的注册：

① 访问新浪微博注册页面进行注册。

② 填写注册信息（登录邮箱、创建密码、密码确认、昵称、所在地、性别、验证码等）。

③ 点击“立即注册”到你填写的邮箱中进行注册确认。

在你使用新浪域名以外的邮箱注册微博时：注册完成后，系统会给该邮箱内发送一封博客注册信。收到确认信后，点击确认账户链接地址即可完成注册。

特别说明：确认信中的有效链接需要在48小时内完成确认。超过48小时该确认链接失效。

④ 注册成功。

6 语言工具箱

13-3

1 电脑世界

1.	回收站	huíshōuzhàn	recycle bin
2.	病毒	bìngdú	virus
3.	压缩	yāsuō	to compress, to compact
4.	视频	shìpín	video
5.	硬件	yìngjiàn	hardware
6.	硬盘	yìngpán	hard disc drive
7.	窗口	chuāngkǒu	window
8.	软件	ruǎnjiàn	software
9.	无线	wúxiàn	wireless
10.	网卡	wǎngkǎ	network (interface) card
11.	黑屏	hēipíng	blank screen
12.	死机	sǐjī	(of a computer) to crash
13.	小事一桩（件）	xiǎo shì yì zhuāng (jiàn)	a piece of cake, minor task
14.	中毒	zhòngdú	to be attacked by a virus
15.	杀毒	shādú	to kill a computer virus
16.	下载	xiàzài	to download
17.	安装	ānzhuāng	to install
18.	运行	yùnxíng	(of a software program, etc.) to run
19.	邮件	yóujiàn	email
20.	富豪	fùháo	rich and powerful person
21.	首位	shǒuwèi	first place
22.	精力过人	jīnglì guòrén	to have exceptional vitality
23.	曲折	qūzhé	tortuous, intricate
24.	登峰造极	dēngfēng zàojí	to reach the acme of perfection, to reach the pinnacle
25.	不鸣则已，一鸣惊人	bù míng zé yǐ, yìmíng jīngrén	it may not have cried out yet, but once it does, it will startle everyone—(of an obscure person)to amaze the world with the first work
26.	灯泡	dēngpào	lamp bulb
27.	慈善基金会	císhàn jījīnhuì	philanthropic foundation
28.	传染病	chuánrǎnbìng	infectious disease

29.	疫苗	yìmiáo	vaccine
30.	捐献	juānxiàn	to contribute, to donate
31.	耻辱	chǐrǔ	shame

专有名词

32.	福布斯世界富豪榜	Fúbùsī Shìjiè Fùháobǎng	Forbes List of the World's Richest People

2 网络生活

33.	博客	bókè	blog
34.	搜索工具	sōusuǒ gōngjù	search engine
35.	网页	wǎngyè	web page
36.	浏览器	liúlǎnqì	browser
37.	办公软件	bàngōng ruǎnjiàn	office software
38.	播放	bōfàng	to broadcast, to play
39.	平台	píngtái	platform
40.	宅生活	zhái shēnghuó	indoor life, life of a shut-in
41.	啃老族	kěnlǎozú	dependent adult child
42.	无可厚非	wúkěhòufēi	to give no cause for criticism
43.	奇闻逸事	qíwén yìshì	fantastic stories and anecdotes
44.	退缩	tuìsuō	to shrink back
45.	针锋相对	zhēnfēng xiāngduì	to give tit for tat, to be in direct opposition to
46.	上传	shàngchuán	to upload
47.	圈子	quānzi	circle
48.	足不出户	zúbùchūhù	to keep to the house
49.	比比皆是	bǐbǐ jiē shì	to be great in number

3 视听说

50.	绿草茵茵	lǜ cǎo yīnyīn	lush green grass
51.	摄像头	shèxiàngtóu	camera
52.	蒙（骗）人	mēng (piàn) rén	to hoodwink people, to deceive people
53.	凑合	còuhe	passable
54.	叹息	tànxī	to sigh

专有名词

55.	剑桥	Jiànqiáo	Cambridge

第十四单元 杰出人物

14

单元目标

在这一单元里，你将：

1. 能用汉语具体描述人物的外貌、身材、性格等。
2. 能讨论说明某些人物应该具有的品质特征。
3. 能谈论自己对于名人或英雄等问题的看法。
4. 能发表演讲，介绍自己最崇拜的名人或英雄。

1 描述人物

课前预习

画线连接词语和它们的意思。

❶ 英俊　　a. 健康强壮。
❷ 帅　　b. 人人都知道。
❸ 苗条　　c. 有才能又有经验。
❹ 健壮　　d. 指脸部器官正常、位置合适，容貌正常。
❺ 五官端正　　e. 形容人的眼睛发亮，很有精神。
❻ 浓眉大眼　　f. 又黑又密的眉毛，大大的眼睛。形容眉目端庄，富有生气。多指男子。
❼ 炯炯有神　　g. 指男子长得漂亮、精神。
❽ 家喻户晓　　h. 指英俊、漂亮，多用于口语中。
❾ 干练　　i. 指女子身材瘦长，身材好看、匀称。

1 热身

头脑风暴：你能说出哪些描述人物外貌的词语？请试试！

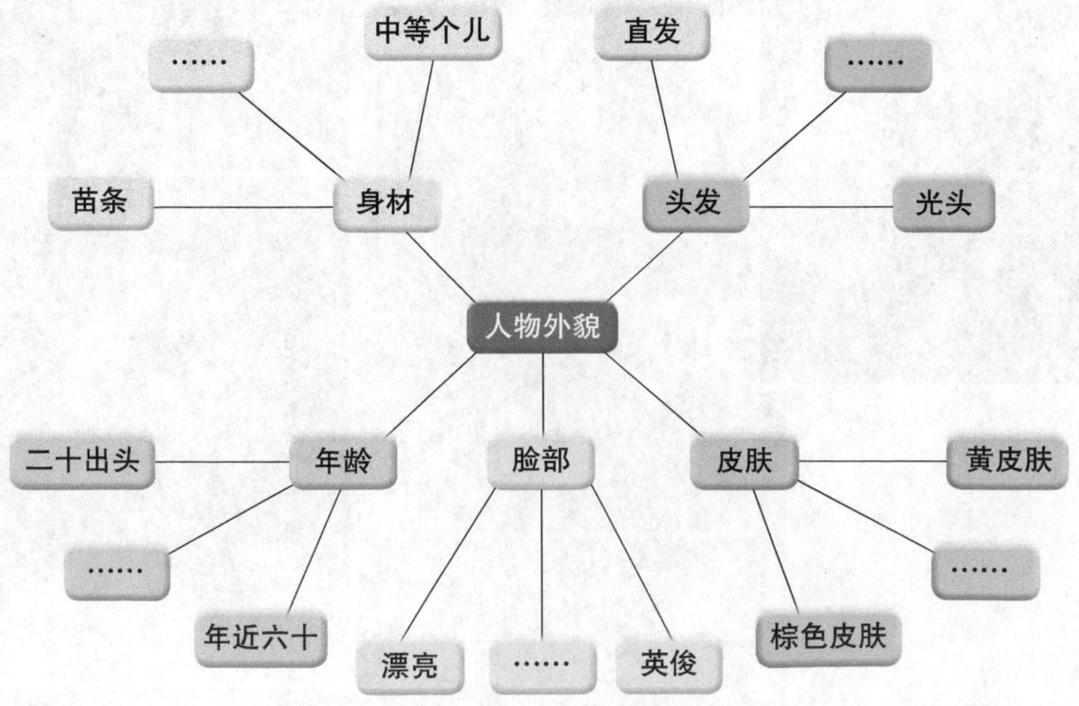

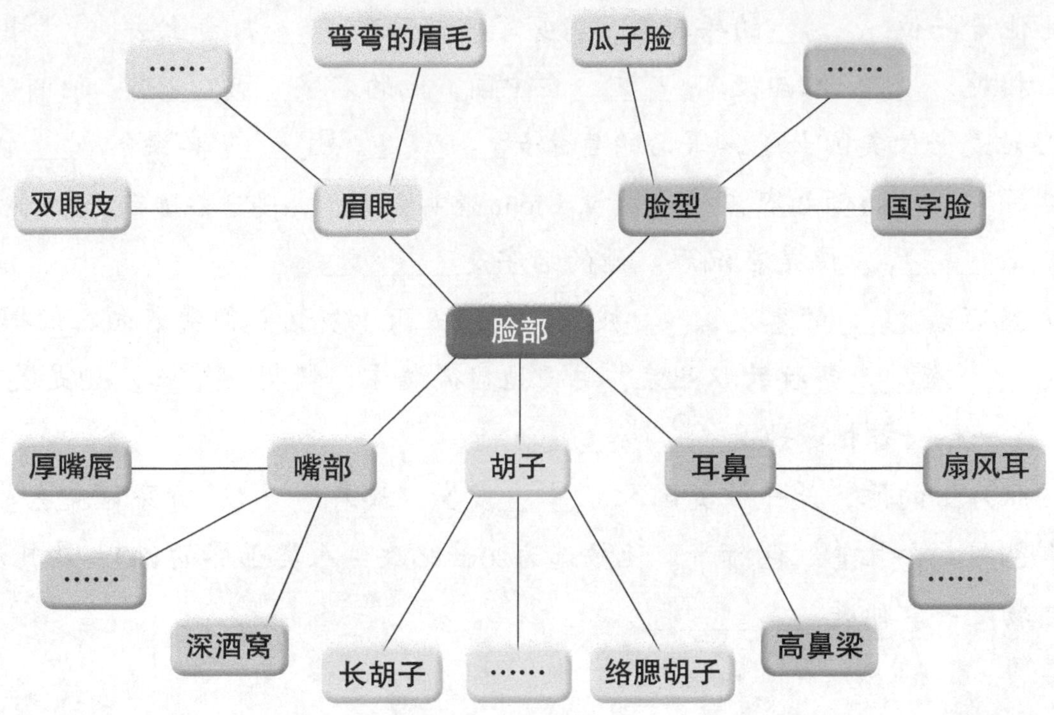

2 演练与交际

1 人物特征

与同伴一起，抓住每个人物的突出特征（如外貌、服饰等），简单描述一下。

① ________　② ________　③ ________　④ ________　⑤ ________

提示

贝多芬（Beethoven）、雷锋、比尔·盖茨（Bill Gates）、
撒切尔夫人（Margaret Thatcher）、海伦·凯勒（Helen Keller，美国）

14-1 先听录音，边听边记录关于描述人物特征的语句。然后说出每段描述介绍的人物是上边图①–⑤中的哪一位。

A. 他是一位西方________男子，留着________，________严肃，眼睛炯炯（jiǒngjiǒng，明亮的样子）________，白色衣领更使他显得很________。他是________。

B. 他是一位________的年轻人，身穿军装，面带______，看上去______朴实，虽然相貌______，但却极不______，在中国，他的名字___喻___晓。他叫________。

C. 她是一位美国女子，著名的盲聋女________。她______鼻梁，______皮肤，身穿______高领毛衣，梳着发髻（fàjì，将头发归拢在一起，在脑后盘绕成髻），微闭着________，像是在沉思。她的名字是________。

D. 她有着______的卷发，______皮肤，大约五六十岁，正微笑着向人们挥手致意。______领____条纹的职业装，更使她显得端庄、精明______。她是英国历史上第一位女首相。她是__________。

E. 照片上的他，是一位美国人，______多岁，戴着______，身穿蓝灰色______，蓝色衬衫，扎着红色领带。他被选为20世纪改变人类世界的100大最具影响力人物之一。他是__________。

2 猜猜他/她是谁

从下面的图片中选择一个人物，不说出他/她的名字，抓住他/她的主要外表特征描述一下，请同伴猜猜你说的是谁。

他的眼睛炯炯有神，梳着分头，留着浓密的络腮胡子，大约五十多岁，身穿黑色西装，白色衬衣，打着领结，是一位瑞典人。请问，他是谁？

我猜你说的是……，对吗？

爱因斯坦（美国、瑞士）Einstein

甘地（印度）Gandhi

诺贝尔（瑞典）Nobel

居里夫人（波兰）Marie Curie

鲁迅（中国）Lu Xun

梅西（阿根廷）
Lionel Andrés Messi

博尔特（牙买加）
Usain Bolt

姚明（中国）
Yao Ming

奥黛丽·赫本（英国）
Audrey Hepburn

杨利伟（中国）
Yang Liwei

3 故事会——杰出人物介绍

三人（A、B、C）一组，分别看人物故事A、B、C。

与另一组同学组成一大组（A1、B1、C1＋A2、B2、C2），以4-3-2的方式互相给对方讲述你看到的故事。

① A1-A2、B1-B2、C1-C2，每人给对方讲4分钟。
② A1-B1、A2-C2、B2-C1，每人给对方讲3分钟。
③ A1-B2、A2-C1，B1-C2，每人给对方讲2分钟。

集体同期录音，抽查并集体讲评。

故事　袁隆平（Yuán Lóngpíng）

你能想到这位相貌普通的中国人是一位了不起的人物吗？他，叫袁隆平，被称为“杂交水稻（shuǐdào）之父”。

童年时，他参观过一个园艺场，美丽的花草、果实深深地吸引了他。大学时他选择了学农，毕业后，他来到农村的一所农校当老师。有一天，他发现了一株特别的水稻，由此产生了培育杂交水稻的念头。

一年又一年，他不顾别人的反对，克服了难以想象的困难。夏天，他顶着烈日在田里劳作，甚至遇到台风暴雨，他也坚守在试验田里。终于，他的超级杂交稻获得了巨大成功，仅仅几年时间，中国的稻谷（dàogǔ，指带壳的大米）就增产了1000多亿公斤。

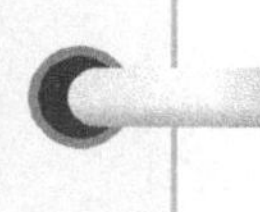

“让所有人远离饥饿”是袁隆平的追求。他把技术传授给世界上许多国家，为解决人类的吃饭问题做出了杰出贡献。他也因此获得了多项世界大奖，国际同行（tóngháng）称他的研究是“全人类的福音”。

B 故事　纳尔逊·曼德拉（Nà'ěrxùn · Màndélā, Nelson Rolihlahla Mandela）

1918年，曼德拉出生于南非。从年轻时开始，他就决心为非洲人民的自由献出自己的一切。他一直为此而努力，经受了很多苦难。

1962年，43岁的曼德拉被捕（bèibǔ）入狱。在狱中度过了27年，70岁时才被释放。1991年，曼德拉成为南非第一位黑人总统。

在总统就职典礼上，曼德拉说，他为接待这么多尊贵的客人深感荣幸，但最高兴的是当初他被关在监狱时的三名看守也到场了。他请曾经迫害过他的三位看守起立，自己恭敬（gōngjìng）地向他们鞠躬（jūgōng）致敬。

他的举动让大家感到不解。曼德拉解释说，年轻时自己的脾气很暴躁（bàozào），常常因为脾气不好而坏事，狱中的经历使自己学会了控制情绪，从这个意义上说，三位看守是他的老师。

曼德拉的宽容和感恩赢得了全世界的尊敬。1993年，他获得了诺贝尔和平奖。

C 故事　潘基文（Pān Jīwén, Ban Ki-moon）

有一个韩国家庭，收到了两箱苹果。其中一箱已经熟透了，不马上吃掉就会烂；另一箱比较新鲜，还可以留些日子。父亲把三个儿子找来，商量苹果的吃法。大儿子说，先吃那熟透的一箱。父亲说，不过等这一箱吃完，另一箱也不新鲜了。二儿子说，先吃那好的一箱，这样能多吃一点儿好苹果。父亲说，可是这样，熟透的那一箱就都不能吃了。三儿子说，我们把两箱苹果混合起来，分一半给邻居，所有的苹果就都不会浪费了。

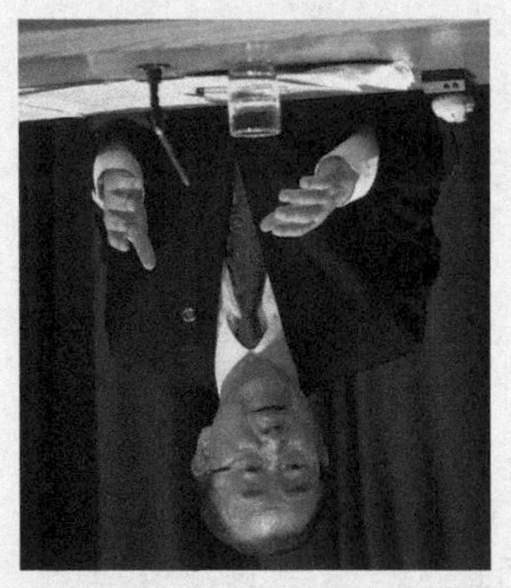

三儿子的办法，于己无损（sǔn），于人有益（指对自己没有损失，对别人有好处），避免了浪费。

你知道这个三儿子是谁吗？他就是第八任联合国秘书长潘基文，也是第二位来自亚洲国家的联合国秘书长。2011年，联合国批准他连任，任期到2016年底。

3 语言聚焦

选用给出的词语快速完成下面的三个人物介绍。

1. 鼻梁、络腮胡子、了不起、修长、明亮

他留着一脸________，高________，蓝蓝的眼睛非常________，身材________，世人都知道他的名字，因为他很________。他是谁呢？告诉你吧，他是一位瑞典人，叫……。

2. 高高的、外表、金发、神情、刚强、脸庞

她一头________，________额头，白净的________，炯炯有神的眼睛露出坚定的________，优雅端庄的________更是让人觉得她十分坚毅和________。她是一位物理学家，曾两次获得诺贝尔奖。她是谁呢？相信你们都知道她的名字——……！

3. 健壮、优美、个性、飞人、皮肤、表情、洁白

他大大的眼睛，________的牙齿，黝黑的________，高高的个子，________的身材，脸上常露出自信的________，跑起来像________一般，夺冠后弯弓射箭的动作________而富有________。他就是号称牙买加“闪电”的短跑运动员……。

2 谈论人物

课前预习

A．画线连接词语和它们的意思。

❶ 阳光	a. 坚持自己的想法，不肯变通。含贬义。
❷ 理智	b. 对人态度和气，容易与别人相处。
❸ 随和	c. 过分爱惜自己的财物，当用却不用。含贬义。
❹ 精力充沛 jīnglì chōngpèi	d. 善于用言辞表达，很会说话。
❺ 固执	e. 挥霍浪费，追求过分享受。
❻ 吝啬 lìnsè	f. 态度温和，待人亲切，让人容易接近。
❼ 能说会道	g. 头脑冷静清楚，能控制自己的行为。反义词：冲动。
❽ 和蔼可亲 hé'ǎi kěqīn	h. 精神和体力充足、旺盛。
❾ 奢侈 shēchǐ	i. 形容一个人性格积极开朗、充满青春活力。

B．快速说出反义词、褒义词、贬义词。

【反义词】内向→______、急性子→______、骄傲→______、______→节俭、慷慨（kāngkǎi）→吝啬/______、乐观→______、______→冷漠、理智→______

【褒义词】开朗、聪明、____________________

【贬义词】吝啬/抠门儿、____________________

1 热身

你了解自己的性格吗？下面是一个心理测验，请在5秒钟内选出你最喜欢的图片，不要犹豫！然后告诉你的同伴，同伴到后面的附录中（P242–243）找到测试结果说明，读给你听，看看跟你的性格是否对得上。

❶ ❷ ❸ ❹ ❺ ❻ ❼ ❽ ❾

分别在纸条上写出对方的3-5个性格特点，然后口头交流，说说对方说得对不对。

你是一个开朗、随和、聪明、认真的姑娘，有时候，爱着急，我说得对吗？

嗯，差不多吧。但你过奖了，我不是很聪明的人，可我很努力。你呢？你是一个……，我说得没错吧？

2 演练与交际

介绍人物

下面这些词语与人物性格、人品相关，你知道它们的意思吗？请你按照性格、人品、其他特点把它们分分类，并与同伴核对一下。

脾气、有个性、内向/外向、急性子/慢性子、开朗、固执/强硬/随和、安静、聪明、灵活、诚实、善良、勇敢、胆小、勤奋、认真、努力、骄傲/谦虚、幽默、严肃、慷慨/吝啬（抠门儿）、奢侈（浪费）/节俭、乐观/悲观、热情/冷漠、正直、冷静、理智/冲动、朴实、老实、狡猾、温柔、阳光、自信、善交际、能说会道、与众不同、精力充沛、和蔼、多才多艺

性格：____

____

人品：____

____

其他特点：____________________________________

____

每人选择一个自己熟悉的人物给同伴讲述。如“我的朋友”、“我的母亲”、“我的老师”等。

【提示】可以从以下几个方面进行介绍：①人物的姓名、国籍（或所在地）；②外貌、年龄、职业；③家庭背景、婚姻；④个性、好恶；⑤近况；⑥与你的关系等。人物特点要突出。

她是一位漂亮的欧洲中年妇女。急性子、热情、聪明、干练。她有一个幸福的家庭，有两个孩子，丈夫是公司老板，她自己是演员，常常出去拍戏。有一天，她突然给我打电话，说她已经到北京了，刚下飞机……。

我的母亲今年……多岁了，她长得很……，大眼睛，……。她热情、开朗、乐观、宽容、多才多艺。小时候，我总是……；长大后，我……。有一次，……。

我很想念她，盼着……。

2 观点交流

每人准备：你认为父/母、夫/妻、医生、朋友、老板、学生这些人物身上，各自应该具备的最重要的品质或特征是什么？为什么？举例说明，并简要记在下表内（可参考下面的词语提示）。

3-4人一组，每人发表自己的观点，大家讨论后，将一致意见摘要记在下表内。

	最重要的品质	理由（举例）
父/母	我认为父亲或母亲应该具备的品质是：	
	我们小组认为：	
夫/妻	我觉得丈夫或妻子应该：	
	我们小组的观点是：	
医生	我认为，作为一名医生，最重要的是：	
	我们认为：	
朋友	在我看来，朋友应该：	
	我们小组一致认为：	
老板	依我看，老板应该：	
	我们小组的观点是：	
学生	我觉得学生应该：	
	我们小组的观点是：	

词语提示

有责任感、有幽默感、有理想、有创造力、善良、纯朴、正直、诚实、敬业、聪明、守信、关爱他人、为人友善、领导力、亲和力、大方、健康、富有、勤俭、勤劳、外形/外貌出众、语言表达能力、知识渊博（yuānbó，指知识精深、广博）、精力充沛、自信、认真、努力、刻苦、学习成绩好、擅长（shàncháng，指在某方面有特长）运动、厚道、有同情心、多才多艺、时髦

在我看来，朋友最重要的品质是要善良、正直、诚实、关爱他人，因为这些能够看出一个人的人品。如果人品有问题，比如他常说假话、很自私、不关心别人等等，即使他再富有、再幽默、再聪明，又有什么用呢？……

我认为作为一名丈夫，最应该具备的品质是要有责任感。这是因为……，比如，……。

各组向全班报告其中一项小组讨论结果，其他小组可补充或提出不同意见。

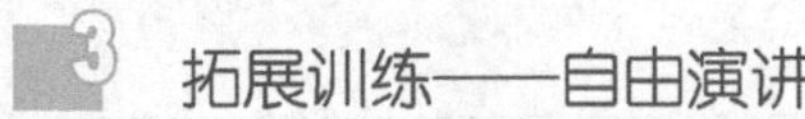

3 拓展训练——自由演讲

老师的话

每个人的心里，都可能有自己崇拜或敬佩的明星、英雄或杰出人物，如爱因斯坦、贝多芬。当然，他/她也可能是一位普通人，如你的父母、朋友。

那么，对于你来说，他/她是谁？你是怎么了解他/她的？他/她有着怎样的性格、人生经历或成就？在你成长的过程中对你曾有着怎样的影响？

假如你某一天出名了，你最想做哪方面的名人？你愿意做名人还是做英雄？好，让我们一起交流一下吧！

从下面的演讲主题中任选一题，准备演讲提纲。

【要求】

演讲时间3分钟。请用给出的语句开头，中间要有具体事例说明，结尾要点题。（可参考下面莫妮卡的演讲稿）

演讲主题

1. 我最崇拜（或敬佩）的人物

　你知道我心里最崇拜（或敬佩）的人物是谁吗？他/她就是……。

2. 我的榜样

　每个人在成长的过程中，都会有自己的榜样，小时候，……。

3. 假如某一天，我出名了

　假如某一天出名了，你想做哪方面的名人？你愿意做名人还是做英雄？……

 分别跟两位同学一起练习演讲两次，互相帮助。

 全体同期进行3分钟演讲录音，随机选听2-3位同学的演讲，集体讲评。

例：莫尼卡的演讲稿（请注意：①开头、结尾句；②内容的逻辑顺序；③关联词）

我最敬佩的人物

【开头】**你们知道我心里最敬佩的人物是谁吗？她就是海伦·凯勒——我心中的英雄。**

【中间，讲述具体事例】开始，海伦·凯勒是幸福的，她拥有爱她的家人和她爱的阳光。但在一场高烧过后，她却再也看不到灿烂的阳光，听不到美妙的声音了，她只拥有了19个月的光明和声音。她还那么小，那么需要爱与关怀……

海伦可以什么都不做，什么都不想，什么都不管，依靠任何一个可以依靠的人。但，她没有！

尽管海伦看不到灿烂的阳光，但她却紧紧把握着希望……在海伦6岁多时，上帝给海伦带来了另一种幸福，他给海伦送来了一名天使——安妮·莎莉文，当她的家庭女教师。

每天，莎莉文老师都不断地在海伦手上拼写单词，让海伦认字。等到海伦掌握得差不多了的时候，她又让海伦触摸她的嘴唇和面部表情，还让海伦感受因发出声音而产生的轻微震动……

克服了一个又一个常人难以想象的困难，终于，莎莉文成功了。海伦·凯勒在她的教育下考上了哈佛大学，后来又成为了一名作家，还和老师一起在美国各地演讲。她把自己的那份不屈、顽强、执著和爱传递给了更多的人，她的书《假如给我三天光明》感动了无数人。

【结尾，点题】**她，海伦·凯勒就是我心中的英雄，我最敬佩的人物。**

演讲提纲

题目：________________

开头（指定语句）：________________

____

中间（具体事例）：________________

____

____

____

结尾（点题）：________________

____

____

3 语言聚焦

根据人物的意思，完成下面的对话。

1 金安娜：如果你是公司经理，你喜欢老实、认真的员工，还是喜欢聪明、能干，但常常迟到，不严格遵守公司规定的员工？

珍　珠：我更喜欢前者。

沃　夫：________________。（不同意）

珍　珠：________________？（反问）

沃　夫：聪明人能创新，为公司做出更大的贡献，你能否认这一点吗？

珍　珠：我不否认你说的，但如果常常迟到，不遵守公司的规定，这是________责任感________？（反问）

沃　夫：________________________________。（提出两个理由反驳）

金安娜：你们别争了，其实，这两种人我们都必不可少。他们应该取长补短。

❷ 韦　帕：哎，山田！咱们公司的小野经理人怎么样？

山　田：①________________________！（喜欢小野经理）

②________________________。（委婉表示小野经理不称职）

③________________________。（委婉表示不愿意谈论这个话题）

❸ 含　笑：你知道汉语中有个歇后语——茶壶里煮饺子吗？

马莎莎：________________________。（肯定）

含　笑：________________________？（询问这个语句的意思）

马莎莎：________________________。（解释，并举例说明）

含　笑：哦，那这样的人一定很笨了！

马莎莎：那倒不一定。________________________。（反驳）

❹ 菲　菲：我心中的白马王子要是个高大的帅哥，有钱，有风度，还要聪明，有幽默感，懂英语、法语、德语、汉语、西班牙语，能跟我一起周游世界，尝遍世界美食。当然，他还得听我的话……

阮氏水：________________________？（善意嘲讽）

菲　菲：________________________。（发誓）

3 视听说

课前预习

画线连接词语和它们的意思。

A. ① 瞎混 xiā hùn
② 抓紧
③ 那倒是
④ 琢磨 zuómo
⑤ 跟……抗争

a. 觉得对方的话也有道理（多指自己原来没想到的）。
b. 反复想、反复思考。
c. 和……对抗、斗争。
d. 指不认真、不努力地工作或生活。
e. 赶快（做），不要放松。

B. ⑥ 有主见
⑦ 算是
⑧ 兼职 jiānzhí
⑨ 大气 dàqi
⑩ 逗

f. 除了做一个主要工作外，还做别的工作。
g. 可笑，有意思。
h. 基本可以这样认为，差不多。
i. 有自己的想法，不是完全听信别人的。
j. 有气派，不俗气。

思考题

剧中的两个人物是什么关系？

1 情境配音

1. 看电视剧《我的青春谁做主》第1集片段（约04:04–05:19）两遍。
2. 就所看内容进行问答。
3. 分角色朗读情景对白并做配音表演。

对白节选

钱小样：哎，你哪儿人啊？

方　宇：北京人。

钱小样：其实我听出来了。你猜我是哪儿人？

方　宇：你不是本地人？

钱小样：我也是北京人。
方　宇：北京人？那你怎么跑这儿来了？
钱小样：哪是我愿意的啊？纯属历史原因，不是一两句话能说清楚的。
方　宇：不愿意就回去呗，北京多好啊，跑这儿瞎混什么呀！
钱小样：我倒是想（回去），可我妈不让啊！
方　宇：什么年代了？还听你妈的！
钱小样：那倒是。所以我正琢磨着怎么跟她抗争呢。
方　宇：心动不如行动，抓紧点儿，别把大好青春都浪费了！
钱小样：我觉得你特有主见。哎，你是干什么的？
方　宇：我呀，你看我像干什么的？
钱小样：这么年轻就开奥迪，你爸肯定特有钱吧？
方　宇：跟我爸有什么关系啊？我爸早没了。
钱小样：那你是干什么的？不会是做生意的吧？
方　宇：算是吧。
钱小样：你做什么生意的？
方　宇：哎，你还兼职警察啊！
钱小样：这还保密啊？
方　宇：说了你也不明白。对了，你叫什么名字？
钱小样：我叫钱小样，大小的小，样子的样。
方　宇：哈，小样？哈，名字挺逗的啊！
钱小样：虽然不大气，但是很可爱。
方　宇：哎哟，真能夸自己。

提示

心动不如行动：想得好不如做得好，只是想却不去做是没用的。

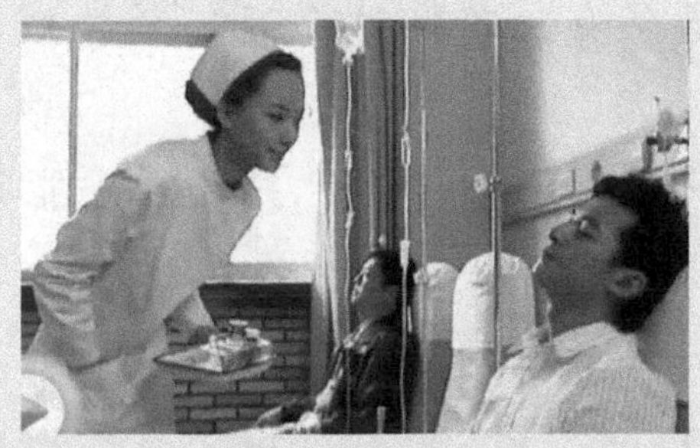

2 语言聚焦

1 用不同语气、语调说出下面的句子。

① 你不是本地人?

a.——听你的口音，你不是本地人？（询问）

——嗯，不是，我老家在东北。

b.——我也不喜欢吃辣的。

——嗯？你不是本地人？（不相信）

② 你是干什么的?

a.——你是干什么的？（询问）

——我是公司职员。

b.——你是干什么的？这不是你的职责吗？你就这样工作？（不满）

——啊，对不起！对不起！我马上采取措施。

③ 你叫什么名字?

a.——你叫什么名字？我好像没见过你。（一般询问）

b.——什么？你叫什么名字？大点儿声好吗？（没听清楚）

2 用合适的语气、语调，朗读电影《泰坦尼克号》中的对白。

露　丝：我爱你，杰克。

杰　克：……别这样……没到告别的时候，……没到，……你明白吗？

露　丝：我很冷……

杰　克：……听着，露丝……你会得救……会活下去……呃，……会生……好多的孩子……子孙满堂，……你会长寿，……是死在暖和的床上……不是这儿，……不是今晚，不是这么死，你懂吗？

露　丝：……我身体麻木了……

杰　克：……我赢得船票……是一生……最幸福的事情，我……能认识你，……是我的幸运，露丝……我满足了。……我还有……还有一个心愿……你必须答应，要活下去……不……不……不能绝望，……无论……发生什么，无论……多么……艰难，……快答应我，露丝，……答应我，一定做到，……

露　丝：……我答应……杰克：……一定做到……（声音渐渐弱了下去）我一定做到，杰克……一定做到……

3 14-2 学说绕口令

1

送花

华华想要黄花，
红红想要红花，
华华送给红红一朵红花，
红红送给华华一朵黄花。

2

石小四和史肖石

石小四，史肖石，一同来到阅览室。
石小四年十四，史肖石年四十。
年十四的石小四爱看诗词，
年四十的史肖石爱看报纸。
年四十的史肖石发现了好诗词，
忙递给年十四的石小四；
年十四的石小四见了好报纸，
忙递给年四十的史肖石。

4 记录与评价

根据本单元你的学习情况，填写“我的备忘录”和“评价表”。

我的备忘录 （ 年 月 日）		
	本单元学过的最有用的语句	容易错的语音语调和语句
1		
2		
3		
4		
5		
6		

评价表 年 月 日					
完成质量 / 口头交际任务	5分 很好	4分 好	3分 一般	2分 较差	1分 很差
1. 能用汉语具体描述人物的外貌、身材、性格等。					
2. 能讨论说明某些人物应该具有的品质特征。					
3. 能谈论自己对于名人或英雄等问题的看法。					
4. 能发表演讲，介绍自己最崇拜的名人或英雄。					
5. 能根据情境，自然、准确、流利地为人物配音。					
6. 积极主动地参与课堂活动，具有与小组同学互助、合作的团队精神。					
7. 自己在小组中的职责是：________，自己的职责完成得怎么样？					
8. 我认为我们小组的表现：					
9. 自己需要注意的问题（如态度、语言方面等）是：					
10. 我们小组需要改进的问题是：					

5 相关链接

1 “我心目中的英雄”网络调查结果（摘自《人民日报》）

此次调查由中国新闻网发起，共有4000多人参加了调查，其中六成以上是35岁以下的年轻人。在回答“哪个中国人的名字会使你想到英雄”时，接近半数的人选择了“毛泽东”，在6个候选人中排名第一。当问到“你心目中的英雄属于哪种类型”时，除了伟人领袖，回答最多的是“在危急时刻挺身而出的人”以及“在自己的岗位上做出突出贡献的人”。

在此次调查中，对于“您所欣赏的英雄人物最打动您的是哪一种品质”，排在前三位的选择分别是：永远保持积极、乐观的生活态度；正直勇敢；舍己为人、大公无私。

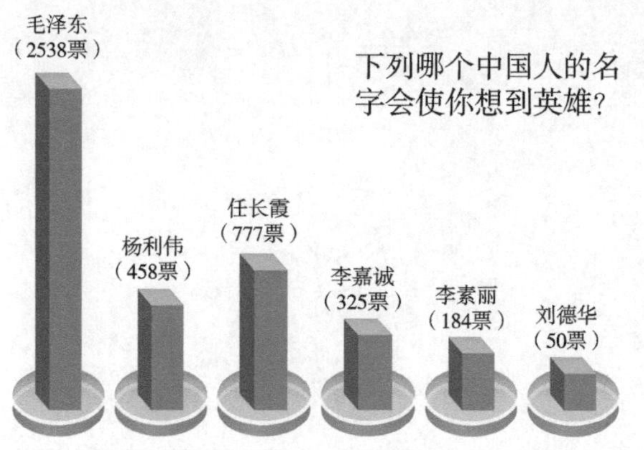

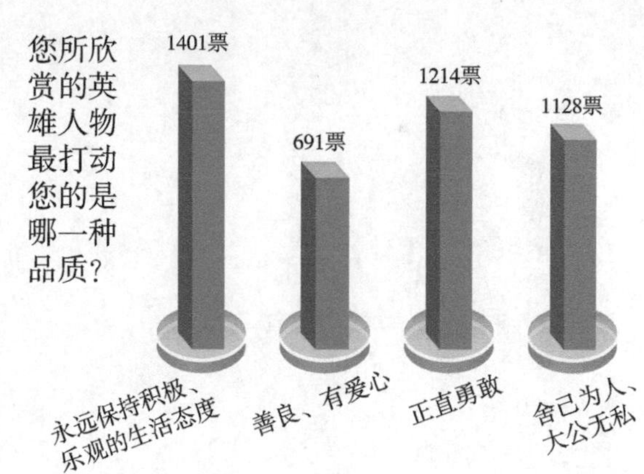

2 美国中学生心目中的十大英雄（摘编自《环球时报》）

据报道，美国一家从事市场研究和咨询的公司与《美国新闻与世界报道》合作，以“谁是你心目中的英雄”为题，对1022名美国中学生进行了民意调查，最后公布了一份“美国孩子心中的英雄谱”：

1. 耶稣；2. 马丁·路德·金；3. 科林·鲍威尔；4. 约翰·肯尼迪；5. 特莉萨修女；6. 罗纳德·里根；7. 亚伯拉罕·林肯；8. 约翰·韦恩（影星）；9. 迈克尔·乔丹；10. 比尔·克林顿。

他们评定英雄的标准是：

1. 他们的贡献超越了自己的职责；
2. 他们在压力下能够英明决断；
3. 他们置生命、财产和荣誉于不顾；
4. 他们在一项美好事业中名列前茅；
5. 他们超越了自我。

6 语言工具箱

14-3

1 描述人物

1.	炯炯有神	jiǒngjiǒng yǒu shén	(of eyes) bright and piercing
2.	五官端正	wǔguān duānzhèng	to have regular features
3.	家喻户晓	jiāyù hùxiǎo	known to every household
4.	盲人	mángrén	blind person
5.	聋哑人	lóngyǎrén	deaf-mute
6.	分头	fēntóu	parted hair
7.	络腮胡子	luòsāi húzi	whiskers, sideburns
8.	酒窝	jiǔwō	dimple
9.	相貌	xiàngmào	looks, appearance
10.	水稻	shuǐdào	paddy (rice), rice
11.	超级杂交稻	chāojí zájiāo dào	super hybrid rice
12.	贡献	gòngxiàn	contribution
13.	同行	tóngháng	people of the same trade
14.	被捕	bèi bǔ	to be arrested
15.	迫害	pòhài	to persecute
16.	释放	shìfàng	to release, to set free
17.	就职	jiùzhí	to assume office
18.	典礼	diǎnlǐ	ceremony
19.	看守	kānshǒu	guard, jailer, warder
20.	暴躁	bàozào	hot-tempered
21.	感恩	gǎn'ēn	to feel grateful
22.	烂	làn	to rot, to decay
23.	浪费	làngfèi	to waste
24.	于己无损，于人有益	yú jǐ wú sǔn, yú rén yǒu yì	to benefit others without hurting oneself
25.	联合国秘书长	Liánhéguó mìshūzhǎng	Secretary-General of the United Nations

2 谈论人物

26.	开朗	kāilǎng	optimistic, cheerful
27.	固执	gùzhi	stubborn
28.	随和	suíhe	easy-going
29.	慷慨	kāngkǎi	generous
30.	吝啬	lìnsè	stingy, mean
31.	奢侈	shēchǐ	luxurious, wasteful
32.	冷漠	lěngmò	cold and detached, indifferent
33.	冲动	chōngdòng	impetuous
34.	狡猾	jiǎohuá	cunning, tricky
35.	能说会道	néngshuō huìdào	to have the gift of the gab
36.	与众不同	yǔ zhòng bù tóng	out of the ordinary
37.	精力充沛	jīnglì chōngpèi	energetic
38.	干练	gànliàn	capable and experienced
39.	和蔼可亲	hé'ǎi kěqīn	amiable
40.	多才多艺	duōcái duōyì	talented in many ways, versatile
41.	亲和力	qīnhélì	affinity, amiability
42.	渊博	yuānbó	broad and profound, erudite
43.	崇拜	chóngbài	to worship, to adore
44.	敬佩	jìngpèi	to esteem, to admire
45.	纯朴	chúnpǔ	honest, simple, unsophisticated
46.	为人友善	wéirén yǒushàn	to be friendly with everyone
47.	厚道	hòudao	honest and kind, virtuous and sincere

3 视听说

48.	瞎混	xiā hùn	to muddle along
49.	抓紧	zhuājǐn	to lose no time in doing sth.
50.	那倒是	nà dào shì	that is quite true
51.	琢磨	zuómo	to ponder, to consider
52.	跟……抗争	gēn……kàngzhēng	to make a stand against
53.	有主见	yǒu zhǔjiàn	to know one's own mind, to have definite views of one's own
54.	算是	suànshì	kind of, sort of
55.	兼职	jiānzhí	part-time job
56.	大气	dàqì	grand, impressive
57.	逗	dòu	funny

第十五单元
职 业 选 择

■ 单元目标

在这一单元里，你将：

1. 能熟练地说出多种职业的名称及某些职业的主要职责和利弊。
2. 能流利地讲述与工作主题相关的图片故事。
3. 能进行留学生职业选择情况的小调查并据此报告调查结果。
4. 能流利地谈论个人的职业意向及理由。
5. 能就工资收入与选择职业的关系问题进行小辩论。

1 工作职责

课前预习

画线连接相关语句。

A. ① 意向
② （工作）职责
③ 广博（的知识）
④ 百忙之中
⑤ 同行
⑥ 双边关系

a. 我们两个国家间的关系要处理好。
b. 他知识面很宽，什么都懂。
c. 谢谢您在繁忙的工作中抽出时间来给我回信。
d. 请告诉我们你想做哪方面的工作。
e. 上好课是一个老师必须要做好的工作。
f. 我们都是做老师的，做的工作差不多。

B. ⑦ 莫大（荣幸）
⑧ 调解国际争端
⑨ 提升
⑩ 弱势群体
⑪ 仗义执言
⑫ （祝愿您）桃李满天下！

g. 祝愿老师取得更大的成就，学生遍天下。
h. 他的职位高了，从普通职员变成了部门经理。
i. 他总能为了正义说公道话。
j. 没有比跟著名科学家在一起更让他感到光荣和幸运的了。
k. 解决各国之间的矛盾是联合国秘书长的责任。
l. 这群人地位比较低，没有多少话语权，需要大家的帮助。

1 热身

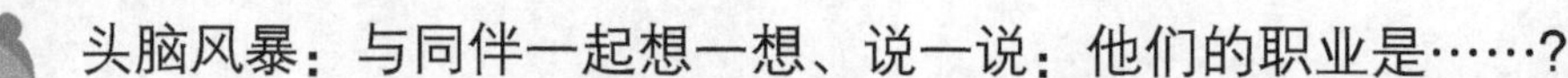

头脑风暴：与同伴一起想一想、说一说：他们的职业是……？

坐在后面的2人

拿着工具的2人

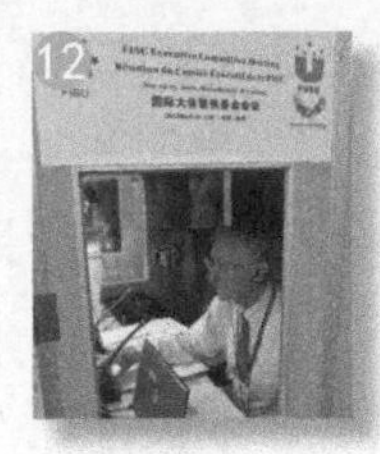

提示

记者、摄像师、翻译、导游、外交官、公司经理（老板）、公司职员、花样滑冰运动员、空姐、时装模特、厨师、新闻播音员（主持人）、调酒师、航天员（宇航员）、京剧演员、同声传译员、联合国秘书长、国际维和警察（国际公务员）

2 演练与交际

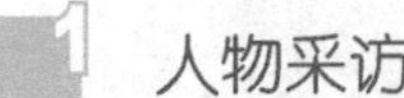

1 人物采访

15-1 你能说出一些职业应该具备的基本条件、主要工作职责及利弊吗？请听记者金珍珠的电话采访录音，边听边记录要点。

1. 记者金珍珠采访了谁？被采访人的职业是什么？
2. 金珍珠为什么要进行这次采访？
3. 这个职业的主要工作职责是什么？
4. 做这项工作需要具备什么条件？

5. 被采访人工作的乐趣和苦恼分别是什么？
6. 金珍珠是怎么结束自己的采访的？她是怎么说的？（百忙之中）

 全班分成3大组，每大组负责采访图①－③中的一个人物。

 每个大组内，分成若干两人组。自定角色：A为某电视台记者，负责采访B；B为下面图①－③中的人物。

 采访完毕，要在北语电视台选播采访录像 。

【采访内容】

（1）具体工作职责（如：你/您每天的主要工作是什么？）

（2）该职业应具备的基本条件（如：你/您觉得怎样才能做一名合格的……？）

（3）这项工作的意义或乐趣（如：这项工作带给你/您的最大乐趣是什么？）

（4）做这项工作的困难或烦恼（如：你/您的最大烦恼或困难是什么？）

【要求】

（1）和（2）是采访的核心任务。

开始，A要简单自我介绍，说明采访目的；采访结束时，A要表示感谢。

A要注意B的身份，礼貌提问。采访时请参考选用以下提示词语。

汉语教师：北京语言大学汉语学院刘广徽（huī）老师

备课、上课、听说读写、发音声调、汉字、批改作业、历史文化

导游：北京青年导游叶明

接待、游客、带领、游览、参观、名胜古迹、讲解、开阔眼界、辛苦

驻华外交官：罗马尼亚驻华大使V·伊斯蒂乔亚先生

代表、保护、公民、加强、与……合作交流、发展、双边关系、增进、友谊

2 留学生未来职业选择小调查

课前请同学们根据“个人调查任务单”课下调查自己周围的各国留学生，每人调查6-8人，填好调查表，并思考其中反映的问题。根据“小组调查报告单”，思考、准备调查报告。

个人调查任务单

留学生未来职业选择情况小调查

调查者：__________，调查人数：_____人（亚洲同学_____名，非洲同学_____名，欧洲同学_____名，美洲同学_____名，大洋洲同学_____名），时间：_____年_____月

1. 毕业后，你会留在中国工作吗？
   A. 很可能会（_____人）　B. 不会（_____人）　C. 还没想好（_____人）
2. 你准备选择什么职业？为什么？（提示：外交官_____人、公司职员_____人、老板/公司经理_____人、公务员_____人、老师_____人、翻译_____人、空姐_____人、导游_____人，等等）
   理由是______________________________。
3. 选择工作时你要考虑的最重要的三个方面是什么？最不重要的1-2个方面是什么？为什么？
   最重要的方面：工资收入（_____人）、社会地位（_____人）、工作地点（_____人）、工作时间（_____人）、工作压力（_____人）、感兴趣（_____人）、自己的专业（_____人）、自己的能力（_____人）、因为和父母同行（_____人）、未来发展（_____人），等等。
   最不重要的方面：____________________，因为____________________。
4. 为了能找到理想的工作，并能很好地完成你的工作任务，你认为自己最该提高哪方面的汉语技能和其他专业知识、技能？
   汉语：听力（_____人）、口语（_____人）、阅读（_____人）、写作（_____人）、翻译（_____人）
   其他（如计算机、经贸知识、教学法等）：____________________。
5. 给留学生同学的建议：__________________________。
   给学校、老师的建议：__________________________。

课上4-5人一组，组内分工：组长、分析员、统计员。

① 根据“小组调查汇总、分析单”，组长组织汇总小组调查结果，统计员进行数据统计，每人据此记录小组各项调查结果。

② 根据调查数据等，分析员分析数据结果，共同讨论其中反映的问题，并根据上述问题，提出给……的几点建议，记录在“小组调查报告单”中。

③ 共同讨论、完成“小组调查报告单”。小组代表向全班报告调查结果或各自集体同期录音，每人报告小组调查结果。

小组调查汇总、分析单

留学生未来职业选择情况的小调查

小组调查总人数：____人（亚洲同学____名，非洲同学____名，欧洲同学____名，美洲同学____名，大洋洲同学____名），时间：____年____月

1. 毕业后是否会留在中国工作？

A. 很可能会（____人） B. 不会（____人） C. 还没想好（____人）

【分析】 据此，可以看出：________________________________。

2. 毕业后准备选择的职业：

统计排在前三位的是：________（____人）、________（____人）、________（____人）。

【分析】________________________（提示：这些工作是否要用汉语？）。

3. 被调查者认为选择工作时要考虑的最重要的三个方面：

【统计】 第一重要：________，________人。第二重要________，________人。

第三重要：________，________人。

【分析】 调查表明，近半数同学在选择职业时更重视________________，

因为________________，而不太重视________________，

认为________________________________。

4. 为了能找到比较理想的工作，认为自己最该提高的汉语技能和其他专业知识技能是：

【统计】 汉语（听力、口语、阅读、写作、翻译，按照选择人数从多到少排序）：

________，（占____%）、________，（占____%）、________，

（占____%）、________，（占____%）、________，（占____%）。

专业知识、技能（如计算机、经贸知识、教学法等）主要有：________

________________________________。

【分析】 多数同学觉得最该提高的是________，其次是________，还有就是________，而目前我们的情况是________________，因此，

我们向学校和老师提出如下建议：第一，________________；

第二，________________；第n，________________。

小组调查报告单

留学生未来职业选择情况小调查

_____年___月，为了了解各国留学生的__________，我们小组在________学院留学生中进行了调查，本次共调查了____名各国留学生，其中亚洲同学____名，非洲同学____名，欧洲同学____名，美洲同学____名，大洋洲同学____名。

通过调查，我们了解到：

1. ____。
2. ____。
3. ____。
4. ____。
5. ____。

根据上述调查结果，我们向学校、老师提出如下几点建议：

第一，____。

第二，____。

第n，____。

总之，通过__________，我们了解了__________，希望我们的调查结果和建议能对大家有所帮助。

全班选听1-2位同学的报告，集体讲评。

调查结果显示、调查中发现、调查数据显示、调查表明、近半数、多数、占/约占、占x%、不到/不足、共有、总计

3 故事会——看图讲故事

两人（A、B）一组，分别看图片A、B，根据“讲述提示”准备故事。

与另一组同学组成一个大组（A1、B1＋A2、B2），以4-3-2的方式互相给对方讲述准备的故事。每人共讲三遍。

① A1-A2、B1-B2，每人给对方讲4分钟。

② A1-B1、A2-B2，每人给对方讲3分钟。

③ A1-B2、A2-B1，每人给对方讲2分钟。

随机请两位同学在全班面前讲故事A、B。集体讲评。

A
嗯，当然，你能将公司当成自己的家，真是公司的莫大荣幸，不过有些东西还是应该留在家里。
加班忙，……回不了家，……吃住在……，反正公司就是我的家。

讲述提示

1. 有一天，总经理到这个办公室来做什么？

【词语】视察（上级到下级部门检查工作）

2. 总经理看到了什么？

描述办公室内的物品情况：

【词语】房间：乱七八糟；

办公桌上：餐具、盘子、叉子、水杯、纸、笔、文件；

窗台上：牙具、堆着、衣物；

墙上：拴（shuān）着、（根）绳子、凉、内衣、内裤、袜子；

地上：方台、炉子、炒菜锅、冒着热气、垃圾桶、电话机。

描述室内人员情况：

【词语】部门经理：忙着做……；隔壁员工：紧张、忙碌、有的……，有的……

3. 看到这种情景，总经理说了什么？部门经理是怎么解释的？后来，可能发生什么事？

【词语】吃惊、委婉、批评、解雇/提升

4. 如果你是这家公司的总经理，你会怎么处理这件事？你觉得一个部门经理的主要职责是什么？

嗨，我是詹姆斯·哈瑞斯（James Harris），一名律师。先生，我的名片，如果你被捕（bǔ）了，会用得到它的！”

讲述提示

1. 有一天，一位律师在哪儿看到了什么？
   【词语】拼命、奔跑、警察、警棍、追赶
2. 他马上想到了什么？于是，他是怎么做的？他对那个……说了什么？
   【词语】机会、追上去、边……边……、为……辩护
3. 你觉得这位律师怎么样？

3 语言聚焦

1 先说出“提示”中每个职业的主要职责，然后快速阅读①－⑨，根据每个人描述的工作职责，快速说出他/她的职业。

提示

A. 联合国秘书长　B. 导游　C. 空姐　D. 翻译　E. 律师
F. 记者　G. 外交官　H. 公司经理　I. 教师

① 我的工作是教书育人，把自己的知识传授给学生，同时我自己也需要不断地学习。

② 我管理着一个公司，为公司的发展制订计划。这要求我不仅要有商业头脑，还要懂得与员工交流沟通。我的权利比别人大，但我的责任也比别人重。

③ 我从小就喜欢到各地旅游，参观博物馆，游览名胜古迹。以后，我想给更多的游客介绍旅游景点和其中的历史文化，为他们安排好食宿，让他们不虚此行。

④ 我的工作要求我在第一时间到达事件发生现场，了解情况，并真实地报道出来。

⑤ 我代表我的国家到另外一个国家去，作为沟通两国的使者。我不仅要为在外国的我国公民服务，还要尽全力加强两国人民的友谊，促进经济、文化的交流与合作。

⑥ 有了我，两个语言不通的人就可以顺利地进行交流了。另外，我也要懂得不同语言国家的文化和传统，这样才能更好地传达两位谈话者的真实意思。

⑦ 我的工作是代表联合国，调解国际争端，维护世界和平，为穷人和弱势群体仗义执言，提供各种帮助。虽然非常辛苦，但我心甘情愿。

⑧ 我的工作不仅要求我有很好的口才，更重要的是要懂法，依法合情合理地为当事人辩护。

⑨ 每天我都要在天上飞来飞去，为旅客提供餐饮服务，提醒旅客注意飞行安全。

2 选用合适的语句，完整地说出下面的句子。

① 调查数据显示、各占50%、近半数、多数、不到/不足、占/约占、共有、总计

a. ________，今天参加招聘的男女人数几乎________（相等），______160人。

b. ________（80%以上）留学生认为现在学好汉语，将来才能找到与中国有关的工作。

② 做/当、从事、职责、乐趣、苦恼、开阔眼界、具备、广博、加强、合作交流、发展、增进、友谊

a. 无论将来________什么工作，都要______很高的语言水平和_______的知识。

b. _______一名合格的外交官，就要履行自己的工作_______，努力________与所在国的________，________双边关系，________两国人民的________。

c. 谁没有工作的_________和________呢？从事导游工作，辛苦是辛苦，但可以_________，让你乐在其中。

③ 我们很想了解……，您能给我们……吗？　……桃李满天下！
感谢您在百忙之中……！

a. 杨教授您好！_________汉字的历史，_____________________？

b. 您的报告让我们对中国的历史文化有了更加深入的了解，非常____________给我们做的精彩报告！

c. 刘老师，非常感谢您接受我的采访，衷心地祝愿您___________________！

2 职业意向

课前预习

画线连接词语和它们的意思。

A. ❶ 经贸　　a. 形容很正式、很规范。
❷ 编辑　　b. 方便又节省时间。
❸ 便捷　　c. 进一步学习，提高自己某方面的水平。
❹ 培训　　d. 经济贸易。
❺ 进修　　e. 在出版社工作，负责审阅文稿。
❻ 正规　　f. 有目的的集中培养、训练。

B. ❼ 制度　　g. 指某人的话语很有道理。
❽（有）眼光　　h. 正式的规定，员工都要遵守。
❾ 前景（看好）　　i. 早晨九点上班，下午五点下班。
❿ 言之有理　　j. 只看眼前利益，不考虑将来，是一定会有问题的。
⓫ 朝九晚五　　k. 指能看得很远，准确预测出未来的情况。
⓬ 人无远虑，必有近忧　　l. 未来发展前途（会很好）。

1 热身

你知道下面的职业分别属于哪些行业领域吗？快速画线把相关的部分连接起来，然后与同伴核对一下。

（一）

教师、校长	商贸界
外交官、翻译	交通界
记者、节目主持人	教育界
导游、地陪	传媒界
空姐、公交司机	旅游界
商人、秘书、经理、公司职员	外交界

注：界，此处指按职业所划的人群范围。

（二）

演员、魔术师	法律界
服务员、售货员	出版界
律师、法官	IT界（信息技术）
医生、护士	文艺界
编辑、校对员	服务界
电脑工程师、网络管理员	卫生界

2 演练与交际

1 表明职业意向

15-2 先听录音，然后快速用下面表示喜欢/不喜欢、偏爱的功能句来表明自己的态度，并简要说明理由。

① 听到：
回答：我很/特别喜欢……/我不喜欢……，因为＿＿＿＿＿＿＿＿

② 听到：
回答：我对……很感兴趣/没有兴趣/毫无兴趣，因为＿＿＿＿＿＿＿＿

③ 听到：
回答：太好了，我对……很着迷/我迷上了……，因为＿＿＿＿＿＿＿＿

④ 听到：
回答：好啊，没有什么比……对我更有吸引力了，因为＿＿＿＿＿＿＿＿

⑤ 听到：
回答：对不起，我讨厌做……，因为＿＿＿＿＿＿＿＿

⑥ 听到：
回答：我觉得做……很有意思/没意思/枯燥/无聊，因为＿＿＿＿＿＿＿＿

⑦ 听到：
回答：我希望做……/我可不想做……，因为＿＿＿＿＿＿＿＿

⑧ 听到：
回答：我宁可做……也不做……/与其让我……不如……，因为＿＿＿＿＿＿＿＿

⑨ 听到：

回答：与……相比，我更喜欢……，因为＿＿＿＿＿＿＿＿＿＿＿＿＿＿＿

⑩ 听到：

回答：嗯，是个好机会，不过，我还是会选择……，因为＿＿＿＿＿＿＿＿

⑪ 听到：

回答：当然，选择……我永远不会后悔，因为＿＿＿＿＿＿＿＿＿＿＿＿＿

从下面的图片中选择一项工作推荐给同伴，同伴要表示接受或委婉地拒绝。请参考使用上题给出的表示喜欢/不喜欢、偏爱的功能句来回答。

提示词语

秘书、汉语教师、调酒师、演员、摄像师、飞行员、
空姐、公司经理、同声传译员、联合国秘书长、国际维和警察、幼儿园老师

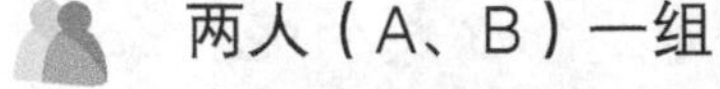

2 模拟角色

两人（A、B）一组：

① A在中国留学快要毕业了，想毕业后留在中国工作，但B(男朋友、哥哥、女朋友、姐姐任选其一）不太同意。

② A给精通汉语的B打国际电话，说服他/她同意自己的想法。

③ 选用“演练与交际”中表示喜欢/不喜欢、偏爱的功能句及下面例子中的参考语句，再做一遍对话。

随机选择两组在全班面前表演对话。集体讲评。

我对……非常感兴趣。

我之所以……，是因为……。

与……相比，我更喜欢……。

据我了解，……前景看好，所以……做……更有发展前途。

你的话有一定道理，但是……，与其……不如……，因为……。

你是不是还可以考虑……？人无远虑，必有近忧。

嗯，言之有理。

你很有眼光！我支持你！

3 小辩论

老师的提示

据有关研究，人们选择工作时一般主要考虑以下方面：1.较高的收入；2.便捷的工作地点；3.优雅的工作环境；4.公司名声好；5.行业有发展前途；6.良好的人际关系；7.开明（指通达事理，思想不守旧）的领导；8.具挑战性、喜爱的工作；9.快捷的晋升机会；10.面试时公司给应聘者的良好印象；11.国内或国外培训、进修的机会；12.公司正规、制度规章完备等。

虽然考虑因素很多，但工资收入被排在了首位。对此，你是怎么想的呢？让我们分组辩论一下吧！

辩论主题：工资收入是否应该是选择职业时首先要考虑的？

正方——工资收入是选择职业时首先要考虑的

反方——工资收入不是选择职业时首先要考虑的

6人一组，正、反方各3人，分为一辩、二辩、三辩。准备10分钟，然后按照辩论程序开始辩论。辩论程序：

① 双方一辩先表述己方的立场（各30秒，共1分钟）；
② 每人说出己方的1～2个主要论据（各30秒，共3分钟）；
③ 自由辩论（共5分钟）；
④ 双方三辩总结己方观点（各30秒，共1分钟）。

提示

注意思考：如果对方说……，你们如何反驳。
辩论时可参考第十三单元（P90）给出的“辩论常用语句”

中国有句俗语：有钱能使鬼推磨。
钱不是万能的，但没钱是万万不能的。
人首先要生存，要衣食无忧，要生活得好。

钱多未必幸福，不是什么都可以用钱买来的。
一分耕耘一分收获，按劳取酬。
生活中有比金钱更重要的，比如……。
相信金钱万能的人，往往会一切为了金钱。（英国）
如果你把金钱当成上帝，它便会像魔鬼一样折磨你。（英国）

辩论提纲

正方　中心论点：工资收入是选择职业时首先要考虑的。
分论点及论据：
第一，________________。
第二，________________。
第三，________________。
第四，________________。
第五，________________。

反方 中心论点：工资收入不是选择职业时首先要考虑的。

分论点及论据：

首先，________________。

其次，________________。

再次，________________。

第四，________________。

最后，________________。

抽签选择一个辩论队（或从正、反方各推选3人重新组成一个辩论队），从辩论队外的其他学生中选一人作为辩论会主持人，4位同学作为裁判，在全班进行辩论。最后选出最佳辩手两人，并说明理由。集体点评。

3 语言聚焦

1 根据情境完成对话。

［学生A和学生B在一起聊天儿］

A：毕业后，你打算从事什么工作?

B：没有什么比________对我更有吸引力了。自从去年去山东旅游回来，我就迷上了________________。

A：据我了解，导游这个职业前景很好，现在有很多地方都开发成了旅游区，再说，________________。你很有眼光，我支持你！

B：我也正是看到了________的发展前途，不过，我的父母更希望________________。

A：我觉得做翻译也很有意思，我就特别喜欢________。你想想，帮助两个语言不通的人进行交流多有成就感呀！

B：你的话有一定道理，但是________________。我讨厌做这样的工作。

A：嗯，言之有理。

B：不过，如果我告诉父母我对________毫无兴趣，他们一定很失望。

A：要是他们是我的父母就好了，但是我觉得你应该坚持自己的想法。

B：对，选择________我永远都不会后悔！

2 他们考虑的是什么？选择合适的选项填在括号里。

A. 工资收入	B. 工作环境	C. 社会地位	D. 工作时间
E. 工作压力	F. 未来发展	G. 专业	H. 兴趣

1. 我宁可做饭店服务员也不做你的秘书，在你这儿工作没发展前途。（　）
2. 我是学计算机的，你怎么能建议我去做一名记者呢？（　）
3. 你这儿上班时间不固定怎么行？我就想“朝九晚五”地工作。（　）
4. 对我来说，做什么无所谓，只要挣钱多就行。（　）
5. 我对做心理医生没有兴趣，工资再多我也不愿意去。（　）
6. 我宁愿选择做一名商店售货员，每天工作没有太多的压力。（　）
7. 我是个爱面子的人，挣钱多少我不在乎，关键是这份工作得受人尊敬。（　）
8. 人们都说工作是生活的一部分，环境不好，心情也就跟着变差。（　）

3 视听说

课前预习

画线连接词语和它们的意思。

① 有谱 yǒupǔ	a. 寻找。
② 物色	b. 换工作。
③ 社区	c. 有把握。
④ 预备	d. 预先准备。
⑤ 潜力 qiánlì	e. 具有优越地位。
⑥ 转行 zhuǎnháng	f. 潜在的能力和力量。
⑦ 基本点	g. 指根本的、主要的思想。
⑧ 占优势	h. 指（在机会面前）大家平等、一样。
⑨ （机会）均等	i. 指跟专业方面相关的领域（比较多）。
⑩ 专业面儿（宽）	j. 指生活在一个固定的地理区域范围内的社会团体。

1 情境配音

1. 看电视剧《我的青春谁做主》第5集片段（约04:54–05:46）两遍。
2. 就所看内容进行问答。
3. 分角色朗读情景对白并做配音表演。

对白节选

[在姥姥家里]

姥　姥：小样，明天你去招聘会，要找什么类型的工作，心里有谱没谱？

钱小样：有，我早就想好了。目标明确！

姥　姥：什么目标？

钱小样：原则就是什么挣钱干什么。基本点呢，一个是在专业特长内物色高收入，另外一个就是即便我要转行，也要找有发展潜力的热门职业，比如说旅游、房地产什么的。

姥　姥：你的目标是不定得高了点儿？现在是你找工作，不是工作找你。
钱小样：那您觉得我该干什么？
姥　姥：中专学历不占优势，好在你的专业面儿还比较宽，比如说医院护士、社区医生都挺适合你的。
钱小样：我在家就当护士，出来还干这个，那我为什么来北京？不就是因为北京机会多，对每个人都均等吗？
姥　姥：再均等，机会也是给有准备的人预备的。

2 语言聚焦

1 用不同语气说出下面的句子。

① 心里有谱没谱？

母　亲：你最近忙什么呢？整天在外面跑。
女　儿：找工作啊。
母　亲：要找什么类型的工作，心里有谱没谱？（询问）
女　儿：心里有谱没谱？当然有谱了，您还以为我是小孩子？（不满）

② 什么目标？

母　亲：你找工作有什么目标吗？（询问）
女　儿：什么目标？这还用问吗？您应该知道啊！（反问）

2 根据人物身份，用合适的语气语调快速完成下面的对话。

女　儿：明天有个招聘会，我想去看看。
爸　爸：________________________？（询问）

女　儿：我想啊，什么挣钱干什么。

爸　爸：______________________________？（反问）

女　儿：俗话说，有钱能使__________推磨。

爸　爸：你真是掉在钱眼儿里了，别忘了，钱不是______________！（提醒）

女　儿：是啊，可是，没有钱是______不能的。

爸　爸：我觉得你的专业面比较________，所以，很多工作你都可以考虑，比如，______呀、______呀、______呀什么的。（列举相关工作）

女　儿：您说的这些我都__________________________。（否定）

爸　爸：____________________________________？（生气地问）

女　儿：________，爸爸，您看您，还真生气了！我呀，在跟您开玩笑呢！我的工作啊，早就找到了！

3 15-3 学说绕口令

1 学习就怕满、懒（lǎn）、难

心里有了满懒难，
不看不钻就不前；
心里去掉满懒难，
不懒不骄勇向前。
日积月累刻苦练，
蚂蚁也能搬泰山。

2 算卦（guà）的与卖蒜（suàn）的

街头有个卖蒜的，
身旁坐个算卦的。
算卦的叫卖蒜的算卦，
卖蒜的要算卦的买蒜。
算卦的不买卖蒜的蒜，
卖蒜的也不信算卦的卦。

4 记录与评价

根据本单元你的学习情况，填写“我的备忘录”和“评价表”。

我的备忘录（ 年 月 日）		
	本单元学过的最有用的语句	容易错的语音语调和语句
1		
2		
3		
4		
5		
6		

评价表 年 月 日					
完成质量 口头交际任务	5分 很好	4分 好	3分 一般	2分 较差	1分 很差
1. 能熟练地说出多种职业的名称及某些职业的主要职责及利弊。					
2. 能流利地讲述与工作主题相关的图片故事。					
3. 能进行留学生职业选择情况的小调查并据此报告调查结果。					
4. 能流利地谈论个人的职业意向及理由。					
5. 能就工资收入与选择职业的关系问题进行小辩论。					
6. 能根据情境，自然、准确、流利地为人物配音。					
7. 积极主动地参与课堂活动，具有与小组同学互助、合作的团队精神。					
8. 自己在小组中的职责是：__________，自己的职责完成得怎么样？					
9. 我认为我们小组的表现：					
10. 自己需要注意的问题（如态度、语言方面等）是：					
11. 我们小组需要改进的问题是：					

5 相关链接

1 小游戏，心理测试

你最适合什么职业

任务：选择一个适合自己的职业，要涉及性格、气质（指人的相对稳定的个性特点和风格气度）、兴趣、能力、教育状况等许多方面。请先回答以下两组20个题，只要在题后回答“是”或“否”；然后与同伴一起讨论一下你最适合哪一类职业。

步骤1：用“是”或“否”回答每个测试题。

第一组

1. 就我的性格来说，我喜欢同年轻人而不是同年龄大的人在一起。（ ）
2. 我心目中的丈夫或妻子应具有与众不同的见解和活跃的思想。（ ）
3. 对于别人求助我的事情，总乐意帮助解决。（ ）
4. 我做事情考虑较多的是速度和数量，而不在精雕细琢上下工夫。（ ）
5. 我喜欢“新鲜”这个概念，例如新环境、新旅游点、新朋友等。（ ）
6. 我讨厌寂寞，希望与大家在一起。（ ）
7. 我读书的时候就喜欢语文课。（ ）
8. 我喜欢改变某些生活惯例，以使自己有一些充裕的时间。（ ）
9. 我不喜欢那些零散、琐碎的事情。（ ）
10. 我进入招聘职员经理室，经理抬头看了我一眼，说声“请坐”，然后就埋头阅读他的文件不再理我，可我一看旁边并没有座位，这时我没站在那里等，而是悄悄搬来个椅子坐下等经理说话。（ ）

第二组

1. 我读书的时候很喜欢数学课。（ ）
2. 我看了一场电影、戏剧后，喜欢独自思考其内容，而不喜欢与人一起谈论。（ ）
3. 我书写整齐清楚，很少写错别字。（ ）
4. 我不喜欢读长篇小说，喜欢读议论文、小品文或散文。（ ）

5. 业余时间我爱做智力测验、智力游戏一类题目。（　）
6. 墙上的画挂歪了，我看着不舒服，总要想法将它扶正。（　）
7. 收录机、电视机出了故障，我喜爱自己动手摆弄、修理。（　）
8. 我做事情愿做得精益求精。（　）
9. 我对一般服装的评价是看它的设计而不大关心是否流行。（　）
10. 我对经济开支能控制，很少有“月初松，月底空”的现象。（　）

步骤2：算出两组各有几个“是”。

步骤3：比较两组答案：第一组中答“是”的比第二组多为A；第二组中答“是”的比第一组多为B；如果两组回答“是”相等为C。

步骤4：和同伴讨论一下，根据不同的答题结果，分析自己或对方最适合哪一类职业，并说明理由。

职业提示

第一类：记者、演员、导游、推销员、采购员、服务员、节目主持人、人事干部、广告宣传人员等。

第二类：编辑、律师、医生、技术人员、工程师、会计师、科学工作者等。

第三类：教师、教练、护士、秘书、美容师、理发师、公务员、心理咨询员、各类管理人员等。

你的答案属于A，你适合的职业是：第____类，因为____________________。

你的答案属于B，你适合的职业是：第____类，因为____________________。

你的答案属于C，你适合的职业是：第____类，因为____________________。

参考说明：

A. 你最大的长处是思想活跃，善与人交往。你喜欢把自己的想法让别人去实现，或者与大家共同去实现，适合你的职业是记者、演员、导游、推销员、采购员、服务员、节目主持人、人事干部、广告宣传人员等。

B. 你具有耐心、谨慎、刻苦钻研的品质，是个稳重的人。适宜于选择编辑、律师、医生、技术人员、工程师、会计师、科学工作者等职业。

C. 你具备A、B两类型人的长处，不仅能独立思考，也能维持、处理良好的人际关系。适合你选择的职业包括教师、教练、护士、秘书、美容师、理发师、公务员、心理咨询员、各类管理人员等。

6 语言工具箱

15–4

1 工作职责

1.	意向	yìxiàng	intention
2.	工作职责	gōngzuò zhízé	job responsibility
3.	摄像师	shèxiàngshī	cameraman
4.	花样滑冰	huāyàng huábīng	figure skating
5.	新闻播音员	xīnwén bōyīnyuán	newscaster
6.	调酒师	tiáojiǔshī	bartender
7.	时装模特	shízhuāng mótè	fashion model
8.	国际维和警察	guójì wéihé jǐngchá	international peacekeeping police
9.	金领	jīnlǐng	gold-collar worker
10.	白领	báilǐng	white-collar worker
11.	蓝领	lánlǐng	blue-collar worker
12.	航天员（宇航员）	hángtiānyuán (yǔhángyuán)	astronaut
13.	国际公务员	guójì gōngwùyuán	international civil servant
14.	广博	guǎngbó	(of one's knowledge) wide, extensive
15.	百忙之中	bǎimáng zhī zhōng	during a busy schedule
16.	双边关系	shuāngbiān guānxì	bilateral relations
17.	莫大	mòdà	greatest
18.	荣幸	róngxìng	honoured
19.	拴	shuān	to fasten, to tie
20.	为……辩护	wèi……biànhù	to argue in favour of, to defend
21.	调解	tiáojiě	to reconcile
22.	争端	zhēngduān	dispute
23.	显示	xiǎnshì	to show, to display
24.	凉	liáng	cool
25.	内衣	nèiyī	underwear
26.	内裤	nèikù	underpants
27.	堆着	duīzhe	to be piled with
28.	忙碌	mánglù	busy

29.	解雇	jiěgù	to fire, to dismiss
30.	提升	tíshēng	to promote
31.	警棍	jǐnggùn	police baton
32.	弱势群体	ruòshì qúntǐ	disadvantaged group
33.	仗义执言	zhàngyì zhíyán	to speak boldly in defence of justice
34.	桃李满天下	táolǐ mǎn tiānxià	to have students scattered throughout the land

2 职业意向

35.	经贸	jīngmào	economy and trade
36.	商贸界	shāngmàojiè	circles of business and trade
37.	地陪	dìpéi	local guide
38.	传媒界	chuánméijiè	circles of media
39.	魔术师	móshùshī	magician
40.	出版界	chūbǎnjiè	publishing circles
41.	IT界	ITjiè	IT circles
42.	信息技术	xìnxī jìshù	information technology
43.	编辑	biānjí	editor
44.	校对员	jiàoduìyuán	proofreader
45.	（有）眼光	(yǒu) yǎnguāng	(to have) vision, foresight
46.	名声	míngshēng	reputation
47.	（有）前途	(yǒu) qiántú	(to have) future, prospects
48.	快捷	kuàijié	quick, fast
49.	晋升	jìnshēng	to promote to a higher office
50.	培训	péixùn	to train
51.	进修	jìnxiū	to engage in advanced studies
52.	正规	zhèngguī	standard, regular
53.	制度	zhìdù	regulations
54.	规章	guīzhāng	rules
55.	完备	wánbèi	complete, perfect
56.	朝九晚五	zhāo jiǔ wǎn wǔ	to work from 9 am to 5 pm
57.	前景看好	qiánjǐng kànhǎo	to have good prospects
58.	之所以……，是因为……	zhī suǒyǐ……, shì yīnwèi……	the reason that…is…, because…

59.	人无远虑，必有近忧	rén wú yuǎnlǜ, bì yǒu jìnyōu	unpreparedness spells trouble
60.	言之有理	yán zhī yǒu lǐ	to sound reasonable, to make sense
61.	便捷	biànjié	convenient
62.	优雅	yōuyǎ	elegant
63.	开明	kāimíng	enlightened, open-minded

3 视听说

64.	物色	wùsè	to look for
65.	转行	zhuǎnháng	to change one's career
66.	潜力	qiánlì	potential
67.	占优势	zhàn yōushì	to have superiority
68.	社区	shèqū	community
69.	专业面儿	zhuānyèmiànr	scope of a profession
70.	均等	jūnděng	equal
71.	预备	yùbèi	to prepare

16

第十六单元 工作面试

单元目标

在这一单元里，你将：

1. 了解工作面试的一般流程和典型问答语句。
2. 能根据自身情况选择合适的招聘信息前去应聘。
3. 能流利地讲述面试小故事。
4. 能合作完成无领导小组讨论。
5. 能顺利通过模拟面试。

1 面试准备

课前预习

画线连接词语和它们的意思。

A.	① 坦诚	a. 公司最高的管理人员或总经理。
	② 友善	b. 用公告的方式招收工作人员。
	③ 总裁	c. 放在别的人或事之前。
	④ 招聘	d. 坦率诚恳。
	⑤ 郑重	e. 友好。
	⑥ 优先	f. 形容态度严肃谨慎，不随意乱说。
B.	⑦ 学历	g. 发扬长处，回避短处。
	⑧ 应聘	h. 不怕吃苦，不怕劳累。
	⑨ 全职	i. 指人们的学习经历或者曾在哪类学校毕业。
	⑩ 兼职	j. 专门担任某种工作，有固定的工作时间、地点。
	⑪ 扬长避短	k. 接受聘请，希望得到某个工作。
	⑫ 吃苦耐劳	l. 在正常工作之外还做其他工作，工作时间、地点一般不确定。

1 热身

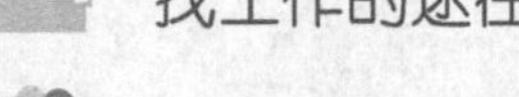

1 找工作的途径

如果你找工作，可能通过哪种途径？为什么？与同伴讨论一下，可参考以下各种途径：

A. 媒体（报纸、杂志、电视、广播等）发布的招聘信息
B. 人才招聘会
C. 网上的招聘广告
D. 学校推荐的招聘信息
E. 亲友介绍
F. 中介公司介绍
G. 亲自寻找
H. 其他

我可能会：________________，因为________________

________________________________。

2 演练与交际

1 面试如何着装（zhuózhuāng）

老师的提示

一项调查显示，求职面试者给面试官的第一印象，55%来自于他/她的外表和着装。另据对200个公司的调查，第一次面试遭到拒绝的首要理由是个人形象不佳。那么哪些不合格的面试着装会影响个人形象？穿什么才是比较合适的呢？

他们去应聘某大公司职员或学校教师，跟同伴一起讨论一下他们的着装是否合适，并说明理由。

词语提示

便装、挎包、运动装/鞋、太/过于、随便、随意、花哨（huāshao，颜色、图案鲜艳、杂乱）、不协调、搭配、短小、怪异、俗气、暴露、时尚

如果你是面试官，要挑选幼儿园教师（或公司职员、时装模特、健身教练、空姐、电影演员、导游、外交官等），你会分别从下图中选择哪些人？为什么？

如果选老师，我选___号，因为我觉得他/她……。

如果去应聘一个公司职员，面试一般应该怎样着装？请简要总结一下。

男士：________________

女士：________________

总原则：________________

词语提示

职业、正装、套装、西装、衬衫、（戴/打）领带、皮鞋、稳重、干练、得体、大方、整洁、优雅、端庄

2 准备应聘哪家公司？

快速浏览四则招聘广告的标题，从中选出你最感兴趣的一条，仔细阅读职位要求，对照自己，看是否符合条件，然后向同伴解释说明自己选择该职位的理由和自身的条件优势，征求同伴意见。

招聘广告1：招聘英语教师

新东方 NEW ORIENTAL LANGUAGE IS POWER

北京新东方教育科技集团有限公司

职位类别：教育/培训　工作地点：北京　工作性质：全职

最低学历：本科　工作经验：不限　招聘人数：若干

职位要求

1. 发音标准，语感好，口语表达能力突出。
2. 能够讲授英语听力、口语课，英汉翻译课以及商务英语课。翻译类课程要求教师对中英文以及东西方文化十分精通，有丰富的翻译经验（包括笔译与口译）；商务类课程要求对商务英语及企业运作比较熟悉。
3. 有敬业精神，能够经受最挑剔（tiāoti，过分指责细节上的差错）、最具批判意识的学员的无情的课堂检验。
4. 有外企工作背景，尤其是有国外工作经验者优先。
5. 具有团队合作精神和组织协调能力。

招聘广告2：招聘演员

北京成铭星路国际文化传媒中心

职位类别：编辑/文案/传媒/影视/新闻　工作地点：北京　工作性质：全职

最低学历：不限　工作经验：不限　招聘人数：若干　职位月薪：1000－50000元/月

职位要求

1. 本公司现招聘全职演员、角色演员、特约演员、群众演员、兼职演员、替身演员、广告演员。
2. 公司对具有发展潜力的艺员进行艺术培训、专业包装，让众多的影视业余爱好者在参加各类文艺演出、电影、电视剧以及电视栏目的演出或拍摄中施展才华，使他们能以快捷、简易的方式，迅速实现自己心中的梦想！
3. 男女不限、年龄不限、身高不限，有自信，肯付出，吃苦耐劳，形象优越者优先。
4. 热爱影视表演，敢于表现自己，语言表达能力良好。
5. 汉语普通话标准。有一定表演基础者优先。

招聘广告3：招聘多语种翻译

信达雅翻译公司

职位类别：翻译　工作地点：北京　工作性质：全职或兼职

多语种要求：法语、德语、意大利语、俄语、西班牙语、阿拉伯语等42种语言。

最低学历：不限　工作经验：不限　招聘人数：若干

职位月薪：3000－50000元/月

职位要求

1. 能熟练准确地将中文翻译成指定语种（笔译/口译）。
2. 熟悉互联网及电子商务领域。
3. 有某一技术领域专业知识背景。
4. 熟悉电脑操作，熟练使用办公软件，具有方便的上网条件。
5. 有充足的时间，工作严谨细致，责任心强，严格遵守交稿时间，对质量高度负责。
6. 具有良好的沟通能力和团队合作精神。

招聘广告4：招聘商务助理

环球香港科技有限公司上海代表处（外商独资）

职位类别：商务/采购/贸易　工作地点：上海　工作性质：全职　最低学历：本科
工作经验：一年以上　招聘人数：若干　职位月薪：5000－30000元/月

职位要求

1. 国家正规大学的外贸专业或相关专业毕业。
2. 英文可以进行熟练的口头、书面沟通。
3. 有外贸或销售助理的相关经验。
4. 办事有条理，效率高。
5. 有工作热情和责任心，工作积极主动。
6. 有团队合作精神，具有亲和力，善与人沟通、相处。

对照你选择的广告中的招聘职位要求，向同伴解释说明自己选择该职位的理由和自身条件优势，征求同伴意见。

我想应聘信达雅公司的翻译，因为……，我在俄语方面很有优势，我不仅能……，而且还能……。你觉得怎么样？

很好，当俄汉翻译你一定能行！只是他们还要求熟悉电子商务什么的，恐怕你还得赶紧补补课。

随机选择几位同学，说说自己的选择、理由和优势以及同伴的意见。

3 故事会

两人（A、B）一组，分别快速阅读故事A、B。

与另一组同学组成一个大组（A1、B1＋A2、B2），以4-3-2的方式互相给对方讲述你阅读的故事，每人共讲三遍。

①A1-A2、B1-B2，每人给对方讲4分钟。

②A1-B1、A2-B2，每人给对方讲3分钟。

③A1-B2、A2-B1，每人给对方讲2分钟。

集体同期录音，抽查并集体讲评。最后说说这两个故事给我们的启示。

故事A

有一位求职者到一家公司去应聘，由于职位重要，公司总裁（zǒngcái）决定亲自面试。

这位求职者刚一走进总裁办公室，总裁就惊喜地站起来，紧紧握住他的手说："世界真是太小了，真没想到会在这儿碰上你！上次在东湖游玩时，我的女儿不小心掉进湖里，多亏你奋不顾身地跳下水去把她救上来。当时忙乱，忘记问你的名字了。你快说，你叫什么？"这位求职者被弄糊涂了，但他很快想到可能是总裁认错人了，于是平静地说："总裁先生，我从来没去过东湖，您认错人了。"但无论他怎么解释，总裁还是说自己不会认错人。求职者呢，也坚持说自己没有救过总裁的女儿。过了好一会儿，总裁才微笑着说："年轻人，你的面试通过了，明天就可以到公司来上班，你现在就到人事部去报到吧！"

原来，这是总裁安排的一场心理测试：目的是通过"救人"事件，考察一下求职者是否诚实。在这位求职者之前进来的几位，都因为脑子很"活"，邀功请赏（yāogōng qǐngshǎng，把别人的功劳当作自己的，求得奖赏），被总裁坚决淘汰（táotài，在选择中去除不好的或不合适的）了，而这位求职者却在面试的时候，表现出了诚实的美德，所以应聘成功了。

B 故事

有个年轻人到公司应聘，他以优异的成绩通过了笔试，现在来参加面试。

人事经理对这位年轻人印象非常好，可是年轻人在面试时却坦率地告诉经理自己没有工作过，只是在校时学过这方面的知识。经理很失望，因为他不想找一个没有工作经验的人，就对年轻人说："今天就到这儿吧，如果有消息我们会打电话通知你。"

年轻人从座位上站起来，礼貌地向经理点点头，然后拿出两块钱双手递给经理，说："即使你们不录取我，也希望你们给我打电话。"经理一下子愣住了，问这个年轻人："你怎么知道我们不给没录取的人打电话？"年轻人说："你刚才说有消息打电话，我理解是录取了就给我打电话。"经理对这位年轻人产生了兴趣，接着问："如果你没被录取，你想知道什么？""请你们告诉我在哪方面不够好，这样我好加以改进。""那这两块钱是……？"年轻人微微一笑，说："给没录取的人打电话的费用应该由应聘者出，请你们一定给我打电话！"经理很欣赏这个年轻人认真的态度，微笑着点点头，郑重（zhèngzhòng）地说："好，小伙子，请你把两块钱收回去，我现在就通知你，你被录取了！"

3 语言聚焦

选词填空。

（一）面试着装

职业、挎包、风格统一、运动鞋、皮鞋、得体、暴露、大方、短小、整洁
艳丽、正装、便装、西装、套装、逛街服、领带、太/过于

人们都说选择面试时的着装很有学问。我们不能身上穿着__________或者__________，脚上穿着__________，背个__________就去参加面试，

这样＿＿＿＿＿随便。一般来说，面试时要穿＿＿＿＿＿，而且全套服装首先要＿＿＿＿＿，其次要＿＿＿＿＿、＿＿＿＿＿、＿＿＿＿＿。男士要身穿＿＿＿＿＿，脚穿＿＿＿＿＿，还得戴＿＿＿＿＿；女士最好穿＿＿＿＿＿。另外，应聘不同的＿＿＿＿＿，着装也有所不同，一定要选择能体现出职业特点的服装，例如，应聘政府公务员或教师时就不能穿过于＿＿＿＿＿、＿＿＿＿＿、＿＿＿＿＿的服装。

（二）面试要点

自信、坦诚、致谢、从容、提前、目光、要点、镇定、清晰、着装、微笑

面试时除了要＿＿＿＿＿得体外，最重要的是要有好的表现，能够做到＿＿＿＿＿大方，＿＿＿＿＿应对。参加面试要＿＿＿＿＿到场，不能迟到；面试中要始终面带＿＿＿＿＿，与考官有＿＿＿＿＿交流；面试结束后要礼貌＿＿＿＿＿，做到彬彬有礼。另外，当考官提问时，要听清问题，抓住＿＿＿＿＿；在回答问题时要简明扼要，表述＿＿＿＿＿。面对一时无法回答的问题时，也要保持＿＿＿＿＿，＿＿＿＿＿地说明。

2 模拟面试

课前预习

画线连接词语和它们的意思。

① 待遇	a. 很少有人出现的小岛。
② 下属	b. 救助，帮助。
③ 荒岛	c. 从危险的地方逃出来。
④ 灵敏	d. 由于在高温下时间太长而引起的一种病。
⑤ 救援	e. 物质报酬，如工资福利等。
⑥ 逃生	f. 部下，下级。
⑦ 中暑	g. 一种撑在地上能挡住风雨、阳光，能让人住在里面的东西。
⑧ 帐篷	h. 反应快。

1 热身

你参加过工作面试吗？假如你准备参加某公司的招聘面试，请与同伴一起说一说：招聘面试时，你都应该做什么？面试官可能会让你做什么？会问哪些问题？等等。

面试前你应该做的准备：______________________________

面试官可能会问到的问题：

1. ______________________________
2. ______________________________
3. ______________________________
4. ______________________________
5. ______________________________
6. ______________________________

2 演练与交际

1 面试时的自我介绍

16-1 面试时，一般都会首先要求你做个自我介绍，那么自我介绍应该包括哪些内容？应该注意什么呢？请听录音，边听边记要点。

自我介绍的要点

首先，请报出自己的______和______。

其次，你可以简单地介绍一下你的个人基本信息，如______、工作经历、______概况、兴趣______、理想与抱负等。

再次，由个人基本情况自然地过渡到一两个自己______或______期间圆满完成的任务，以这一两个______来具体说明自己的______与______。

最后，要着重结合你的职业理想说明你应聘这个职位的______。你还可以谈如果你被录取，你将怎样______地工作等。

注意：

（1）你要告诉考官，你最______这个工作，要突出______。

（2）要展示充分的______。

观看 “走进新东方面试考场”视频节选（一）[参看网上视频：优米网——俞敏洪：走进新东方招聘现场（上）09:01-13:20]，注意5位应聘者是怎样用1分钟进行自我介绍的。

模拟演练1分钟自我介绍，介绍时先要说明自己应聘哪种工作，然后针对工作的性质、特点介绍自己的条件、优势等。

各位考官好！我来自我介绍一下，我叫……，来自……，……年毕业于……，专业是……；我爱好……，我的理想……。大学期间，我……，所以，我觉得……适合……。如果……，我会……，为公司……。

感谢给我面试的机会，谢谢！

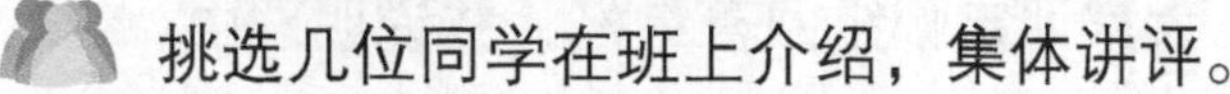

挑选几位同学在班上介绍，集体讲评。

2 回答考官问题

一起观看“走进新东方面试考场”视频节选（二）[参看网上视频：优米网——俞敏洪：走进新东方招聘现场（上）13:30-18:32]。

模拟演练。

① 4-5人一队，组成红、黄、蓝三队。（如果学生人数多，可组成某色1队、2队等）

② 组内轮流当考官，提问一个问题，请每个同学快速回答，考官评定谁的回答更好，并说明理由。

红队考官问题

1. 你理想的工作是什么样的？目前你面临的主要问题是什么？
2. 请介绍一个你觉得自己做得很成功的事情，并简要分析一下成功的原因。
3. 你为什么来中国上大学？在大学里你有什么变化？
4. 你认为为什么我们要聘用你？请至少给出三点理由。
5. 从现在起，3年内、5-10年内你分别想做些什么？你准备怎样实现？

黄队考官问题

1. 你认为自己大学的学习为你的工作做了哪些准备？
2. 你的突出优势是什么？你最大的不足是什么？
3. 如果工作中你与下属发生了矛盾，你会怎么处理？
4. 如果你不赞同你的领导的观点或做法，你会怎么做？
5. 与中国或其他外国同事一起工作，你觉得会有哪些问题？你准备怎么解决？

蓝队考官问题

1. 你在大学的学习成绩怎么样？原因是什么？
2. 你愿意与别人合作吗？如果你的下属与你的意见不一样，你会怎么做？
3. 公司经常要加班、出差，你觉得自己能做到吗？
4. 你能应对压力型的工作环境吗？准备怎么应对？
5. 金钱对于你来说很重要吗？你期望的薪金是多少？

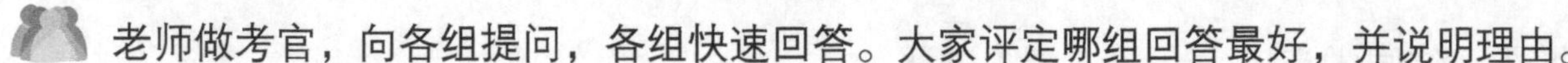

老师做考官，向各组提问，各组快速回答。大家评定哪组回答最好，并说明理由。

3 模拟面试——无领导小组讨论

老师的提示

无领导小组讨论是面试时常用的一种方法，就是让受试者临时组成一个小组，讨论一个问题，并做出决策。在小组讨论中，不指定谁是领导，让考生自行组织。面试官根据整个过程中每个考生的表现，来考察考生，看其是否适合相关职位等。

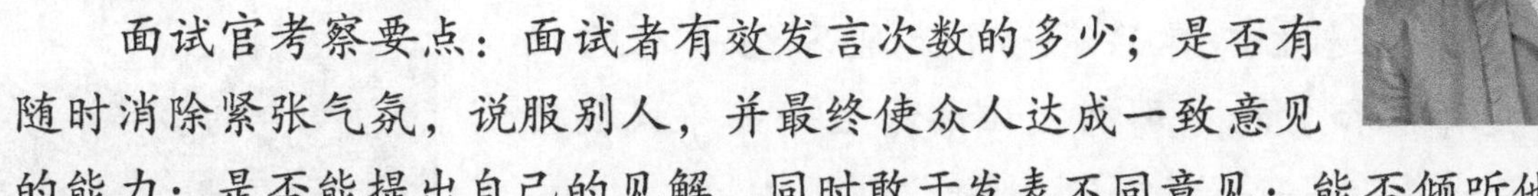

面试官考察要点：面试者有效发言次数的多少；是否有随时消除紧张气氛，说服别人，并最终使众人达成一致意见的能力；是否能提出自己的见解，同时敢于发表不同意见；能否倾听他人意见，并互相尊重；语言表达、分析问题、概括总结不同意见的能力等。总体考察受试者反应的灵敏性、概括的准确性、发言的主动性等。

【任务】

某公司要招聘一位部门经理，为考察应试者的应变能力、表达能力和组织能力等，考官给应试者出了两个讨论题，要求应试者任选其中一题来回答。

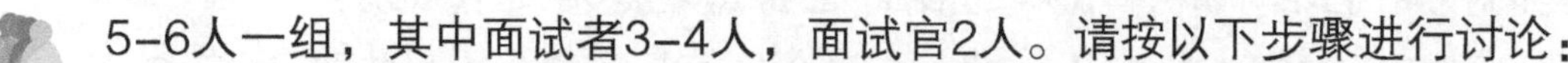

5-6人一组，其中面试者3-4人，面试官2人。请按以下步骤进行讨论：

① 各组抽签选择一个讨论题。面试者各自独立思考2分钟，准备自己的发言提纲（用表1）。面试官仔细研究评分规则（见表3），思考本组讨论内容。

② 面试者在小组内，各自轮流发言1分钟，阐述自己的观点。面试官在一旁观察、记录（用表3）。

③ 组内辩论10分钟，继续阐明自己的观点，或对别人的观点提出不同的意见，并最终得出小组的一致意见。组内辩论时，一人记录（用表2）。面试官在一旁观察、记录（用表3）。

④ 各组面试者选出一名代表总结本组讨论结果（根据表2记录），准备向全班报告。各组面试官分别商议测评结果，对面试者的表现做出整体评价，准备报告（用表4）。

讨论题一

有架私人飞机失事，掉在了荒岛上，只有五个人活了下来。他们是：①孕妇：怀孕八个月；②发明家：正在研究新能源（可再生、无污染）汽车；③医学家：多年研究艾滋病的治疗方案，已取得突破性进展；④宇航员：即将飞往火星，寻找适合人类居住的新星球；⑤生态学家：有丰富的野外生存经验，负责环境保护。

如果这时逃生工具只有一个只能容纳一人的热气球，没有水和食物，那么，让谁逃生并去寻找救援呢？请做出决定——让谁逃生，并说明理由。

讨论题二

假如你是某公司的人事部经理，你们决定利用假期去沙漠徒步旅行5天，除你之外还有7位男性，4位女性。其中有7个中国人、5个外国人。在旅行中，由于沙漠一直高温，风沙太大，你们已经疲惫不堪，大部分人已经接近中暑。而且手机没有信号，你们已经迷路了，你们对沙漠的情况也不了解，不知道后面还会出现怎样的情况。

现在你们共同拥有以下物品：5把遮阳伞、1块手表、1本英汉电子词典、20瓶矿泉水、1个指南针、10袋饼干、1把刀、12副太阳镜、1根粗绳、6个野外双人帐篷、1张地图、少量药品。

现在，如果你们只能带走其中最重要的5种物品，请按重要性排序选出，并说明排序的理由。

表1

个人发言提纲

我的意见是：________________

理由：________________

表2

小组讨论摘要

1号：____________________

2号：____________________

3号：____________________

4号：____________________

一致意见：____________________

____

表3

无领导小组讨论评价表（面试官用）				
受试者 考察项	1号	2号	3号	4号
逻辑思维能力（20分） 说话有条理 把握重点 能概括总结				
口头表达能力（30分） 准确、流畅、得体、多样				
组织能力（20分） 积极主动发言 组织他人发言				
应变能力（15分） 处理突发问题：态度、速度				
非言语沟通能力（15分） 表情、手势等				
总分				

表4

面试官意见

我们认为＿＿＿

我们一致认为＿＿＿＿先生/小姐表现＿＿＿＿，同意录用＿＿＿＿先生/小姐。

3 语言聚焦

读一读下面这两段面试中的自我介绍，找出不恰当的地方，并进行修改。

（一）应聘汉语教师

各位考官，上午好！请允许我来介绍一下我自己，我叫安娜，来自西班牙。2009年，我毕业于北京大学，学习中文专业。我的爱好是打网球、羽毛球，尤其喜欢游泳。小时候我的理想是当一名运动员，每周都参加游泳训练，学得非常努力。但是因为身体不太好，总爱生病，所以最终放弃了。五年前我来中国旅游，一下子就被中国的文化深深地吸引住了。后来，我选择在中国学习汉语，做一名汉语教师。我现在，我越来越觉得自己非常适合教师这个职业。我希望能教更多的西班牙学生学习汉语、了解中国。希望贵校能给我一个机会，非常感谢！

（二）应聘英汉翻译

大家好！我叫麦克，是澳大利亚留学生，是家里最小的，我还有两个哥哥和一个姐姐。我在北京语言大学学习，学的是英汉翻译，现在刚刚毕业。我喜欢看中文电影，打太极拳，交中国朋友。大学期间，我做过一些翻译工作，虽然挣的钱不多，可也算是有了一点儿工作经验吧。现在毕业了，我就想干翻译这行。要是我能进入你们公司，成为一名全职翻译，那真是太好了。我肯定会努力工作，绝不白拿你们的钱。相信我！

3 视听说

课前预习

A. 画线连接词语和它们的意思。

1 摆设
2 上手
3 一个萝卜一个坑 yí ge luóbo yí ge kēng
4 交学费
5 年少气盛

a. 指年轻人血气旺盛，精力充沛，争强好胜。
b. 比喻一个人有一个位置，没有多余的。
c. 指开始做。
d. 比喻为获得某种经验等所付出的代价。
e. 指看起来漂亮而没有实际作用的东西。

B. 选择合适的词语填空。

摆设、上手、一个萝卜一个坑、交学费、闹着玩儿、年少气盛

小张大夫要上班了，他很紧张，晚上做了一个可怕的梦。他梦见自己一上班就兴奋地＿＿＿＿给一个病人治疗皮肤病。但他没搞清楚书本上写的和实际的差别，结果给病人开错了药。第二天，那个病人一大早就来了，脸上红红的一片，比昨天厉害了许多。主任生气地批评他说："你怎么学的？难道到我们这儿来当＿＿＿＿？年轻人＿＿＿＿我能理解，但当医生可不是＿＿＿＿的！再说，我们这儿是＿＿＿＿＿＿，没时间让你实习、替你＿＿＿＿啊！"

1 情境配音

1. 看电视剧《我的青春谁做主》第1集片段（约31:30–32:42）两遍。
2. 就所看内容进行问答。
3. 分角色朗读情景对白并做配音表演。

对白节选

青　楚：邢律师，你好！
邢律师：你好！你姥姥是郎心平教授？
青　楚：对啊，怎么了？

邢律师：面试那天你好像没提她嘛。

青　楚：提她干吗啊？她是她，我是我。

邢律师：提她也许会帮你省点儿事儿哦。

青　楚：那你们要我，到底是因为我符合条件，还是因为我有这么个姥姥？

邢律师：都有。

青　楚：我希望这事儿跟我姥姥没什么关系。

邢律师：既然你这么有个性，那我就实话实说。原则上呢，我们不希望要刚出校门的学生，满脑子理论都是死的，三两年也上不了手，摆设，没用。不过你的条件不一样，你条件还不错，希望你能够尽快上手，我们这儿可是一个萝卜一个坑，没时间替你交学费啊。

青　楚：我一直拿奖学金，都是自己交学费的。

邢律师：年少气盛不是坏事，不过我得提醒你，我这儿的博士、硕士多了，年少气盛在我眼里，一分钱都不值，我要的是经验，是实用，知道吗？

青　楚：经验和实用是干出来的，希望今后邢律师多多给我提供机会。

2 语言聚焦

1 用不同语气说出下面的句子。

① 提她干吗啊？

小李：哦，对了，小张在吗？

小王：提她干吗啊？（询问）你眼里只有小张，真不明白你提她干吗啊？（不满）

② 你条件还不错！

a. 会跳会唱，你条件还不错！（夸奖）

b. 你既不会跳也不会唱，你条件还不错？（怀疑）
c. 你条件还不错！说的比唱的好听多了！（讽刺）

3 我要的是经验，是实用，知道吗？
a. 一定记住啊，我要的是经验，是实用，知道吗？（提醒）
b. 你找的是什么人啊？！我要的是经验，是实用，知道吗？（生气）

2 根据人物身份，用合适的语气语调完成下面的对话。

经　理：原则上呢，我们不希望要刚出校门的学生，满脑子理论，没有一点儿实际经验。

新职员：________________。（向经理保证）

经　理：年少气盛不是坏事，不过我得提醒你，我这儿________________，知道吗？

新职员：________________。（再次保证）

3 16-2 学说绕口令

1 蓝教练与男教练

蓝教练是女教练，吕教练是男教练，
蓝教练不是男教练，吕教练不是女教练。
蓝南是男篮主力，吕楠是女篮主力，
吕教练在男篮训练蓝南，蓝教练在女篮训练吕楠。

2 标兵与炮兵

八百标兵奔北坡，
炮兵并排北边跑。
炮兵怕把标兵碰，
标兵怕碰炮兵炮。

4 记录与评价

根据本单元你的学习情况，填写“我的备忘录”和“评价表”。

我的备忘录 （ 年 月 日）		
	本单元学过的最有用的语句	容易错的语音语调和语句
1		
2		
3		
4		
5		
6		

评价表					年 月 日
口头交际任务 / 完成质量	5分 很好	4分 好	3分 一般	2分 较差	1分 很差
1. 了解工作面试的一般流程和典型问答语句。					
2. 能根据自身情况选择合适的招聘信息前去应聘。					
3. 能流利地讲述面试小故事。					
4. 能合作完成无领导小组讨论。					
5. 能顺利通过模拟面试。					
6. 能根据情境，自然、准确、流利地为人物配音。					
7. 积极主动地参与课堂活动，具有与小组同学互助、合作的团队精神。					
8. 自己在小组中的职责是：＿＿＿＿＿＿，自己的职责完成得怎么样？					
9. 我认为我们小组的表现：					
10. 自己需要注意的问题（如态度、语言方面等）是：					
11. 我们小组需要改进的问题是：					

5 相关链接

1 一般面试提问的要点

1. 自我介绍；2. 陈述过去的经历；3. 应征本职位的动机；4. 在校喜欢的科目；5. 剖析自己的优缺点；6. 陈述自己喜欢向别人谈及的往事；7. 分析应聘行业的现状及发展前景；8. 自述进入该公司将做出什么贡献；9. 界定成功与失败的涵义；10. 待遇要求；11. 人生目标及安排；12. 业余爱好、休闲活动、爱看的书籍等。具体问题如下：

1. 请你简要描述一下自己。
2. 你理想的工作是怎样的？
3. 你为什么选择这个职业？
4. 在职业生涯中你希望达到什么目标？如何达到这些目标？
5. 请简要谈谈在你的人生中令你感觉成功的具体事例。
6. 你认为一个人要成功需要做些什么准备？
7. 假如人生可以重新开始，你会有些什么样的改变？
8. 你喜欢与人打交道还是喜欢同信息打交道？
9. 你认为为什么我们要聘用你？
10. 你的短期目标是什么？你准备怎样实现？（从现在起5年内你希望做些什么？）
11. 你的长期目标是什么？你准备怎样实现？（从现在起10年内你想做些什么？）
12. 你能妥善解决各种矛盾吗？
13. 你以前是否与老板或者导师发生过冲突？你是如何处理的呢？
14. 目前你面临的主要问题是什么？
15. 你能应对压力型的工作环境吗？
16. 你的突出优势是什么？
17. 你最大的不足是什么？
18. 如果我向你的导师了解你的情况，你认为他/她会怎么评价你？
19. 你为什么来中国上大学？
20. 在大学里你有什么变化？
21. 你认为自己的学业为你的职业生涯做了哪些准备？

22. 如果你在大学（学院）做过兼职工作的话，你认为哪种兼职工作最有意思？为什么？
23. 你喜欢哪些课程？为什么？
24. 你喜欢哪些教授？为什么？
25. 你的学业成绩怎么样？原因是什么？
26. 你还打算继续深造吗？有什么具体计划？
27. 在成为一名优秀的员工之前，你认为需要多长时间的培训？
28. 你认为一个成功的经理应具备什么样的品质？
29. 你为什么会对本行业有兴趣？
30. 你对我们公司了解些什么？
31. 你为什么会对我们公司感兴趣？
32. 你对工作地点有什么特殊要求吗？
33. 你有回国或去别的国家工作生活的计划吗？
34. 你愿意去旅行吗？去哪些地方？
35. 金钱对于你来说很重要吗？
36. 您期望的薪金是多少？

2 相关视频链接：新浪播客——中公教育面试视频

要点提示

问题：这家单位招聘新公务员，认为公务员应该具备下面7项素质（条件），你认为其中哪三项素质最重要？请排出顺序，并说明理由。

1. 加强品德修养；
2. 较强的学习能力；
3. 要树立边工作边学习的认识；
4. 具备正常的人际交往能力；
5. 积极的工作态度；
6. 会处理好和领导的关系；
7. 能和同事好好相处。

几种表现类型：

羊派，狼派，蝴蝶派，虎派，象派

发言要领：

积极发言，有效发言（有理、有据、全面），显示出你的教养、风度和礼貌

6 语言工具箱

1 面试准备

1.	着装	zhuózhuāng	to be dressed in
2.	便装	biànzhuāng	informal dress
3.	过于	guòyú	excessively, too
4.	花哨	huāshao	garish
5.	怪异	guàiyì	weird
6.	正装	zhèngzhuāng	formal dress
7.	套装	tàozhuāng	suit (of clothes)
8.	胆怯	dǎnqiè	cowardly, timid
9.	害羞	hàixiū	to be shy
10.	发颤	fāchàn	to quiver, to tremble
11.	语无伦次	yǔwúlúncì	to speak incoherently
12.	挑剔	tiāoti	to be nitpicking
13.	全职	quánzhí	full-time
14.	吃苦耐劳	chīkǔ nàiláo	to bear hardships and hard work
15.	严谨	yánjǐn	careful and prudent, scrupulous
16.	细致	xìzhì	careful, meticulous
17.	总裁	zǒngcái	(company) president
18.	奋不顾身	fènbúgùshēn	(to dash ahead) regardless of one's own safety
19.	邀功请赏	yāogōng qǐngshǎng	to claim credit and seek rewards for someone else's achievements
20.	淘汰	táotài	to eliminate through selection or competition
21.	有好感	yǒu hǎogǎn	to have a good opinion of sb.
22.	郑重	zhèngzhòng	serious, solemn, earnest

2 模拟面试

23.	尽职尽责	jìnzhí jìnzé	to do one's part with a sense of duty
24.	引以为荣	yǐn yǐ wéi róng	to take as a great honour
25.	勇往直前	yǒngwǎng zhíqián	to march right ahead courageously
26.	发动机	fādòngjī	engine, motor
27.	灯塔	dēngtǎ	lighthouse

28.	辉煌	huīhuáng	glorious
29.	低调	dīdiào	keeping a low profile, modest
30.	高调	gāodiào	maintaining a high profile, high-flown
31.	崇敬	chóngjìng	to esteem, to respect
32.	张扬	zhāngyáng	to make widely known
33.	洒脱	sǎtuō	free and easy, unrestrained
34.	雄心	xióngxīn	great ambition
35.	气魄	qìpò	great courage
36.	时光不能倒转	shíguāng bù néng dàozhuǎn	time never flows backwards
37.	机不可失，失不再来	jī bù kě shī, shī bú zài lái	opportunity knocks but once
38.	理性	lǐxìng	reason, sense
39.	随机应变	suíjī yìngbiàn	to act according to circumstances
40.	心胸狭窄	xīnxiōng xiázhǎi	narrow-minded
41.	反省	fǎnxǐng	introspection, self-examination
42.	抱怨	bàoyuàn	to complain
43.	待遇	dàiyù	pay and benefits
44.	下属	xiàshǔ	subordinate
45.	薪金	xīnjīn	salary
46.	灵敏	língmǐn	sensitive, keen, agile
47.	荒岛	huāng dǎo	uninhabited island
48.	生态学家	shēngtàixuéjiā	ecologist
49.	救援	jiùyuán	to rescue
50.	逃生	táoshēng	to flee for one's life
51.	疲惫不堪	píbèi bùkān	extremely exhausted
52.	中暑	zhòngshǔ	to suffer heatstroke
53.	帐篷	zhàngpeng	tent

3 视听说

54.	摆设	bǎishe	article merely for show
55.	上手	shàngshǒu	to get started
56.	一个萝卜一个坑	yí ge luóbo yí ge kēng	one radish to one hole—everybody has his own task and no one is idle
57.	交学费	jiāo xuéfèi	to pay tuition fees
58.	年少气盛	niánshào qìshèng	to be young and impetuous

第十七单元 迎接挑战

17

■ 单元目标

在这一单元里，你将：

1. 能流利地说出人类遇到的各种灾难。
2. 能讨论说明火灾、地震时的逃生策略。
3. 能讲述地震时的感人故事。
4. 探讨人类所面临的各种问题，提出解决建议。
5. 完成世界热点话题的采访报告。

1 面对灾难

课前预习

画线连接词语和它们的意思。

① 飓风/台风	jùfēng/táifēng	a. 在采矿过程中发生的事故，通常造成伤亡的危险性极大。
② 龙卷风		b. 指因气候异常严重缺水引发的灾害。
③ 矿难		c. 强风扬起地面的尘沙，使空气浑浊，能见度很低的风沙现象。
④ 海啸	hǎixiào	d. 指飞机等在飞行中发生的灾难。
⑤ 泥石流		e. 放射性物质以波或微粒形式发射出的一种能量。
⑥ 旱灾		f. 一种伴随着高速旋转的漏斗状云柱的强风。
⑦ 空难		g. 发生在海上，风力达12级以上。
⑧ 沙尘暴		h. 因为暴雨等引发的山体滑坡并携带有大量泥沙以及石块的特殊洪流。
⑨ 核辐射		i. 由地震等造成的一种具有强大破坏力的海浪。
⑩ 幸存者		j. 城市或村庄遭受破坏或灾害后变成的荒凉地方。
⑪ 废墟	fèixū	k. 指在灾难中很幸运地活下来的人。

1 热身

你能说出下面这些人类遇到的灾难吗？

头脑风暴：与同伴一起猜一猜、说一说：这些灾难是什么？哪些是天灾？哪些可能是人祸？

1 
2 
3 
4 
5 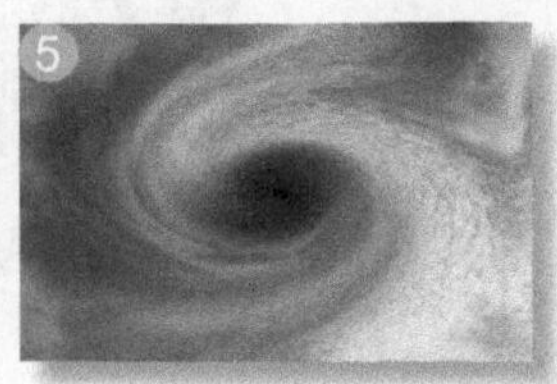

提示

飓风、台风、龙卷风（~袭击了……）
矿难（发生~）
海啸（引发~）
地震（发生里氏n级~）
火山（~喷发）【火山灰】
泥石流（突发~、发生~）、
旱灾、洪灾/水灾、虫灾（发生了~、爆发了~）
空难（发生~）【坠机事故、劫机事故】
沙尘暴（出现了~、形成~、~袭击了……）
核辐射（产生~）【发生核泄漏、遭到核污染、放射性物质超标】

2 演练与交际

1 火灾逃生常识

你遇到过火灾吗？如果遇到火灾你知道如何逃生吗？

2人一组，从下面的图片中选择两张，讲讲图片的内容。

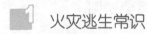

17-1 听录音《火灾逃生常识》，然后根据录音写出图片序号（有的录音不只对应一张图片）。

根据录音内容相互问答，“如果……时，怎么办？”全班随机抽选两位同学，回答大家的提问。

如果火太大跑不出去怎么办？
你……吗？
……，行不行？
……还……？
那你就赶紧用湿衣服堵住……，向……泼水，打开……窗户，……大喊救命啊！

课后观看视频“火灾自救逃生知识”[参考网址 http://v.youku.com/v_show/id_XMzAyMDEwNzEy.html]

2 讨论：当地震发生时，如何逃生？

观看视频“地震来了”（室内篇、室外篇、自救篇）[参考网址 http://www.tudou.com/programs/view/y4484ZRwmFs/?union_id=100501_100500_01_01]

3-4人一组，讨论在地震发生时，人们应该如何保护自己、救护他人。

各小组汇报，然后一起总结：在地震发生时，人们逃生的6-10个重要法则。

如果发生了地震，千万不要……，应该……，就近躲避，等地震减弱后，再赶快……，千万注意不要乱跑，不要跳窗、跳楼！不要坐电梯！如果你正走在街上，一定要远离高大建筑物，如高楼、过街桥、烟囱等，要走到开阔的地方……。

地震时，人们应该学会……，比如：赶快打开门，免得门被堵住出不去了；还要赶快用东西护住头……；如果你正在看电视，远离门或窗户，不能迅速从门或窗户逃离，那就在靠近沙发或椅子的地方躺下，然后蜷缩（quánsuō）起来……。

词语提示

自救、惊慌、保持镇静、躲避、关闭电源、煤气、远离、以免、跳楼、呼救、保存体力、湿毛巾、捂住、吸入烟尘、敲击、余震、等待、救援

地震中逃生的几个重要法则

第一：______

第二：______

第三：______

第四：______

______

第n：______

3 讲述自己的经历

两人一组，讲述自己曾经遇到的灾难或困难，以及应对的方法或解决的办法。

随机抽选两名同学在班上介绍自己的经历，全班讲评。

我那年7岁，随父母一起乘公交车上街购物。车进站以后，我看到有人下车，就跟着下去了，等车开走了，我才发现父母并没有下车。当时，我……。

上小学时，有一天，我去同学家玩儿，回来得有点儿晚。当时我家住在一个公寓楼里，晚上楼里非常安静，一个人也看不见，我一个人乘电梯上楼，突然电梯停在了楼层中间，而且停了电，我害怕极了……。

4 故事会——地震中的父与子

4人（A、B、C、D）一组，各自快速阅读故事的一个部分A、B、C、D。准备5分钟。

两组相同号码的同学配对，每人给对方讲述相同内容的故事，互相帮助，取长补短。

回到自己的小组，每人给其他三位同学讲述一遍自己的部分后，然后大家一起排出故事的正确顺序，再按故事顺序，以接力的形式完整地讲一遍。

每个同学练习讲述一遍完整的故事，最后集体同期录音并全班讲评。

A

父亲大声向四周呼喊：“快来人啊！这里有14个小孩，都活着！”过路的人们赶紧跑过来帮忙。50分钟后，一个安全的出口打开了。父亲声音颤抖（chàndǒu）地说：“儿子，出来吧！”“不！爸爸。先让我的同学出去吧！我知道你会跟我在一起，我不怕。不论发生什么，我知道你总会跟我在一起。”最后，儿子出来了，这对了不起的父与子，紧紧地拥抱在一起。

B

12小时、24小时、36小时，他不停地挖着。他满脸灰尘、满眼血丝、衣服破烂，身上到处是血迹。38个小时了，突然，他听见下面传出了孩子的声音：“爸爸，是你吗？”啊，是儿子的声音！父亲大喊：“儿子，是我，是爸爸！”儿子的声音传来：“我告诉同学们不要害怕，说只要我爸爸活着就一定会来救我，也能救大家。因为你说过，不论发生什么事，你总会和我在一起！”“你现在怎么样？有几个孩子活着？”“我们这里有14个同学，都活着，我们都在教室的墙角，我们没被砸着。”

C

他知道儿子的教室在一层楼的左后角，便跑到那里，开始挖掘（wājué）。不断有孩子的父母急匆匆地赶来。他们哭喊着“我的儿子！”“我的女儿！”，但哭喊一阵后，就绝望地离开了。有人过来劝阻这位父亲，说：“太晚了，没有希望了。”救火队长也拦住他：“太危险了，随时可能发生大爆炸，你快离开吧！”可这位父亲却还是不走，拼命地接着挖。人们都觉得他因为痛失爱子，精神失常了。

D

1994年，美国洛杉矶（Luòshānjī, City of Los Angeles）发生了大地震，一位年轻的父亲安排好受伤的妻子，就向他七岁儿子的学校跑去。这时，那个三层的教室楼，已经变成了一片废墟。父亲跪（guì）在那里绝望地哭起来，可他哭着哭着，猛地想起自己常对儿子说的一句话：“不论发生什么，我总会跟你在一起！”于是，他坚定地站起身，向那片废墟走去。

（根据美国作家作家马克·汉森（Mark Victor Hansen）原作改编）

3 语言聚焦

1 用括号中的词语完成下面的对话。

① 女：听说昨晚西南部地区发生了地震？

男：是啊，________________。（据报道、6级、倒塌、伤亡）

② 男：这次西部地区的泥石流够厉害的，是什么原因造成的？

女：主要是连日________________。（暴雨、引发、山体滑坡）

③ 女：这次南方地区的水灾厉害吗？

男：哎哟，那可是______，道路______，交通______，造成______。（严重、冲垮、瘫痪、伤亡）

④ 男：近几年怎么总是发生沙尘暴？

女：还不是________________造成的嘛！（砍伐、水土流失、荒漠化）

男：嗯，有道理，是该下大力气解决这个问题了！

⑤ 女：据电视报道，美国南部7个州______了龙卷风的______，死亡人数已经______到306人。（遭到、袭击、上升）

男：这可能是美国几十年来最严重的一次龙卷风灾害了。

2 根据提示完整地回答问题。

❶ 问：昨晚好像出事了，怎么了？严重吗？

回答：

（提示：发生、重大、交通事故、损失）

❷ 问：这个地区怎么样？

回答：

（提示：世界上、自然灾害、最严重、地区、之一；几乎、连年、发生、灾害）

❸ 问：现在我们要做什么？

回答：

（提示：当务之急、抢救、伤员；其次、抢修、倒塌、查明、事故、原因）

❺ 问：是什么原因造成了这次事故呢？很多人都在问。

回答：

（提示：除了……外、客观原因、还有、人为、主观因素）

❻ 问：政府部门在做什么？

回答：

（提示：采取、措施；把、损失、减少、抢修、恢复）

2 迎接挑战

课前预习

画线连接词语和它们的意思。

① 节能减排	a. 货币数量增速大于实物数量增速，普遍物价水平上涨。
② 低碳生活 dītàn shēnghuó	b. 节约能源，降低能源消耗，减少污染物排放。
③ 通货膨胀 tōnghuò péngzhàng	c. 农作物收成很差或颗粒无收。
④ 饥荒	d. 是耐药性细菌，人们几乎无药可用，抗生素药物对它不起作用。
⑤ 超级病菌 chāojí bìngjūn	e. 尽量减少生活中所耗用的能量，减低碳的排放量。
⑥ 土地荒漠化	f. 指石油、电力或其他自然资源短缺或价格上涨而影响经济。
⑦ 能源危机	g. 由植物覆盖的土地变得寸草不生的自然灾害现象。

1 热身

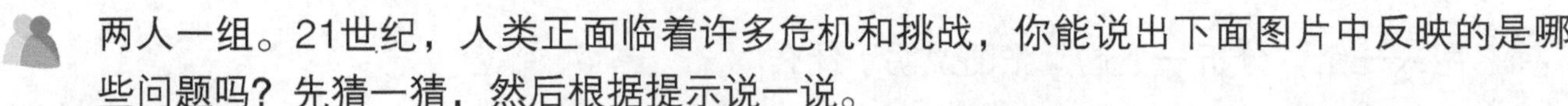

两人一组。21世纪，人类正面临着许多危机和挑战，你能说出下面图片中反映的是哪些问题吗？先猜一猜，然后根据提示说一说。

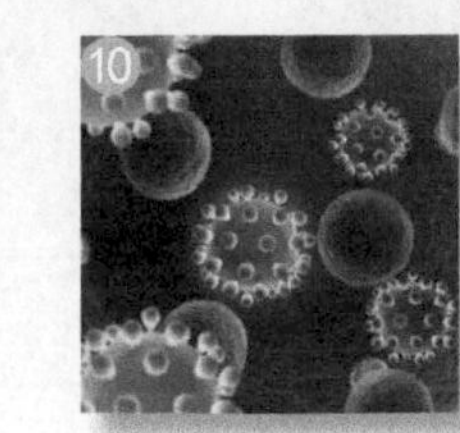

词语提示

干旱缺水、贫穷和饥荒、超级病菌、水污染、空气污染、能源危机、地球变暖、土地荒漠化、森林被砍伐、战争、恐怖袭击、城市中的失业者、城市中的贫民窟（kū）

2 演练与交际

1 图表分析

17-2 听一段对话录音，边听边记录下列问题的要点。

❶ 气候反常跟什么问题有关？

____

❷ 全球变暖可能是什么原因引起的？

____

❸ 举例说明全球变暖有什么危害。

____

❹ 解决全球变暖问题应该采取什么措施？

____

两人一组，分析一下这几张图说明了什么。

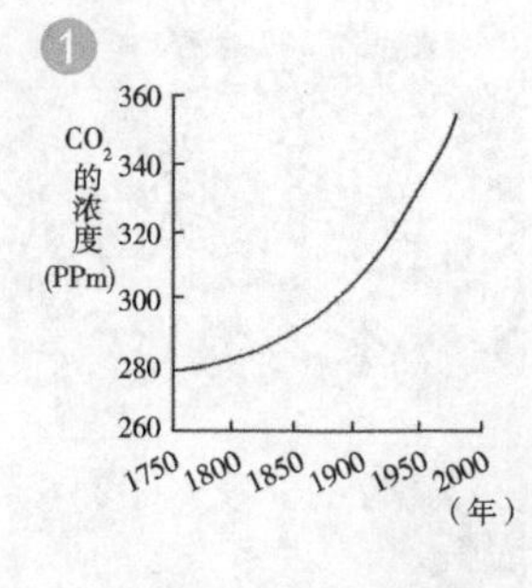

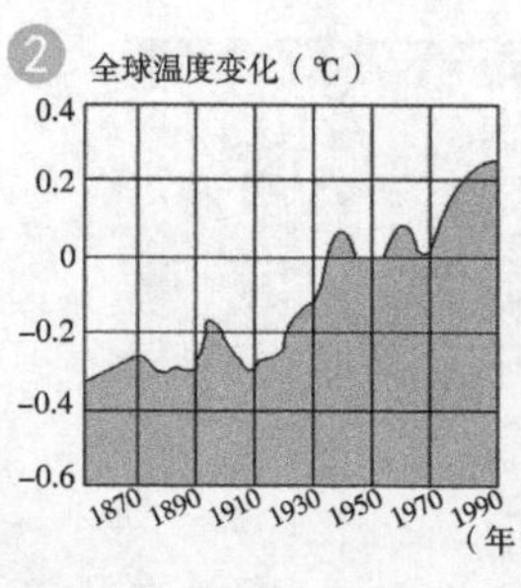

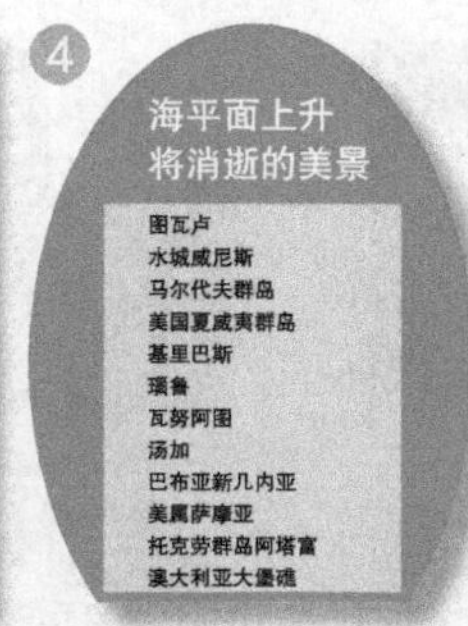

（1）从图❶可以看出，从1750年到2000年，全球二氧化碳（CO_2）的排放量逐年______。

（2）从图❷我们发现，从1870年到1990年，一百多年间，全球温度呈现______的趋势。

（3）根据图❶和图❷，我们认为全球气温______与______排放量增加______。

（4）图❸告诉我们，全球变暖的原因主要是：______________________。

（5）全球变暖会带来哪些问题呢？图❹、图❺告诉我们，______________________。

词语提示

有关、上升、增高、二氧化碳、空气污染、海平面上升、二氧化碳超标、一些国家消失

2 小组讨论

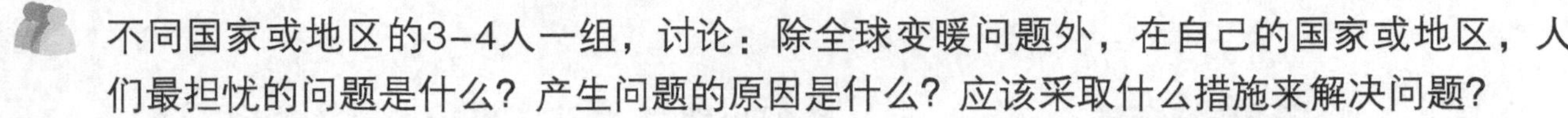

不同国家或地区的3-4人一组，讨论：除全球变暖问题外，在自己的国家或地区，人们最担忧的问题是什么？产生问题的原因是什么？应该采取什么措施来解决问题？

提示

- 最令人担忧的是……、……问题，非常令人忧虑
- 毒品走私、饥荒、政府腐败、无家可归者、通货膨胀、战乱不断、贫穷、污染（空气、水、土地、噪声、核废料等）严重、恐怖袭击、不治之症、缺医少药、失业者
- 是……造成/引起的、产生的根源是、主要是由于……
- 采取有效措施，比如……，再比如……、最好/有效的办法是……

在我的国家，现在主要的问题是……，这也是我最忧虑的。很多人……，这主要是……造成的。

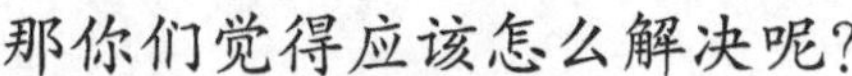

那你们觉得应该怎么解决呢？

我觉得政府应该采取一些有效措施，比如……，再比如……。我想最好的办法是……。

3 世界地球日报告会

3-4人一组，参考下面的报告单，归纳总结出目前人类面临的三大问题、提出解决问题的五点建议。

召开“世界地球日讨论会”，各组代表发言，指出人类面临的三大主要问题，并提出小组建议。

我们小组之所以提出……是人类面临的主要问题，是因为……有危害，比如，……而且，相比之下，……更……。

你们的话有一定道理，但是，与……相比，我们小组认为……的问题更严重，因为……不仅会破坏……，还会导致……。所以说，……应该是人类面临的三大问题之一。

怎么解决这些问题呢？我建议……

尊敬的各位女士、各位先生：

大家好！我们是_____大学来自世界上_____个国家的留学生，在世界地球日来临之际，我们希望全世界人民携起手来，共同关注我们的家园，共同迎接人类面临的挑战。

经过认真讨论，我们一致认为目前人类面临的三大问题是：__________、__________和__________。

如何解决这些问题呢？我们提出如下五点建议：

第一，______________________________

第二，______________________________

第三，

____

第四，

____

第五，

____

朋友们，让我们一起努力吧！祝愿我们的地球家园明天更美好！

谢谢各位！

每人代表小组发言，集体同期录音。随机选听几个录音，集体讲评。

4 现场采访

全班分成两队，如果班级共20人，10人为红队，10人为蓝队。每队队员是来自不同国家的电视台记者，他们分为A1、A2，B1、B2，C1、C2，D1、D2，E1、E2。分别了解自己的采访任务。

采访任务

A (A1、A2)：有人说，经济发展比环境保护更重要，你同意这个观点吗？为什么？

B (B1、B2)：你们国家在保护环境方面做得怎样？有哪些好的做法或存在什么问题？

C (C1、C2)：在日常生活中，你觉得作为普通百姓应该怎样节约能源？

D (D1、D2)：有人说，战争是解决国家间矛盾的最好的办法，你同意吗？为什么？

E (E1、E2)：在全球化的时代，你觉得富国或富人应该为消除贫困做些什么具体的事情？

队内采访：

① 每队队员面对面排成两排或两圈，如A1→A2、B1→B2、C1→C2、D1→D2、E1→E2。1号队员根据自己的采访题，采访对方1分钟。

② 1号队员不动，2号队员顺序向前移动。1号队员重新采访不同的2号队员，如A1→E2、B1→A2、C1→B2、D1→C2、E1→D2。继续重复同样的活动，直至1号队员采访了5位2号队员。

③ 2号队员不动，1号队员顺次移动，重复上述活动。

完成采访报告：

① 红队与蓝队中负责采访相同任务题目的记者一起召开本组记者会，相互交流、汇总各自的采访结果，准备采访报告。

② 各国记者在电视台报告自己的采访结果。（集体同期录音）

③ 专家对采访结果进行评论。（集体讲评）

采访报告

有人说，经济发展比环境保护更重要，就这个问题，我采访了来自世界______个国家的5位同学，其中两位赞成这一观点，他们认为：第一，……第二，……，第n，……；还有两位同学持反对意见，他们的主要理由，一是……，二是……。还有一位认为……与……同等重要，因为他觉得……。

总之，对经济发展比环境保护更重要这一问题，人们的看法并不相同。

3 语言聚焦

1 两位学生正在聊一些世界热点问题，根据情境，选用合适的词语完成对话。

> 饥荒、战乱、贫困、能源、无视、全球变暖、
> 毒品走私、无家可归者、不治之症、通货膨胀、政治动荡

学生A：在一些国家，________还很严重，吸毒的人有增无减。一些毒贩________法律，还在到处贩卖毒品。

学生B：可不是，这是一个需要多国联手解决的问题。

学生A：哎，你注意没有？近来一些地区________，________不断，这造成了失业人口的增加，使许多人更加________，很多地方都能看到________。

学生B：是啊，还有________带来的问题，如高温少雨，干旱缺水，在一些非洲国家还引发了________。

学生A：那些人真可怜！我在电视上看到，因为环境污染、超级病菌等原因，很多人得了________，却无钱去治、无药可医。

学生B：唉，问题实在太多了。你没发现吗？最近几天市场上好多东西都涨价了！

学生A：这不就是________嘛！全球化的今天，经济危机、________危机、环境危机、社会动荡，这一系列问题，恐怕都是紧密相连的。

学生B：唉，谁能解决这些问题呢？

学生A：战争是人造成的，和平也是人类努力的成果。人类齐心协力可以改变很多事情。

学生B：你是说“亡羊补牢，未为晚也”？

学生A：你的汉语学得真不错呀！

学生B：（笑了）哪里，哪里，我是想跟大家说，我们只有一个地球，人类应该同舟共济。

学生A：你说得太好了！地球人都应该记住这句话！

2 下面是一段关于挪威爆炸、枪击案的报道，里面缺少一些词，选用合适的词语把这篇报道补充完整。

逮捕、袭击、爆炸、破坏、冷静、远离、造成、开枪、目击者、与……无关

当地时间22号下午3点半，位于挪威奥斯陆市中心的挪威政府办公大楼门前突然发生________，爆炸所产生的巨大冲击波严重________了这座17层高的大楼和附近的多座建筑，现场随处可以看见破碎的玻璃和金属。爆炸至少____7人死亡。警方建议人们保持________，并________奥斯陆市区。

然而，不久一个小岛又传来了枪声，一名伪装成警察的30多岁男子突然冲入岛上的一座青年营，向正在那里参加工党青年团年度活动的人群______。据________称，现场当时大约有700多人，大多数是14岁到18岁的青少年。袭击发生后，行凶的枪手已经被________。挪威警方将此次爆炸、枪击案定性为国内恐怖________，________外国恐怖组织________。

3 视听说

课前预习

画线连接词语和它们的意思。

❶ 将就	a. 符合或达到规定的标准。
❷ 头等舱	b. 指注重礼节，言行举止有礼貌。
❸ 颠簸 diānbǒ	c. 对事物不太满意，勉强适应；凑合。
❹ 有礼有节	d. 形容高兴得失去了常态。
❺ 规范	e. 指上下震动，左右摇晃、不平稳。
❻ 得意忘形	f. 指飞机上的一种档次最高的舱位。

1 情境配音

1. 看电影《女人的天空》片段（约45:10–46:03）两遍。
2. 就所看内容进行问答。
3. 分角色朗读情景对白并做配音表演。

对白节选

李如芸：嗯，先生，……

肖霆锋：凭什么我受委屈，啊？这本来就是你们的问题，为什么让我将就？我不让你给我换头等舱就不错了。……换人也没用，一会儿给我换座位！

罗微宁：对不起，先生。现在给您换座位已经不太可能了，要不然您下次改坐头等舱，那里座位比较舒服一些。

肖霆锋：你什么意思啊，你？

罗微宁：我没什么意思。如果您不把腿收回来的话，万一受到气流颠簸（diānbǒ），我们不敢完全保证您的安全。

学员们热烈鼓掌

肖霆锋：哎，同学们，像我——我们班的罗微宁同学这样的回答就比较有礼有节，而且语言比较规范，啊。

罗微宁：谢谢教官！谢谢！谢谢！

肖霆锋：别得意忘形！

2 语言聚焦

1 用不同的语气说出下面的句子。

❶ 为什么让我将就？

a. 我穿那个挺合适的，为什么让我穿这个小的将就？（询问）

b. 这是你们的问题，为什么让我将就？（不满）

❷ 你什么意思啊？

a. 你刚才说……，你什么意思啊？（询问）

b. 让我吃这么难吃的东西，你什么意思啊？（不满）

2 根据人物身份，用合适的语气语调练习下面的对话。

肖霆锋：下一个！

汪明慧：李如芸，就剩你一个了，来吧！

李如芸：我，我不敢……

汪明慧：跳吧！

肖霆锋：上面干什么呢？

李如芸：我能不能不跳？

肖霆锋：不行！

李如芸：可是，可是……

汪明慧：跳吧，跳吧！

学员们：李如芸，跳啊，跳！

肖霆锋：这样吧，我来保护你，好吧，啊？

肖霆锋：来！
学员们：李如芸，跳啊，跳啊！
李如云：啊！
肖霆锋：这不是挺好的嘛！啊！大家给鼓鼓掌！

3 17-3 学说绕口令

1

扁担与板凳

扁担长，板凳宽，
板凳没有扁担长，
扁担没有板凳宽。
扁担要绑在板凳上，
板凳偏不让扁担绑在板凳上。

2

凤凰（fènghuáng）

粉红墙上画凤凰，
凤凰画在粉红墙。
红凤凰、粉凤凰，
红粉凤凰、花凤凰。
红凤凰，黄凤凰，红粉凤凰，
粉红凤凰，花粉花凤凰。

4 记录与评价

根据本单元你的学习情况，填写“我的备忘录”和“评价表”。

我的备忘录 （ 年 月 日）		
	本单元学过的最有用的语句	容易错的语音语调和语句
1		
2		
3		
4		
5		
6		

评价表 年 月 日					
完成质量 口头交际任务	5分 很好	4分 好	3分 一般	2分 较差	1分 很差
1. 能流利地说出人类遇到的各种灾难。					
2. 能讨论说明火灾、地震时的逃生策略。					
3. 能讲述地震时的感人故事。					
4. 探讨人类所面临的各种问题，提出解决建议。					
5. 完成世界热点话题的采访报告。					
6. 能根据情境，自然、准确、流利地为人物配音。					
7. 积极主动地参与课堂活动，具有与小组同学互助、合作的团队精神。					
8. 自己在小组中的职责是：________，自己的职责完成得怎么样？					
9. 我认为我们小组的表现：					
10. 自己需要注意的问题（如态度、语言方面等）是：					
11. 我们小组需要改进的问题是：					

5 相关链接

1 世界地球日（Earth Day）

世界地球日，即每年的4月22日，是一项世界性的环境保护活动。2009年第63届联合国大会决议将每年的4月22日定为“世界地球日”并在当天举办相关活动，旨在唤起人类爱护地球、保护家园的意识，促进资源开发与环境保护的协调发展，进而改善地球的整体环境。中国从20世纪90年代起，每年都会在4月22日举办世界地球日活动。

2 世界环境日（World Environment Day）

历年世界环境日主题　WORLD ENVIRONMENT DAY THEMES	
年　YEAR	主题　THEME
1974	Only One Earth 只有一个地球
1975	Human Settlements 人类居住
1976	Water: Vital Resource for Life 水：生命的重要源泉
1977	Ozone Layer Environmental Concern; Lands Loss and Soil Degradation; Firewood 关注臭氧层破坏，水土流失，土壤退化和滥伐森林
1978	Development Without Destruction 没有破坏的发展
1979	Only One Future for Our Children—Development Without Destruction 为了儿童的未来——没有破坏的发展
1980	A New Challenge for the New Decade: Development Without Destruction 新的十年，新的挑战——没有破坏的发展
1981	Ground Water; Toxic Chemicals in Human Food Chains and Environmental Economics 保护地下水和人类的食物链，防治有毒化学品污染

1982	Ten Years After Stockholm (Renewal of Environmental Concerns) 斯德哥尔摩人类环境会议十周年——提高环境意识
1983	Managing and Disposing Hazardous Waste: Acid Rain and Energy 管理和处置有害废弃物，防治酸雨破坏和提高能源利用率
1984	Desertification 沙漠化
1985	Youth: Population and the Environment 青年、人口、环境
1986	A Tree for Peace 环境与和平
1987	Environment and Shelter: More Than A Roof 环境与居住
1988	When People Put the Environment First, Development Will Last 保护环境、持续发展、公众参与
1989	Global Warming; Global Warning 警惕全球变暖
1990	Children and the Environment 儿童与环境
1991	Climate Change: Need for Global Partnership 气候变化——需要全球合作
1992	Only One Earth, Care and Share 只有一个地球——一齐关心，共同分享
1993	Poverty and the Environment—Breaking the Vicious Circle 贫穷与环境——摆脱恶性循环
1994	One Earth, One Family 一个地球，一个家庭
1995	We the Peoples: United for the Global Environment 各国人民联合起来，创造更加美好的未来
1996	Our Earth, Our Habitat, Our Home 我们的地球、居住地、家园
1997	For Life on Earth 为了地球上的生命
1998	For Life on Earth—Save Our Seas 为了地球上的生命——拯救我们的海洋
1999	Our Earth—Our Future—Just Save It! 拯救地球就是拯救未来

2000	2000 The Environment Millennium—Time to Act 2000环境千年——行动起来吧！
2001	Connect with the World Wide Web of Life 世间万物，生命之网
2002	Give Earth a Chance 让地球充满生机
2003	Water—Two Billion People Are Dying for It! 水——二十亿人生命之所系
2004	Wanted! Seas and Oceans—Dead or Alive? 海洋存亡，匹夫有责
2005	Green Cities, Plan for the Planet! 营造绿色城市，呵护地球家园
2006	Deserts and Desertification—Don't Desert Drylands! 莫使旱地变荒漠
2007	Melting Ice—A Hot Topic? 冰川消融，后果堪忧
2008	Kick the Habit! Towards a Low Carbon Economy. 转变传统观念，推行低碳经济
2009	Your Planet Needs You—Unite to Combat Climate Change 你的地球需要你——团结起来应对气候变化
2010	Many Species, One Planet, One Future 多样的物种，唯一的星球，共同的未来
2011	Forests: Nature at Your Service 森林：大自然为您效劳
2012	Green Economy: Does It Include You? 绿色经济：你参与了吗？
2013	Think. Eat. Save. 思前、食后、厉行节约，减少你的耗粮足迹

3 有关环保的标语

1. 善待地球就是善待自己。
2. 拯救地球就是拯救未来。
3. 人类离不开花草，就像婴儿离不开母亲的怀抱。

4. 多种一棵树，世界上就多一片绿色。
5. 为了子孙后代，请留下一片净土。
6. 只有一个地球，人类应该同舟共济。
7. 地球能满足人类的需要，但满足不了人类的贪婪。
8. 幸福生活不只在于丰衣足食，也在于碧水蓝天。
9. 生命来源自然，健康来自环保。
10. 青山、绿水、蓝天、白云、这才是我们的家。
11. 把蓝天留给你我，让绿水环绕人间。
12. 保护生态环境，共创美好家园！

4 学唱歌曲：我和你

我和你

（北京奥运主题曲）

陈其钢 词曲

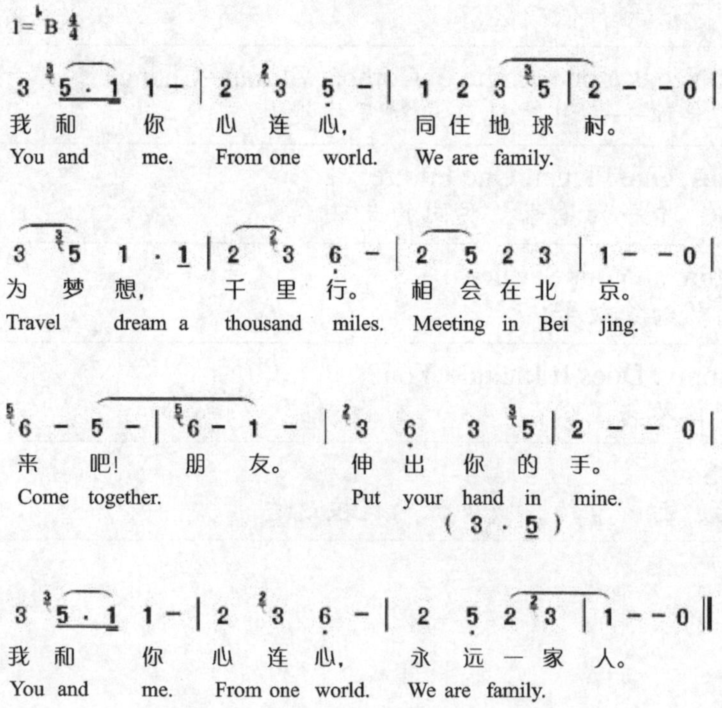

1=♭B 4/4

3 5·1 1 - | 2 3 5 - | 1 2 3 5 | 2 - - 0 |
我 和 你 心 连 心， 同 住 地 球 村。
You and me. From one world. We are family.

3 5 1·1 | 2 3 6 - | 2 5 2 3 | 1 - - 0 |
为 梦 想， 千 里 行。 相 会 在 北 京。
Travel dream a thousand miles. Meeting in Bei jing.

6 - 5 - | 6 - 1 - | 3 6 3 5 | 2 - - 0 |
来 吧！ 朋 友。 伸 出 你 的 手。
Come together. Put your hand in mine.
（3·5）

3 5·1 1 - | 2 3 6 - | 2 5 2 3 | 1 - - 0 ‖
我 和 你 心 连 心， 永 远 一 家 人。
You and me. From one world. We are family.

6 语言工具箱

17-4

1 面对灾难

1.	飓风	jùfēng	hurricane
2.	台风	táifēng	typhoon
3.	龙卷风	lóngjuǎnfēng	tornado
4.	矿难	kuàngnàn	mine disaster, mining accident
5.	海啸	hǎixiào	tsunami
6.	泥石流	níshíliú	mud-rock flow
7.	旱灾	hànzāi	drought
8.	空难	kōngnàn	air crash
9.	沙尘暴	shāchénbào	sandstorm
10.	核辐射	héfúshè	nuclear radiation
11.	天灾	tiānzāi	natural disaster
12.	人祸	rénhuò	man-made disaster
13.	震垮	zhènkuǎ	to knock down, to destroy by shaking
14.	倒塌	dǎotā	to collapse, to fall down
15.	余震	yúzhèn	aftershock
16.	晃	huàng	to shake
17.	交通瘫痪	jiāotōng tānhuàn	paralysed transportation, traffic tie-up
18.	运输	yùnshū	transportation
19.	抢修	qiǎngxiū	to do rush repairs
20.	蜷缩	quánsuō	to curl up, to huddle up
21.	自救	zìjiù	to save oneself
22.	惊慌	jīnghuāng	scared, panic-stricken
23.	保持镇静	bǎochí zhènjìng	to keep calm
24.	躲避	duǒbì	to avoid
25.	电源	diànyuán	electricity supply
26.	煤气	méiqì	gas
27.	远离	yuǎnlí	to be far away from
28.	以免	yǐmiǎn	lest, in order to avoid
29.	呼救	hūjiù	to call for help
30.	体力	tǐlì	physical strength

31.	捂住	wǔzhù	to cover
32.	烟尘	yānchén	smoke and dust
33.	敲击	qiāojī	to knock
34.	废墟	fèixū	ruins
35.	跪	guì	to kneel
36.	绝望	juéwàng	to give up all hope, to despair
37.	挖掘	wājué	to excavate
38.	急匆匆	jícōngcōng	hurried
39.	颤抖	chàndǒu	to tremble, to shiver
40.	精神失常	jīngshén shīcháng	abnormality of mind
41.	当务之急	dāngwùzhījí	urgent task of the moment

专有名词

42.	洛杉矶	Luòshānjī	City of Los Angeles

2 迎接挑战

43.	节能减排	jiénéng jiǎnpái	energy saving and emission reduction
44.	低碳生活	dītàn shēnghuó	low-carbon life
45.	通货膨胀	tōnghuò péngzhàng	inflation
46.	饥荒	jīhuāng	famine
47.	超级病菌	chāojí bìngjūn	super germs
48.	土地荒漠化	tǔdì huāngmòhuà	desertification
49.	能源危机	néngyuán wēijī	energy crisis
50.	干旱	gānhàn	drought
51.	地球变暖	dìqiú biàn nuǎn	global warming
52.	砍伐森林	kǎnfá sēnlín	to deforest
53.	恐怖袭击	kǒngbù xíjī	terrorist attack
54.	贫民窟	pínmínkū	slum
55.	担忧	dānyōu	to worry
56.	忧虑	yōulǜ	worried, anxious, concerned
57.	走私	zǒusī	to smuggle
58.	腐败	fǔbài	corrupt
59.	无家可归	wú jiā kě guī	to be homeless
60.	战乱	zhànluàn	chaos caused by war
61.	不治之症	búzhìzhīzhèng	incurable disease

62.	来临之际	láilín zhī jì	as…approaches
63.	携起手来	xié qi shǒu lai	to be hand in hand
64.	全球化	quánqiúhuà	globalization
65.	目击者	mùjīzhě	witness
66.	无视	wúshì	to ignore
67.	齐心协力	qíxīn xiélì	to make a concerted effort
68.	亡羊补牢，未为晚也	wáng yáng bǔ láo, wèi wéi wǎn yě	it is not too late to mend the fold even after the sheep has been lost
69.	同舟共济	tóngzhōu gòngjì	to pull together in times of trouble

3 视听说

70.	将就	jiāngjiu	to make do with, to put up with
71.	头等舱	tóuděngcāng	first-class cabin
72.	颠簸	diānbǒ	to jolt, to bump, to toss
73.	有礼有节	yǒulǐ yǒujié	polite and decent
74.	规范	guīfàn	standard, normal, regular
75.	得意忘形	déyì wàngxíng	to get dizzy with success

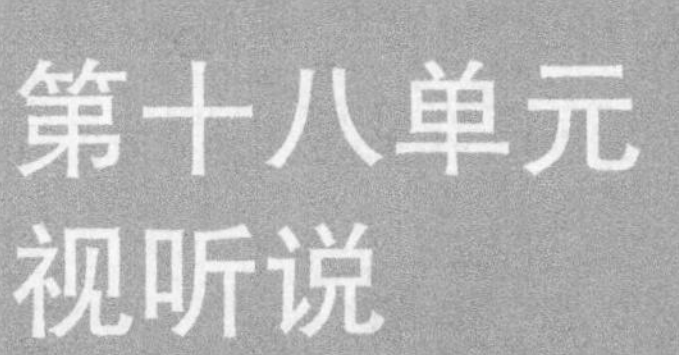

第十八单元 视听说

——电影《女人的天空》

单元目标

在这一单元里，你将：

1. 能讲述电影《女人的天空》的故事梗概。
2. 能具体描述电影中的某个人物。
3. 能据影片情景画面，模拟角色对白为人物配音。
4. 能流利地介绍“空姐”这一职业。

1 视听说——电影《女人的天空》

1 热身

头脑风暴："空中乘务员"，简称"空乘"（kōngchéng），女性空乘人员被称为"空姐"。那么，与"空姐"相关的词语你能想到哪些？试着说一说。

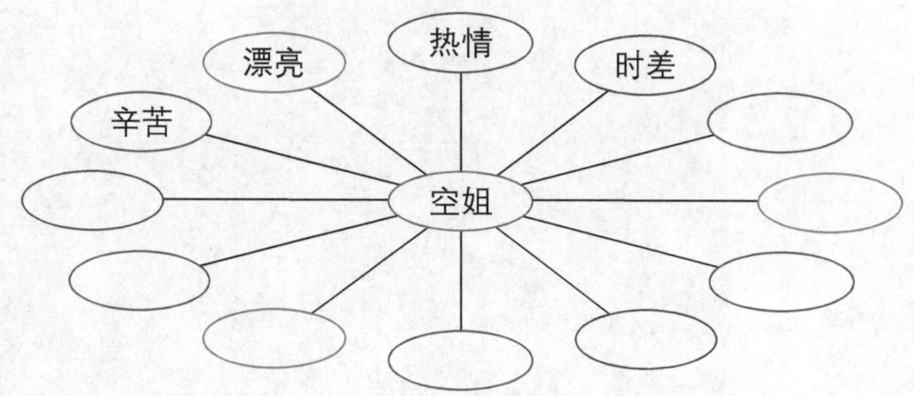

2 演练与交际

1 人物描述

回忆电影片段，看图进行人物描述。

罗微宁

汪明慧

李如芸

肖霆锋

提示

从年龄、职业、相貌、服饰、性格、经历等方面进行描述、介绍

2 电影片段

分段看电影，边看边思考下面的问题，并注意其中的表达形式。

片段1：空乘招聘

表达形式：紧张、眨眼睛、改不了、想一出是一出，
说好的

思考：

① 为什么李如芸的男朋友让她参加空乘招聘考试？

② 肖教官的妻子想去考空乘，肖教官愿意吗？他们婚前有过什么约定？

片段2：课堂训练

表达形式：由里及外、宾至如归、皮笑肉不笑、着迷、
大大方方

思考：

① 汪明慧在练习“为老年人放行李”时遇到了什么问题？

② 在训练课上，面对肖教官提出的无礼要求，罗微宁、汪明慧、李如芸分别是如何应对的？

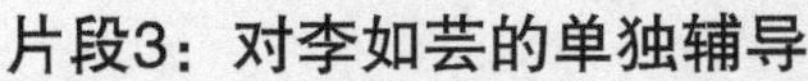

片段3：对李如芸的单独辅导

表达形式：平衡能力、心理素质、算了、勇敢点儿、
有我保护着

思考：

① 为什么肖教官要对李如芸进行单独辅导？

② 李如芸为什么要告诉男朋友肖教官是自己新的男朋友？

3 模拟角色配音

【任务】

根据影片片段的情境画面配音，配音主题及角色对白要与原电影不同，具体内容由各组自定，但要注意对上人物说话的口型，符合人物当时的表情及身体语言。

【步骤】

① 全班分成两大组，大组内每两人分成一小组，对下面影片片段进行配音。

② 各组配音表演。师生提问及讲评。

电影配音片段：

第一段（约51:00 – 52:53）

第二段（约61:24 – 63:27）

4 各抒己见

4-6人一组，讨论或辩论以下主题。

讨论题：妇女婚后应该继续工作还是应该留在家里？

辩论题：正方——妇女婚后应该继续工作；反方——妇女婚后应该留在家里。

提　示：一个年轻女子已经事业有成，有一定的经济实力，丈夫的工作和收入也很不错。如果你是该女子，你觉得婚后还要不要继续出去工作？如果你是该女子的丈夫，你觉得你的妻子应该继续工作还是留在家里？

小组讨论或辩论（辩论时可参考第十三单元（P90）给出的“辩论常用语句”）。

各组向全班报告小组讨论或辩论情况，集体讲评。

3 情境配音

1. 先朗读一遍下面的对白节选，搞清楚每个词的读音及每句话的意思。
2. 看两遍电影片段（约35:58－37:00），注意人物的情感变化，语气的表达，语句的停顿、重音、语速等。
3. 两人练习对话，尽可能模仿剧中人物的语气、语调。
4. 再看一遍电影片段。

对白节选

肖霆锋：谁来啊？——（对罗微宁）想试试？

罗微宁：试就试。

肖霆锋：小姐啊，你很漂亮，交个朋友好吗？

罗微宁：先生，请您先坐好，这是为了您的安全。您坐上我们的飞机，当然是我们的朋友。

肖霆锋：我想和你个人交个朋友。

罗微宁：我很乐意为您效劳。本次航班由我为您服务，如果您需要什么帮助的话，可以随时告诉我。

肖霆锋：我想和你保持长期的联系，能把你的电话、地址啊，告诉我吗？

罗微宁：这个是我们公司的电话和地址，如果您有什么宝贵的意见的话，可以随时和我们联系。现在，我要去为其他的乘客服务了。谢谢您一路上对我们的支持！祝您旅途愉快！

4 语言聚焦

1 介绍“空姐”。

从下面这些词语中选用一些来介绍一下“空姐”这个职业。

外表：漂亮、苗条、形象、气质、高雅、端庄、美丽、大方、身着制服、标准发型

服务：主动、热情、周到、礼貌、微笑、专业、认真负责、勤勤恳恳、任劳任怨

职业：令人羡慕、周游世界、外语好、辛苦、时差、危险

2 选用合适的词语完成句子或对话。

词语提示

宾至如归、情不自禁、纠缠不休、得意忘形、归根到底、深思熟虑、恼羞成怒、心血来潮、网开一面、无家可归、想入非非、口蜜腹剑、教导有方、假公济私

提示

参考本单元相关链接1

1. 他因为赌博把钱都输光了，现在只能住在大街上，成了一个________的人。
2. 这家宾馆的服务态度非常好，给人一种________的感觉。因此，每位来这里住宿的客人都很满意。
3. 法律面前人人平等，对谁都不能________，即使是省长也不行。
4. 他这种小人________，你可不能只听他口头怎么说，而要看他实际怎么做。
5. 这点儿工资只够我们日常生活开支的。你还想买辆新汽车？不要________了！
6. 我妹妹从小就喜欢跳舞，只要一听到音乐她就________地跳起舞来。
7. 在这次为地震灾区捐款的活动中，他________，贪了一大笔钱。
8. 你刚有这么一点儿小成绩就________，以后怎么能取得更大的成功呢？
9. 你在这么多人面前指出他的缺点，难怪他________了。
10. 先生，请不要在这里________了！您也知道，本店卖出的商品概不退换。
11. [学生A和老师B在毕业论文答辩后]

    A：谢谢老师！我今天能顺利地通过论文答辩，从学校毕业，全靠您平时________！

    B：怎么能这么说呢？________，还是你自己努力的结果。

⑫ [丈夫A和妻子B在一起谈话]

A：你怎么买了这么贵的一台电视机呀？

B：我可不是________，而是经过了________。

A：是吗？

B：你想想，这台电视机虽然贵了一点儿，但是省电，而且更重要的是辐射小，不伤眼睛。

3 用给出的词语改说下列句子。

❶ 买房子这种事要夫妻二人一起商量才行，你怎么都不告诉我一声就自己决定了呢？（没跟……打招呼）

❷ 昨天还说去颐和园，今天又说改去北海了，你怎么一会儿这样一会儿那样呢？（想一出是一出）

❸ 一遇到生人就不敢说话，他从小到大都是这样，想改是不可能了。（改不了）

❹ 他这个人做事我放心，别说办你这点儿小事，即使遇到再大的事情他也都能处理好。（天大的事情）

❺ 按最低价卖给我这台电视，这件事我们不是昨天就定好了吗？（说好了）

❻ 你不要再假装着笑了，其实我知道你心里一点儿也不高兴！（皮笑肉不笑）

⑦ 他们一吵架我就出去逛商场，看不见他们吵，心里也就不烦了。（眼不见，心不烦）

⑧ 第一次跑步一小时，你肯定觉得累，但是每天都这样锻炼，你就不觉得累了。（习惯成自然）

⑨ 我暑假去哪儿旅游和你有什么关系？你为什么总是问这问那呢？（关你什么事）

⑩ 公司老板天天都为难我，看我不顺眼，我不得不辞职了。（给……小鞋穿）

⑪ 公共汽车上有人偷乘客的钱包，你作为售票员，怎么能看见了也不管呢？（睁一只眼，闭一只眼）

2 记录与评价

根据本单元你学习的内容，填写“我的备忘录”和“评价表”。

我的备忘录 （ 年 月 日）		
	本单元学过最有用的语句	容易错的语音语调和语句
1		
2		
3		
4		
5		
6		

评价表 年 月 日					
口头交际任务 \ 完成质量	5分 很好	4分 好	3分 一般	2分 较差	1分 很差
1. 能讲述电影《女人的天空》的故事梗概。					
2. 能具体描述电影中的某个人物。					
3. 能据影片情景画面，模拟角色对白为人物配音。					
4. 能流利地介绍“空姐”这一职业。					
5. 积极主动地参与课堂活动，具有与小组同学互助、合作的团队精神。					
6. 自己在小组中的职责是：＿＿＿＿＿＿，自己的职责完成得怎么样？					
7. 我认为我们小组的表现：					
8. 自己需要注意的问题（如态度、语言方面等）是：					
9. 我们小组需要改进的问题是：					

3 相关链接

1 影片中出现的语句

（1）**深思熟虑**、**心血来潮**（指心里突然或偶然起了一个念头）、**无家可归**、**归根到底**（归结到根本上）、**情不自禁**（感情激动，控制不住自己）、**假公济私**（假借公家的名义来谋取私人的利益）、**想入非非**（形容完全脱离现实地胡思乱想。含贬义）、**神魂颠倒**（精神恍惚，颠三倒四，失去常态。形容对人或事入迷着魔）、**口蜜腹剑**（嘴上甜，心里狠，形容两面派的人狡猾阴险。含贬义）、**和蔼可亲**、**网开一面**（比喻采取宽大态度，给人一条出路）、**宾至如归**（客人到这里就像回到自己家里一样，形容招待客人热情周到）、**恼羞成怒**（指因气恼、羞臊而大发脾气）、**双宿双飞**（shuāng sù shuāng fēi，比喻相爱的男女形影不离）、**难怪**、**翱翔**、**顶撞**、**偏袒**、**吓唬**、**着迷**、**效劳**、**贤惠**、**肉麻**（因过分虚伪的言行使人产生的不舒服的感觉。多用于贬义）、**由衷**、**丢人**。

（2）**想一出，是一出**（指一会儿想这样，一会儿又想那样，没有准主意）、**眼不见，心不烦**、**睁一只眼闭一只眼**（看见了也当作没看见，比喻不认真对待某人或某事）、**给……小鞋穿**（指故意给某人制造麻烦或难为某人）、**关你什么事**、**包在我身上**、**一点儿（小）意思**、**皮笑肉不笑**（极其不自然地装出一副笑脸，形容虚伪或心怀恶意的样子）、**看不顺眼**、**算怎么回事**、**试试运气**、**出出点子**、**习惯成自然**、**大大方方**、**忙来忙去**、**宣布纪律**、**吃不消**、**撑不住**、**两面派**（表里不一，一般指口是心非、善于伪装的人）、**纠缠不休**（指不停地找麻烦）、**规范用语**、**平衡能力**、**心理素质**、**静观事态的发展**、**跑单帮**（一个人单干）、**大男人**、**利用职务之便**、**借工作之名**、**毕业典礼**、**综合素质**。

2 《女人的天空》的剧情

一位普通女性经过怎样的培训才能成为一名合格的空中乘务员？美丽的空姐背后有着什么不为人知的故事？一部讲述三位年轻女性在空中乘务员培训中的酸甜苦辣的喜剧片《女人的天空》，着力表现了三位年轻女性罗微宁、李如芸、汪明慧如何在空乘培训中成长、成熟，克服来自各方面的困难，最后成为合格的空姐的历程。

漂亮的新娘罗微宁因从报上看见一则招聘空姐的广告，顿时产生了要与当飞行员的丈夫双宿双飞的想法。不愿让妻子当空姐的肖霆锋百般劝说和阻止，两人互不相让，吵得不亦乐乎。

次日，任主考官的肖霆锋在考场上劝说带小姐妹们来考试的车间主任汪明慧自己考空姐，被汪明慧一口拒绝。

罗微宁前来考试，报考表上填了“未婚”，使肖霆锋哭笑不得。不管肖霆锋怎样刁难，罗微宁都能从容不迫，对答如流，她那聪明大方的仪态给大家留下了极好的印象。

生性胆小的姑娘李如芸也来参加考试了，考官们对她出众的外形条件十分欣赏。

考试结束了，18位性格各异的女学员开始了她们的培训生活。

于是，一个性情活泼、聪明任性，却隐瞒了教官太太身份的罗微宁，一个内向胆怯又敏感异常的李如芸，一位风风火火、麻利爽朗、不拘小节的汪明慧以及在工作中严厉苛刻，在生活中处处讨好妻子的教官肖霆锋之间发生了一连串的误会，由此引发了一段妙趣横生的故事……

语言实践报告

目标

在这一单元里，你将和小组同学：

1. 通过合作，完成课外语言实践调查任务，并向全班报告。
2. 把课内与课外学习结合起来，体验“在用中学”，学以致用。
3. 增进同学间及世界各国间的相互了解，加深友谊。

1 任务

3–4人一组，利用课余时间，进行某个方面的社会调查，完成小组调查报告。

2 步骤

1. 3–4人自愿组合成一组，选出组长，集体确定一个调查主题。
2. 根据调查主题，设计出调查问卷。然后利用课余时间，分工调查，每人以采访问答的形式，调查8–10人。各组调查人数不能少于30人，可根据调查主题选择调查对象，各年龄段的外国人、中国人都可以。
3. 各组汇总、分析调查结果，共同完成小组调查报告的书面文本。
4. 把调查结果制作成PPT，准备向全班演示并合作完成口头报告。（10–15分钟）。
5. 在班级语言实践报告会上，各小组依次口头报告调查结果（每人3–4分钟，小组不超过15分钟）。
6. 接受全班同学的提问，解答相关问题。
7. 以小组为单位，组内评议后，完成小组评价（见“小组评价表”）。
8. 课后完善调查报告文本和PPT。按规定时间，上交小组调查报告电子文本和PPT。
9. 完成本次调查情况自我评价（见“自我评价表”）。
10. 讲评及训练。根据本次活动情况进行集体讲评，指出优、缺点，并进行针对性的语言聚焦训练。

3 参考调查主题范围（可选择某一主题范围自行拟题）

1. 外国人在中国情况的调查（包括学习、生活、工作等方面）。

   如：外国留学生汉语学习情况调查

   外国留学生在中国的饮食情况调查

   外国留学生上网情况调查

   外国留学生在北京的住房情况调查

   外国人在中国的工作情况调查

2. 有关中国情况的调查

（1）中国人的情况（包括中国人的价值观、思维方式，对待学习、工作、家人、朋友的态度等）。

如：中国人对待工作的态度调查

中国人的婚恋观调查

中国人的幸福观调查

中国人的饮食情况调查

（2）外国人眼中的中国情况调查（包括中国的饮食、交通、教育、音乐、节日、城市等）。

如：留学生眼中的北京交通状况调查

留学生对中国饮食看法的调查

外国人对中国人的看法的调查

外国人对中国未来发展看法的调查

3. 中外（如东西方、中欧、中泰、中非）对比（包括习俗、某种观念的比较等）。

如：韩中两国学生生活习惯比较

中泰两国子女教育观念比较

中国和西方婚恋观念比较

东西方学生学习观念比较

课外语言实践调查报告

基本情况

1. 小组成员

组长：

组员：

2. 调查主题/题目：

3. 调查对象

人数：

国别：

年龄：20岁以下____人，21–30岁____人，31–40岁____人，41岁以上____人

性别：女性____人，男性____人

注：如果调查内容与调查对象的年龄和性别无关，年龄、性别项可以省略不写。

4. 任务分工（以下任务主要由谁完成）

调查主题的确定：

调查问卷设计：

调查任务的完成：

调查结果分析：

PPT制作：

向全班报告调查结果：

调查问卷

小组调查报告

注：小组调查报告包括调查目的、调查时间、调查对象的总体情况及调查问题分析、结论或解决问题建议等。这部分内容是小组成员向全班报告时的文本概要。

课外语言实践调查报告

小组评价表（____年____月____日）______班

<table>
<tr><td rowspan="2">组号</td><td rowspan="2">人员信息
（姓名、国籍）</td><td rowspan="2">调查主题
及简要评价</td><td colspan="5">完成质量</td><td rowspan="2">总名次</td></tr>
<tr><td>很好
90</td><td>好
80</td><td>一般
70</td><td>较差
60</td><td>很差
50</td></tr>
<tr><td rowspan="2">1</td><td rowspan="2">组长：
组员：</td><td>主题：</td><td></td><td></td><td></td><td></td><td></td><td rowspan="2"></td></tr>
<tr><td colspan="6">优点：
不足：</td></tr>
<tr><td rowspan="2">2</td><td rowspan="2">组长：
组员：</td><td>主题：</td><td></td><td></td><td></td><td></td><td></td><td rowspan="2"></td></tr>
<tr><td colspan="6">优点：
不足：</td></tr>
<tr><td rowspan="2">3</td><td rowspan="2">组长：
组员：</td><td>主题：</td><td></td><td></td><td></td><td></td><td></td><td rowspan="2"></td></tr>
<tr><td colspan="6">优点：
不足：</td></tr>
<tr><td rowspan="2">4</td><td rowspan="2">组长：
组员：</td><td>主题：</td><td></td><td></td><td></td><td></td><td></td><td rowspan="2"></td></tr>
<tr><td colspan="6">优点：
不足：</td></tr>
<tr><td rowspan="2">5</td><td rowspan="2">组长：
组员：</td><td>主题：</td><td></td><td></td><td></td><td></td><td></td><td rowspan="2"></td></tr>
<tr><td colspan="6">优点：
不足：</td></tr>
<tr><td rowspan="2">6</td><td rowspan="2">组长：
组员：</td><td>主题：</td><td></td><td></td><td></td><td></td><td></td><td rowspan="2"></td></tr>
<tr><td colspan="6">优点：
不足：</td></tr>
<tr><td colspan="9">本次活动小结：</td></tr>
</table>

课外语言实践调查报告

自我评价表（____年____月____日）

班级：__________ 姓名：__________

完成质量 / 口语任务	很好 5分	好 4分	一般 3分	较差 2分	很差 1分
1. 我认真地参加了这次调查活动。					
2. 我负责调查了________位被访者。					
3. 我能流利地向同学们介绍小组调查结果。					
4. 我积极参加小组调查报告的统计、分析活动，具有与小组同学互助、合作的团队精神。					
5. 我认为我们小组的表现：					

6. 我们小组需要改进的问题是：

7. 对参加本次活动的感想（在哪些方面有收获，哪些方面有不足需要改进）：

收获：____

____

____

不足：____

____

附录1：录音文本及部分练习参考答案

第十单元 医疗健身

1 求医看病

课前预习 词语提示

看病程序：挂号、候诊、开药、交费、取药、化验、透视、验血、验尿

感　　冒：发烧、咳嗽、嗓子疼、流鼻涕、打喷嚏、头疼、身上没劲儿

抑 郁 症：焦虑、失眠、头疼、头晕、没精神、情绪低落、忧伤、自卑、胃口不好、记忆力下降、注意力不集中、反应慢

外　　伤：手破了、流血、腿疼、骨裂、骨折、脚崴了

胃 肠 炎：拉肚子、胃疼、肚子疼、发烧、浑身酸疼、恶心、呕吐、食欲不振

演练与交际1 参考答案

① 感冒，流鼻涕→普通内科
② 胳膊骨折了→普通外科
③ 发烧→普通内科
④ 头疼、头晕，没精神→神经内科
⑤ 没有食欲，不想吃东西→普通内科/中医科/消化科
⑥ 腰受伤了，不能走路→普通外科
⑦ 胃疼、肚子疼→普通内科/消化科
⑧ 眼睛红肿→眼科
⑨ 牙疼→口腔科
⑩ 拉肚子→消化科
⑪ 过敏，脸上、身上起了一些红包→皮肤科
⑫ 夜里总失眠，常常心情不好→心理卫生科/神经内科

演练与交际2 录音文本（10-1）

医　生：你哪儿不舒服？

病　人：别提了，我现在感觉不太好。嗓子疼。平时说话的时候很疼，吃东西时就更难受了。

医　生：别着急，让我先检查一下。张嘴，说“啊——”！哦，你只是嗓子有点儿发炎，吃点儿药就好了。不用担心！

病　人：除了吃药，我还要注意些什么吗？

医　生：多休息，多喝水。一周以后再来复查一次吧。

病　人：好的，谢谢您！

[一周以后]

医　生：现在感觉怎么样了？

病　人：多亏了您开的药，我现在好多了。昨天晚上还和朋友们一起去唱卡拉OK了呢。

医　生：好，让我再检查一下。请张开嘴，说"啊——"！嗯，看来你恢复得还不错。不过，还是要注意不要过度用嗓子。

病　人：嗯，我记住了。

演练与交际3　故事会（10-2）　参考答案

D－C－E－A－F－B

抓药的传说

（D）如果你去过中药店，一定会发现那儿有很多很多神秘的小抽屉，抽屉上面还写着些字，你知道这是怎么回事吗？（C）传说中国唐代的药王孙思邈，经常外出行医采药，因为他采的药很多，而药的性质、味道和作用又不相同，所以不能放在一起。（E）于是，他就做了一个围裙，上面有许多小口袋，每次采到一种药，就装到一个小口袋里，并在外面写上药名，这样用起来就方便多了。（A）有一次，孙思邈看见一位腿部流血的妇女正痛苦地叫着，就急忙从一个小袋里拿出一种药，给她抹上，很快，血止住了，她也不那么疼了。（F）后来，药王经常从小口袋里拿出各种药来给人治病，因为每种药不需要很多，总是从小袋里抓一点儿出来，所以人们就把这种取药的方法叫"抓药"。（B）至今，中药店还是模仿孙思邈的方法，把药柜做成一个一个格子式的小抽屉，小抽屉的外边写上中药名，分类取药很方便。怎么样，如果你生病了，不想去试试"抓药"吗？

语言聚焦　参考答案

1. 选词填空。

夜里，田中发起了烧，越来越厉害，还恶心呕吐、不停地腹泻，可把我们吓坏了，急忙把他送到了医院。在急诊室，大夫给他量了体温，还让他去化验了血和便，说他得了急性胃肠炎。大夫给他打了一针，然后，又给他开了些抗生素和几种中药，就让我们回来了。今天早晨，田中感觉好多了。

2. 如果你是下面这些外国同学的朋友，他/她出现了一些问题，你陪他/她去医院看病，你会建议他/她挂什么号？

① 安娜牙很疼，脸也肿了。（口腔科）

② 丽西不小心把脚扭伤了，疼得厉害，不敢着地。（外科）

③ 朴大中最近常失眠，没有食欲，浑身酸痛、无力。（中医科/神经内科）

④ 小野枝子脸上、身上出现了许多小红包，很痒。（皮肤科）

⑤ 巴特尔常常鼻子不通气，总得用嘴呼吸，很难受。（耳鼻喉科）

⑥ 玛丽亚胃很疼，不想吃东西。（消化科/内科）

⑦ 路德最近总是头疼得厉害，有时还头晕，想吐，看东西也有些模糊不清。（神经内科）

⑧ 艾丽做了检查，没有发现问题，但她总感觉口苦、嘴干；肚子不舒服、便秘；心烦、浑身无力、失眠等。（中医科/内科/消化科）

2 运动健身

课前预习 参考答案

A. 选择合适的词语，把下面这位体育教练的话补充完整。

跑步，是一种很普及的群众性体育运动，是一种健身运动，对于增强体质、促进全身的血液循环都很有帮助。当然，如果是长跑，比如马拉松，那就不是每个人都能做的了，它向人的心肺功能提出了严肃的挑战。还有一些运动，如蹦极、跳伞等，虽然很刺激，许多年轻人很喜欢，但如果你要参加，可一定要慎重，因为那些运动更需要强健的身体和技能，而且有一定的危险。如果你参加球类运动，如足球、篮球、排球、羽毛球、乒乓球等，就一定要学习并掌握进攻和防守的技术，否则，你很难取胜。

热身 参考答案

① 滑冰 ② 棒球 ③ 羽毛球 ④ 射击 ⑤ 网球 ⑥ 自行车赛 ⑦ 拳击
⑧ 跳水 ⑨ 赛艇 ⑩ 体操 ⑪ 马术 ⑫ 跳远 ⑬ 举重 ⑭ 排球 ⑮ 乒乓球
⑯ 赛跑 ⑰ 跳高 ⑱ 足球 ⑲ 篮球 ⑳ 游泳 ㉑ 瑜伽 ㉒ 太极拳 ㉓ 健美操
㉔ 跑步（机） ㉕ 爬/登山

演练与交际1 录音文本（10-3）

乒乓球运动

乒乓球运动起源于英国，在英语中，它的意思是“桌上网球”。因为打乒乓球时会发出“乒乒乓乓”的声音，所以中国人叫它乒乓球。

乒乓球是目前世界上参与人数最多的三个体育项目之一。从20世纪20年代开始就有了世界级的乒乓球比赛。乒乓球比赛一般有几种方式，如男子单打、女子单打、男子双打、女子双打，有时还有男女混合双打和团体赛等。

除了正式的比赛，普通人也可以利用空闲时间进行乒乓球运动。无论是小孩子还是老年人，都可以通过打乒乓球达到锻炼身体的目的。只要有两个球拍、一个球和一张球台，两个人就可以一起打乒乓球了。学习打乒乓球，首先要学会站立的姿势和手握球拍的方法，然后练习接球、发球，接下来再学习进攻、防守，一步一步反复练习，就能逐渐掌握基本要领了。如果没有人陪你练，你还可以对着墙壁练习。

乒乓球在中国是一项很受人欢迎的运动项目，由于它是一种很好的娱乐、健身活动，不需要昂贵的设备，简单易学，所以很受中国百姓的喜爱，在普通居民社区健身房中和小区空地上一般都设有乒乓球运动的场地。此外，由于中国在这个项目上获得过多次世界冠军，所以，乒乓球更是被人们称为中国的“国球”。

语言聚焦　参考答案

1. 将本部分学习的运动项目按照一定的标准进行分类，完成下表。

夏季运动项目	球类运动	篮球、足球、网球、乒乓球、羽毛球、排球、棒球
	水上运动	游泳、跳水、赛艇
	田径运动	赛跑、跳高、跳远
冬季运动项目		滑冰、滑雪
你喜欢的动作/健身项目		（略）

2. 选词填空。

你知道现在的人们都怎样健身吗？

对中青年人来说，有的喜欢去健身房健身，有的就选择在小区里或公园里锻炼身体。一般来说，健身房的健身活动更丰富一些，人们可以利用里面的器械进行练习，比如，使用跑步机。不过，比起利用健身房里的跑步机练习跑步来，有些人更喜欢在户外跑步、爬山，呼吸新鲜空气。而且，现在有越来越多的人开始练习瑜伽，以保持良好的体形。

老年人呢，他们一般在公园里进行晨练，健身项目也以集体项目为主，比如打太极拳、舞太极剑、抖空竹、踢毽子，有时他们也跳扇子舞或交际舞。

3 视听说

课前预习　参考答案

病人已经昏迷了，从心肌酶结果看，血管阻塞非常严重。为了维持心脏功能，只能靠药物升压。

医生在紧急抢救，要给病人动手术，但病人身体很虚弱，医生担心他承受不了。于是，就对病人家属说：这位患者的情况很不乐观，能治好的可能性微乎其微，你们要做好各种精神准备。医生的话很委婉，实际上就是告诉家属，病人很危险，可能下不了手术台。

语言聚焦　参考答案

2. 根据提示词语和括号里的要求，编一段短剧“手术前”。然后进行角色表演。

短剧：手术前

医　生：谁是李刚家属啊？

家　属：啊，啊啊，是我！我在这儿！

医　生：李刚一直昏迷，情况很不乐观。现在血压很高，有脑出血，需要立即动手术。（告知病情）

家　属：大夫，他能救过来吗？（提出疑问）

医　生：我们全力抢救，但术中可能遇到各种风险，比如，……（简要回答并告知危险）

家　属：求求您了，您可一定要救活他呀！我们就这一个儿子啊！（提出请求）

医　生：您放心，我们会尽力的！（表示将尽力）

家　属：他的脑出血多吗？怎么止住啊？（新的疑问）

医　生：我们有很多办法控制出血，这您尽管放心！（简要回答）

家　属：大夫，万一止不住可怎么办啊？会不会……（还是不放心）

医　生：对不起，来不及跟您详细解释了。急性脑出血是个很凶险的病，死亡率较高，我们会尽最大力量抢救，但希望你们家属也要做好充分的思想准备！（打断，提醒做好准备）

家　属：谢谢您！拜托了大夫！求求您，可一定要救活他呀！（感谢、恳求）

第十一单元　恋爱婚姻

1　美好爱情

课前预习　参考答案

你知道下面这些四字词语的意思吗？画线连接词语和它们的意思。

①a　②c　③d　④e　⑤h　⑥b　⑦f　⑧g

热身　参考答案

①中西合璧婚礼　②中国婚礼　③教堂婚礼　④日本婚礼　⑤韩国婚礼
⑥印度婚礼　⑦尼日利亚婚礼　⑧集体婚礼　⑨俄罗斯婚礼

语言聚焦　参考答案

1. 快速说出缺少的词语。

A. 相濡以沫，风雨与共！　B. 情深意厚，爱情永恒！　C. 心心相印，地久天长！
D. 婚姻美满，阖家幸福！　E. 红红火火，幸福永远！　F. 风雨同舟，共度一生！
G. 十全十美，吉祥如意！　H. 牵手相伴，白头偕老！　I. 相亲相爱，百年好合！

2. 选用合适的词语，完成下面的祝福。

①祝愿你们天天快乐、爱情永恒！
②祝愿你们早生贵子、婚姻美满！
③祝你们全家和和美美！生活红红火火！
④祝愿你们婚后的生活红红火火、十全十美！
⑤在新的一年里，祝愿你们夫妻恩恩爱爱、地久天长！
⑥在你们大喜的日子里，衷心祝愿你们婚姻幸福、百年好合！
⑦今天是你们的银婚纪念日，衷心祝福你们爱情永恒、幸福永远！
⑧今天是你们喜结良缘的日子，我代表全家祝贺你们，祝你俩婚姻美满，白头偕老！

3. 选词填空。

①他抬起头来，打量着坐在对面的这个年轻人。
②我想抽一支烟，你不介意吧？
③他常带一个女秘书去参加各种宴会，他觉得妻子已经满脸皱纹，见不得人了。
④别人说什么你都听不进去，你这倔脾气什么时候能改？
⑤他的工作一直不太顺利，今年才刚刚有了一点儿起色。
⑥他这个人从来不反对我的意见，我说什么他都跟着附和。

⑦ 由于丈夫死得早，10多年来她都是和女儿二人相依为命。
⑧ 两个人一见如故，坐在一起有说不完的话。
⑨ 毕业后，男友不得不回父母身边生活，两个人依依不舍地分了手。
⑩ 他虽然很喜欢隔壁班的那个女孩儿，但一直没有向她表白。

2 婚恋问题

课前预习 参考答案

你知道下面这些词语的意思吗？画线连接词语和它们的意思。

A. ① d ② a ③ e ④ f ⑤ c ⑥ b

B. ⑦ h ⑧ g ⑨ j ⑩ k ⑪ i

热身 参考答案

A. 人和人真是不同啊！你看，我们身边的刘阿姨，她热心地帮助许多人找到了伴侣，组成了幸福家庭，大家都称她红娘阿姨。

B. 而另一些人呢，却根本不顾传统的家庭婚姻观念，行为出轨或成为可恶的第三者。其实，这种人最后也不会得到真正的幸福。

C. 虽然很多人反对门当户对，但是，不可否认的是，有相似家庭背景的人，一定有许多共同点，在婚后的家庭生活中，容易相互理解和沟通。

D. 安娜和大卫来自两个不同的国家，虽然不是青梅竹马，也没有红娘介绍，但他们在北京开往上海的火车上一见钟情，而且，有情人终成眷属，他们很快就结婚了。朋友们也觉得他们特别般配，说他们是郎才女貌。在婚礼上，大家祝愿他们相敬如宾！比翼齐飞！新郎和新娘也当着大家的面，用新学的汉语发誓："在天愿做比翼鸟，在地愿为连理枝"。现在，他们有了两个孩子，生活得很幸福。

演练与交际1 录音文本（11–1）

你对跨国婚姻怎么看

有些女孩子就是以嫁老外为目标，以此完成自己的出国梦。有的父母居然也觉得这是光宗耀祖的一件事！我不能接受，我觉得环境造就人，在不同环境下成长的人，有不同的文化基因，甚至有很大的文化差异，他们看待事物的观点不同，是非观也不同，这样的结合，有些矛盾根本无法避免，这样的婚姻很难维持长久。以前我也认为爱情是无国界的，不受时间、空间、年龄、财产的限制，只要有感情就会幸福地生活在一起。可是好朋友用自身的体会告诉我，跨国婚姻并非像人们想象的那么浪漫，并不是有爱就能解决所有的问题。跨国婚姻常常由于双方生活习惯、民族习惯、价值观念的不同而无法融合。选择跨国婚姻一定要慎重。

我感觉婚姻就和音乐一样，是不分国界的。跨国婚姻没什么不好，可以促进两国间的文化交流，可以取长补短，子女可能更聪明，还可以在自然环境中多掌握一门语言。要知道，任何事物都是在矛盾中发展的，文化上的差异阻挡不了火热的恋情。记得有首歌是这样唱的：爱情可以飞跃高山，爱情可以飞跃大海，只要有爱就可以永久存在。台湾作家三毛与西班牙青年荷西是跨国婚姻吧？看过三毛书的人不知有多少被他们那相濡以沫的爱情所感动。我觉得异国恋情值得期待，在生活中会有许多意想不到的乐趣发生。我坚信，只要是真心相爱，一定会幸福。

怎么看跨国婚姻？这说不好。我认为别人怎么看跨国婚姻这并不重要，重要的是自己感觉如何，鞋穿在自己的脚上，只有自己才知道合适不合适。不管是不是跨国婚姻，结婚的重要前提都是遇到合适的人，有一致的信仰，有共同的追求。只要这个人适合你，跨洋过海都不是问题；不适合你，家住隔壁也走不到一起。自己的路自己走吧，不能听别人的。

语言聚焦　参考答案

1. 读一读，然后用本课新学到的关于恋爱婚姻的词语改说这段话。

李强和王丽上个月结婚了。虽然他们两个人不是青梅竹马，而是两年前通过红娘认识的，但是他们一见钟情。两个人可以说是郎才女貌。李强在一家电脑公司做项目经理，王丽是一家酒店的服务员。在别人看来，他们并不是门当户对，但是他们自己却并不在乎。李强和王丽认为夫妻之间最重要的就是要相敬如宾，相濡以沫。真心祝福他们百年好合！

2. 用恰当的语句填空。

我有三个兄弟姐妹：一个哥哥，一个姐姐和一个妹妹。我们每个人对恋爱婚姻的看法都不一样。我哥哥娶了一个外国嫂子，组成了跨国婚姻家庭。对他来说，跟哪国人结婚并不重要，关键是两个人要彼此相爱。不过，我觉得恐怕没那么简单，语言、文化、衣食住行各个方面都有差异。我姐姐和她的男朋友未婚同居，虽然父母都反对他们两个人没结婚就住在一起，但是我姐姐认为只有这样才能考验出两个人之间的真实感情。我妹妹对网恋很着迷，她在网络聊天中结识了现在的男朋友。我呢？我坚持独身主义，因为这样很自由，生活也更随意。你对恋爱婚姻的态度是什么呢？

3　视听说

课前预习　参考答案

理解下面的词语，并选用合适的词语填空。

① 听说一个因意外事故失去四肢的法国男子成功游过了英吉利海峡，真了不起！
② 这件事得听我的，由不得你。
③ 因取款机不能取款就砸了取款机，这种疯狂的举动让我们很不能理解。
④ 谁都不愿意见到如此糟糕的事情发生，但发生了就要理智地解决，发火是没有用的。
⑤ 赶快拿主意吧！还犹豫什么？
⑥ 凭着我对他的了解，他是不会做出这样的事的。

语言聚焦　参考答案

2. 根据人物的意思，用合适的语气语调快速完成下面的对话。

女：你，喜欢我吗？
男：嗯，喜、喜欢。（含混地支吾）
女：你到底喜不喜欢？（追问）
男：你很漂亮，也很聪明，可是……。（委婉拒绝）
女：可是什么？（询问理由）
男：你喜欢我什么？
女：你长得帅，而且很能干。（说明理由）
男：那真是对不起了！我觉得我们俩性格完全不同，而且我一直想找个本国的同胞。（表示歉意，坦诚相告）
女：哦，我明白了，谁让我们不是一个国家的呢。那就祝你早日找到你的那个她吧！（无奈、祝福）

第十二单元　和睦家庭

1　和睦家庭

课前预习　参考答案

A. 先猜猜看，然后试着画线连接词语和它们的意思。

①h　②g　③e　④c　⑤d　⑥b　⑦i　⑧j　⑨a　⑩f

B. 猜一猜以下图中哪一张可能是：

① 单亲家庭 ② 跨国婚姻家庭 ③ 空巢家庭

④ 丁克家庭 ⑤ 大家庭 ⑥ 三口之家

演练与交际3 录音文本（12-1）

小橘的亲情故事

我上床的时候是晚上11点，窗户外面下着小雪。我缩到被子里面，拿起闹钟，发现闹钟停了，哎呀，我忘买电池了。天这么冷，我不愿意再起来，就给妈妈打了个长途电话："妈，我闹钟没电池了，明天还要去公司开会，要起早，你六点的时候给我来个电话叫我起床吧。"妈妈在那头的声音有点儿哑，可能已经睡了，她说："好，好，放心！你快睡吧！"

电话响的时候我在做一个美梦，外面的天黑黑的。妈妈在那边说："小桔你快起床，今天要开会的。"我抬手看表，才五点四十。我不耐烦地叫起来，"我不是叫你六点吗？我还想多睡一会儿呢，被你搅了！"妈妈在那头突然不说话了，我挂了电话。

起来梳洗好，出了家门。天真冷啊，漫天的雪，天地间白茫茫一片。我站在公交车站台上不停地跺着脚。周围黑漆漆的，旁边却站着两个白发苍苍的老人。我听见老先生对老太太说："你看你一夜都没有睡好，几个小时前就开始催我，我们来得这么早，还要等好一会儿呢。"

是啊，第一趟公交车还要等五分钟才来呢。终于，车来了，我上了车。开车的是一位很年轻的小伙子，他等我上车之后就轰轰地把车开走了。我说："喂，师傅，下面还有两位老人呢，天气这么冷，人家等了很久，你怎么不等他们上车就开车呀？"

那个小伙子很神气地说："没关系的，那是我爸爸妈妈！今天是我第一天开公交车，他们来看我的！"

我一下子说不出话来了。这时，我看到了爸爸发来的短信："女儿，妈妈说，是她不好，她一直没有睡好，很早就醒了，担心你会迟到。"眼泪，止不住地流了下来。

我忽然想起了一句犹太人的谚语：

父亲给儿子东西的时候，儿子笑了。

儿子给父亲东西的时候，父亲哭了。

直到现在，想起这事我还止不住地落泪。有多少年了，我们好像很少注意到白发苍苍的父母们默默奉献的爱，甚至把他们的关爱当成啰唆！常常不耐烦地拒绝他们的关注和细心的询问……那是他们的心和全部的爱啊！

如果我们对父母的爱能多一点体察、多一点理解、多一点回应，也许就会让他们更开心、更温暖、更幸福。而我们所需要做的只是一点点耐心的回答、一两句电话问候、一两天家中的陪伴。朋友们，赶快行动吧！

（根据网络文章《父母的关爱》改编）

演练与交际4　故事会　参考故事

常回家看看

朋友们，你们看过前段时间中国中央电视台黄金时段播出的一个公益广告吗？

这段公益广告讲的是：有一位老太太独自在家准备了一桌好饭，就等着儿女们回来享受天伦之乐（指家庭的乐趣）了。这时，电话响了，电话里传出一个中年男子的声音："妈，说好今天回家看您的，可公司要请客户吃饭……"接着电话又响了，传出一个稚嫩（zhìnèn）的童声："奶奶，我要和同学去公园玩儿！奶奶，再见！"紧接着电话再次响起，传出一个年轻女子的声音："妈，我今晚去健美班，就不回家了啊！"老太太失望地挂上电话，自言自语地说："忙，忙，忙，都忙，忙点儿好啊"。看完这个广告，我心里真不是滋味儿，尤其是老太太最后那句："忙，忙，忙，都忙，忙点儿好啊！"似乎是天下所有老人都想对子女说的话，但话里却又透出了太多的无奈。

是啊，当今社会经济飞速发展，竞争日趋激烈，工作压力大，我们不得不拼命工作，可是，这个时候，我们却往往就会忽视了生育我们、辛苦抚养我们几十年的父母，忽视了老人们那充满期待的眼神。

忙了一辈子，终于可以享受清闲的老人们，子女们却不在身边，要知道这是他们最需要我们的时候啊！寂寞、孤独是比任何东西都可怕的恶魔，他们需要我们，需要我们常回家看看。

忙，真的不是理由，更不能当作借口，燕雀（yànquè，鸟）尚懂得反哺（bǔ）之恩（比喻报答父母养育之恩），更何况我们这些有感情的人呢？父母为我们付出了一切，我们真的应该把自己的爱分一点儿给父母，让他们觉得温暖。

常回家看看，不是像说的那么容易，需要我们用真心去面对。钱可以少赚，工作可以少干，应酬可以少参加，对老人的爱却不可以推迟，必须立刻兑现。"树欲静而风不止，子欲养而亲不在"（树想静下来，可是风却不停地刮。当你想赡养双亲时，他们却已等不及而不在人世了），老人们都已是风烛残年（风烛：风中飘摇的灯烛，极易吹灭；残年：余剩的年岁。比喻临近死亡的晚年），真的需要我们陪他们在家乡的小河边走一走，陪他们一起吃顿饭，陪他们一起拉拉家常，他们的要求或许就是这样简单，因为老人们从来都不奢求什么。

就像那首歌中唱到的，父母亲“把爱全给了我，把世界都给了我”，难道父母亲不是世界上最伟大的人、我们最亲爱的人吗？让我们常回家看看吧，或许老人们正在家门口等着我们呢！

（根据网络文章改编）

语言聚焦　参考答案

1. 根据亲属关系，填写下列每组中对应的家庭成员。

爷爷——奶奶　姥姥——姥爷　伯父——伯母　叔叔——婶婶

姑姑——姑父　舅舅——舅妈　姨——姨父　公公——婆婆

岳父——岳母　儿子——儿媳　女儿——女婿　孙子——孙媳妇

2. 判断下面的说法是否正确，如不正确，请说明理由并修改。

① 早上吃早饭时我和丈夫商量：“晚上公公、婆婆来，我们一起去外面吃饭怎么样？”（错）

妻子和丈夫说公公、婆婆不合适，应该说爸爸、妈妈。

② 作为儿媳妇，我应该多关心公公、婆婆。（对）

③ 前几天，我女儿的儿子，也就是我的小孙子病了，我急坏了。（错）

女儿的儿子，应该是“外孙子”，不是“孙子”。“孙子”是指儿子的儿子。

④ 我从小就一直在我妈妈的妹妹也就是我的姑姑家生活，和姑姑的感情很深。（错）

妈妈的妹妹，应该是“姨妈”。“姑姑”指爸爸的姐姐或妹妹。

⑤ 我很爱我的岳父岳母，也很爱我的公公婆婆。（错）

一个人不能同时是丈夫又是妻子。可改为“我很爱我的父母，也很爱我的公公婆婆”。

⑥ 我叔叔和我父亲的感情很深，因为他们从小就相依为命。（对）

⑦ 我妈妈在单亲家庭中长大，全靠奶奶一人抚养，所以她跟奶奶的母女情不是一般人能理解的。（错）

根据句意，应把“奶奶”改为“姥姥”。

3. 选用“亲情”“友情”“爱情”填空。

每个人的一生，都离不开亲情、友情、爱情。我们一降生，就被浓浓的亲情包围着，爷爷、奶奶、姥姥、姥爷、爸爸、妈妈……，无私的亲情使我们慢慢长大。在幼儿园、学校和工作单位，我们又有了伙伴情、师生情、同学情，同事情。我们也总会有几位知己，给予我们纯真的友情。也许在友情中，我们还可能从异性那里收获到一份属于自己的忠贞的爱情。

我们在享受着亲情的同时，追求并拥有着友情与爱情。但同时爱情可能又出自于友情，因为和他（她）的相识、相知、相爱的过程，其实也是友情升华的过程（除非真的是一见钟情）。但当我们的爱情变成了现实，走进了婚姻的生活，当我们为人父，为人母后，我们将在自己的子女身上倾注我们的亲情，让他们生活在我们给予他们的亲情之中。其实人就是这样，在这三个情中不停地轮回。

朋友，如果你的生命中伴随着亲情、友情、爱情，那么，你就是幸福的人！

2　家庭教育

课前预习　参考答案

A. 下面是一些错误的教育观念或方法。先猜猜它们的意思，然后试着画线连接。

❶f　❷d　❸e　❹c　❺b　❻a

热身　参考答案

❶在“战火”中成长　❷望子成龙　❸溺爱　❹棍棒教育
❺分数教育　❻居高临下　❼“爱乐”女童　❽“无性”教育
❾家庭代沟　❿逆反

演练与交际1　录音文本（12-2）

（1）女：张平这孩子太不像话了，都快二十了，可连自己的衣服、袜子都让他生病的老妈给洗。有一次啊，我亲眼见的，他家油瓶子倒了，（油）正往外流呢，他看见了却跟没看见一样，还是坐在那儿看电视。

男：唉，什么人啊，这是！你看看，他妈都病成那样了，他都不关心关心。只想着自己，只要自己舒服就行，根本不管别人。哎哟，这样的孩子长大了可怎么办啊！

（2）父亲：大力呀，你应该相信自己！也应该看到自己的长处和进步，怎么就别人都比你强呢？啊！你想想我说得对不对！

（3）女：芳芳总一个人待在家里，也不愿意跟别人交朋友，好像也没什么朋友。

男：我觉得这跟以前父母的教育有关。你想啊，她小时候，像小公主似的，只知道吃喝玩乐，想要什么父母就给她什么，不给就闹。所以啊，长大后，总觉得自己最了不起，跟同学在一起时，什么都得听她的，她想怎样就得怎样，谁愿意跟这样的人做朋友啊！

女：可不是！

（4）女：李丽是聪明，可她的话你也敢信？她什么时候说过一句真话啊！唉，她早晚要出事的！

参考答案：

① 张平的问题：不孝、自私、懒惰、不自立、油瓶子倒了也不扶、衣来伸手饭来张口、没有责任感

② 大力的问题：自卑

③ 芳芳的问题：小时候任性，长大后孤僻、任性、自以为是

④ 李丽的问题：撒谎

语言聚焦　参考答案

1. 根据下列每个家庭的情况，选出一个最相关的词语或句子。

① A　② F　③ B　④ G　⑤ C　⑥ D　⑦ E

2. 选词填空。

我来自一个五口之家，家里有爸爸、妈妈、哥哥、妹妹和我。虽然我们的年龄不同，但是并没有代沟。遇到问题时，父母都能耐心地与我们平等交流，尊重我们的想法。在家里做家务活的时候，父母也并不是重男轻女，只让我和妹妹两个人打扫房间。我的爸爸妈妈都是教师，但是我们三兄妹对自己的未来却有着不同的打算。我的父母总说："人各有志！"他们并不要求我们子承父业。

来中国以前，我听说中国有个传统观念，就是多子多福。但是后来我发现我的中国朋友大多数都是独生子女，他们也都生活得很幸福。说实话，家庭对我们每个人来说都是非常重要的。

第十三单元　电脑网络

1　电脑世界

课前预习　参考答案

画线连接词语和它们的意思。

A. ① c　② d　③ a　④ f　⑤ b　⑥ e

B. ⑦ h　⑧ j　⑨ g　⑩ k　⑪ i

热身　参考答案

①主机　②显示器　③键盘　④鼠标　⑤打印机　⑥音箱

演练与交际1　参考答案

①最近出现了一种新的病毒，一定要及时更新你的杀毒软件。
②这几个影音文件所占空间太大了，我建议你先压缩一下，再存储到硬盘/U盘中。
③我们可以利用电脑听音乐、看电影、看视频。
④计算机上专门保存删除后的文件的地方叫回收站。
⑤你的硬盘已经没有空间了，你需要清理一下，然后我再帮你安装新软件。
⑥只要在电脑上安装了无线网卡，在图书馆或酒吧里都可以无线上网了。
⑦你可以把网上下载的图片、音乐、视频刻录在光盘上或者存在U盘里，这样就可以随身携带了。
⑧显示器、键盘、鼠标都属于电脑的硬件。
⑨当电脑供电不足，中了病毒，或者同一时间打开的窗口过多时，都有可能出现黑屏的现象。

语言聚焦　参考答案

1. 选词填空。

这是一个关于一位上海滩富豪的故事，他成功的道路十分曲折。

他出生在一个贫困家庭，因此被很多人瞧不起。然而，他并不认为贫穷是一种耻辱。反而，正是贫困促发了他内心拼搏的激情。他精力过人，每天坚持学习10个小时以上对于他来说是小事一桩。

功夫不负有心人！30岁的他成为了20世纪上海滩首位资产超过百亿的富豪。

当他听说在非洲流行着的一种传染病夺去了很多人的生命时，他毫不吝惜地捐献出了5000万元作为疾病疫苗研究的资金。在捐献会上，他还展现了他登峰造极的书法造诣。真是不鸣则已，一鸣惊人！

2. 根据情境完成对话。

[课下，学生A向学生B询问三个问题，即：如何打开Word文档，如何制作PPT，为什么电脑总是突然死机？]

A：今天上课学的你都会了吗？能帮我看看，为什么这个Word文档我总也打不开呢？

B：干吗那么客气呀？打开Word文档还不好说。……（教同学A打开Word文档）你看，这不就打开了吗？

A：哦，我还得求你帮个忙，我的电脑最近总是突然死机，你知道是怎么回事吗？

B：小事一桩，我也遇到过这种情况，如果总是死机，就说明你的电脑有病毒了。你要先重新启动电脑，然后安装上新的杀毒软件进行杀毒。

A：真得好好儿谢谢你了。对了，我还想学习制作PPT，你能教我吗？

B：实在抱歉，关于PPT的制作过程我也不太清楚，等明天上课我们一起问问老师吧。

A：好，我们明天一起向老师请教。

2 网络生活

课前预习　参考答案

1. 画线连接词语和它们的意思。

A. ①e　②d　③f　④b　⑤c　⑥a

B. ⑦h　⑧g　⑨k　⑩i　⑪j

2. 选用上面合适的词语填空。

① 这些常去旅游的人，有自己的圈子。
② 他把自己的照片上传到了网上。
③ 一遇到困难，他就退缩，哪像个男人？
④ 他把自己的钱给了朋友，这是无可厚非的。
⑤ 我刚在网上注册了个信箱，以后你可以往这个信箱里发信了。
⑥ 你要收、发信，需要先登录啊！
⑦ 反驳别人的观点，要针锋相对才行，没用的废话就不要说了。
⑧ 上网看电影很方便，没时间看完先下载，等有时间再看也行。
⑨ 他是宅男，每天足不出户。
⑩ 现在，使用手机上网的人比比皆是。
⑪ 他对网上的一些奇闻逸事很感兴趣。

热身2　参考答案

① 网页浏览器　② 聊天工具　③ 搜索工具　④ 杀毒软件　⑤ 办公软件
⑥ 网上商城　⑦ Word编辑　⑧ 音乐播放　⑨ 博客　⑩ 文件下载
⑪ 国际视频电话　⑫ 电子邮件

演练与交际1　录音文本（13-1）

安　娜：嗨！妮可，你跟家人或朋友打电话、视频聊天用什么？

妮　可：用Skype啊！

安　娜：Skype是什么啊？

妮　可：是免费的全球语音沟通软件，你可以用它进行免费的文字、语音、视频交流，甚至公司也可以用它开电话会议或是快速传送文件。

安　娜：是吗？那可太好了！不过，怎么用呢？

妮　可：很简单！你先在Skype官方网站（http://skype.tom.com）下载Skype应用程序，然后在你的电脑上运行并安装它，接着再注册新用户填写注册资料就可以了。

安　娜：那我的家人或朋友是不是也得安装Skype啊？

妮　可：最好是也安装，这样，你们才能同时在Skype上免费交流。如果他们没有安装，你也可以用Skype给他们打电话，不过，那就不是免费的了。

语言聚焦　参考答案

选词填空。

（一）上网

自从成为一名网民，我的生活变得更加丰富多彩了。每周我都在网络上写博客，上传照片和自拍视频，以此来记录自己生活中的点点滴滴。我也时常利用电子邮箱写邮件，通过BBS发表自己的看法和感受，在网络上下载有用的软件、听音乐、看电影，搜索当天世界各地的奇闻逸事。因为有了网络，我还结识了不少新网友。现在我买了新的无线网卡，上网变得更加方便了。尽管人们总在争论网络对生活的影响是有利还是有弊，但是在我看来，只要合理使用，网络还是“便捷”的代名词。

（二）宅生活

如今，宅生活的出现也从一个侧面体现了网络的优势，有些人认为这是一种新的时尚，不过很多专家都反对这种生活方式。他们认为足不出户沉迷于网络的虚拟世界里，就会渐渐地失去在现实生活中与人交往的能力。另外，总待在家里不运动，对身体健康也没有多大好处。我认为要一分为二地看问题，宅生活无可厚非，只要不成为“啃老族”就行了。很多人愿意在家里工作，这样可以节省上下班路上的时间，也有很多人在网络上创业成功，做了自己的老板，这不是很好吗？

3 视听说

课前预习 参考答案

选择合适的词语说出下面这段话。

他扛着摄像机，把摄像头对准了那绿草茵茵的小花园，虽然，这是在中国，他还是情不自禁地想起了英国，想起了那闻名世界的剑桥大学，想起了徐志摩和他那美好的诗篇，“轻轻的我走了，正如我轻轻的来；我轻轻的招手，作别西天的云彩。……”此刻，他的心飞到了那梦中的天堂……他不想再这么凑合下去了，他要去学习，实现自己的理想。

他把他拍摄的视频放到了网上，告诉他的好友，说他到了剑桥。朋友愣住了，说：“你怎么还蒙人呢？你不是一直跟我在一起吗？从昨天到今天！你没事吧？”他这才清醒了，说：“我一定要去剑桥，明年就去！”

语言聚焦 参考答案

2. 根据人物的意思，用合适的语气语调快速完成下面的对话。

米兰娜：哎，丽丽，你看我拍的照片怎么样？

丽　丽：好是好，可是照片上的人是你吗？（怀疑）

米兰娜：当然是我了，你连我都不认识了？

丽　丽：我觉得像电影明星。

米兰娜：你不知道我做梦都想当电影明星？

丽　丽：啊？你？（吃惊）

米兰娜：是啊，人人都能当明星。你看，在电脑上，把照片处理一下，不就行了！

丽　丽：噢，原来是这样啊。（恍然大悟）

米兰娜：哎，我也让你当一回明星吧！

丽　丽：算了，算了，我可当不了！（否定）

米兰娜：怎么当不了？

丽　丽：我怕我当了明星，我的同屋就赶我走了！她可不会跟“陌生的明星”住在一起啊！

第十四单元 杰出人物

1 描述人物

课前预习 参考答案

画线连接词语和它们的意思。

❶g ❷h ❸i ❹a ❺d ❻f ❼e ❽b ❾c

热身 词语提示

身材： 身高、体形、身材、高（大）、矮（小）、中等个儿、胖、瘦、不胖不瘦、苗条（女）、健壮、瘦弱

头发： 黑/白/金色/灰白（的）头发、直发/卷发、长发/短发、平头/分头/光头、秃顶、头发浓密/稀少、烫发、染过的头发、头发整齐/凌乱、时髦/时尚的发型、长辫子

皮肤： 白/黑/黄皮肤、棕色/黝黑/白净/细腻/粗糙的皮肤

脸部： 漂亮、英俊/帅、五官端正

眉眼： 细细的/长长的/弯弯的眉毛、浓眉大眼、眉清目秀、柳叶眉、杏仁眼、大/小/黑/蓝/绿/褐色的眼睛、眼睛炯炯有神、单/双眼皮；戴眼镜、戴墨镜

脸型： 瓜子脸/圆脸/长脸/方脸（国字脸）；（脸上有）皱纹、鱼尾纹、（有一个黑）痣、青春痘、雀斑、脸色蜡黄/苍白、红扑扑的脸庞

耳鼻： 高鼻梁、扁鼻子、大鼻子、鹰钩（yīnggōu）鼻；扇风耳、小耳朵

胡子：（脸上留着）胡子、大/小/长胡子、花白的/络腮（luòsāi）胡子、八字胡

嘴部： 大/小嘴、厚/薄嘴唇、樱桃小口；深/浅酒窝；整齐/洁白的牙齿

年龄： 看起来很年轻/很老、十几岁、二十出头、三十多岁、大约四五十岁、年近六十、七十岁左右、婴儿、幼儿、童年、少年、青年、中年、老年

演练与交际1 录音文本（14-1）

A. 他是一位西方中年男子，留着长发，表情严肃，眼睛炯炯有神，白色衣领更使他显得很精神。他是贝多芬。（图❷）

B. 他是一位二十多岁的年轻人，身穿军装，面带微笑，看上去亲切朴实，虽然相貌普通，但却极不平凡，在中国，他的名字家喻户晓。他叫雷锋。（图❶）

C. 她是一位美国女子，著名的盲聋女作家。她高高的鼻梁，白白的皮肤，身穿白色高领毛衣，梳着发髻，微闭着眼睛，像是在沉思。她的名字是海伦·凯勒。（图❺）

D. 她有着金色的卷发，白皮肤，大约五六十岁，正微笑着向人们挥手致意。白

领黑条纹的职业装，更使她显得端庄、精明干练。她是英国历史上第一位女首相。她是撒切尔夫人。（图③）

E. 照片上的他，是一位美国人，四十多岁，戴着眼镜，身穿蓝灰色西装，蓝色衬衫，扎着红色领带。他被选为20世纪改变人类世界的100大最具影响力人物之一。他是比尔·盖茨。（图④）

语言聚焦　参考答案

1. 他留着一脸络腮胡子，高鼻梁，蓝蓝的眼睛非常明亮，身材修长，世人都知道他的名字，因为他很了不起。他是谁呢？告诉你吧，他是一位瑞典人，叫诺贝尔。
2. 她一头金发，高高的额头，白净的脸庞，炯炯有神的眼睛露出坚定的神情，优雅端庄的外表更是让人觉得她十分坚毅和刚强。她是一位物理学家，曾两次获得诺贝尔奖。她是谁呢？相信你们都知道她的名字！
3. 他大大的眼睛，洁白的牙齿，黝黑的皮肤，高高的个子，健壮的身材，脸上常露出自信的表情，跑起来像飞人一般，夺冠后弯弓射箭的动作优美而富有个性。他就是号称牙买加"闪电"的短跑运动员博尔特。

2　谈论人物

课前预习　参考答案

A. 画线连接词语和它们的意思。

①i　②g　③b　④h　⑤a　⑥c　⑦d　⑧f　⑨e

B. 快速说出反义词、褒义词、贬义词。

【反义词】内向→外向、急性子→慢性子、骄傲→谦虚、奢侈/浪费→节俭、慷慨→吝啬/抠门儿、乐观→悲观、热情→冷漠、理智→冲动

【褒义词】开朗、聪明、随和、灵活、诚实、善良、勇敢、勤奋、认真、努力、谦虚、幽默、慷慨、节俭、乐观、热情、正直、冷静、理智、朴实、老实、温柔、阳光、自信、精力充沛、和蔼可亲、多才多艺

【贬义词】吝啬/抠门儿、固执、奢侈/浪费、悲观、冷漠、冲动、狡猾

热身　测试结果说明

①时常自我反省，敏感的思想家

你对于自己及四周的环境能够比一般人控制得更好，你讨厌表面化及肤浅的东西。你宁愿独自一人也不愿跟别人闲谈，但你跟朋友的感情却非常深厚，这令你的心境保持和谐宁静。

② 独立，前卫，不受拘束

你追求自由及不受拘束，你会根据自己的意思和信念去生活，你的生活方式极具个人色彩，你永远不会盲目追逐潮流。你的工作及休闲活动多与艺术有关。

③ 精力充沛，好动，外向

你不怕冒险，特别喜欢有趣的、多样化的工作，不喜欢每天重复同样的事情。你最兴奋的是可以积极参与各种比赛活动，因为这样你就可以在众人面前大显身手了。

④ 务实，头脑清醒，和谐

你总是脚踏实地，稳重，值得信赖，给人一种亲切、温暖的感觉。你不喜欢俗气的、花花绿绿的东西，对时装潮流抱着怀疑的态度，喜欢穿实用及大方得体的衣服。

⑤ 专业，实事求是，自信

你更相信自己的能力而不是相信命运的安排。你以实际、简单的方式去解决问题。人们信任你，都放心地把大量工作交给你处理。你自信、坚强，未达目标，绝不罢休。

⑥ 温和，谨慎，无攻击性

你生性随和，但处事谨慎。你很容易结交朋友，但同时也喜欢享受你的私人时间及独立生活。你跟自己及这个世界都能够和谐共处，而你对现状也非常满意。

⑦ 无忧无虑，顽皮，愉快的人

你喜欢自由自在、无拘无束的生活。你觉得人的生命只有一次，因此你尽量享受每一分每一秒。你好奇心强，喜欢新事物。你觉得身边的环境都不断在变，而且经常为你带来惊喜。

⑧ 浪漫，爱幻想，情绪化

你是一个感性的人。你觉得人生必须要有梦想才活得充实。因此，你不接受那些轻视浪漫主义及做事很理智的人，你也不会让任何事物影响到你那丰富的感情及情绪。

⑨ 具有分析力，可靠，自信

你对事物的敏感使你可以发现别人忽略了的东西。你的教养对于你的生活有很特别的影响，它可使你无视任何时装潮流。你的理想生活是优雅而愉快的，而你也希望跟你接触的人都是高雅而有教养的。

语言聚焦 参考答案

根据人物的意思，完成下面的对话。

1 金安娜：如果你是公司经理，你喜欢老实、认真的员工，还是喜欢聪明、能干，但常常迟到，不严格遵守公司规定的员工？

珍 珠：我更喜欢前者。

沃 夫：我和你的观点不同。（不同意）

珍 珠：听话、认真，遵守规章制度，难道不重要吗？（反问沃夫）

沃 夫：聪明人能创新，为公司做出更大的贡献，你能否认这一点吗？

珍 珠：我不否认你说的，但如果常常迟到，不遵守公司的规定，这是有责任感吗？（反问）

沃 夫：一个公司的发展，创新是必不可少的，没有创新就没有未来；再说，一个能力强的人，能弥补很多漏洞，解决别人不能解决的问题。（提出两个理由反驳）

金安娜：你们别争了，其实，这两种人我们都必不可少。他们应该取长补短。

2 韦 帕：哎，山田！咱们公司的小野经理人怎么样？

山 田：① 挺好的，人很聪明，很有领导力！（喜欢小野经理）

② 嗯……，如果他是个一般员工，还算是合格的。（委婉表示小野经理不称职）

③ 这个……，我不太了解。（委婉表示不愿意谈论这个话题）

3 含 笑：你知道汉语中有个歇后语——茶壶里煮饺子吗？

马莎莎：知道啊。（肯定）

含 笑：这句话是什么意思呢？（询问这个语句的意思）

马莎莎：是说一个人心里明白，却说不出来或说不清楚。比如我们问王博士问题时，他总说不清楚。（解释，并举例说明）

含 笑：哦，那这样的人一定很笨了！

马莎莎：那倒不一定。我们都知道王博士知识渊博，他只是不善于和别人交谈，不会用简单的话把他明白的内容解释清楚。（反驳）

4 菲 菲：我心中的白马王子要是个高大的帅哥，有钱，有风度，还要聪明，有幽默感，懂英语、法语、德语、汉语、西班牙语，能跟我一起周游世界，尝遍世界美食。当然，他还得听我的话……

阮氏水：哟，太厉害了！咱去火星找找看？（善意嘲讽）

菲　菲：我一定能找到这样的人，找不到，就一辈子不结婚。（发誓）

3 视听说

课前预习　参考答案

画线连接词语和它们的意思。

A. ①d　②e　③a　④b　⑤c

B. ⑥i　⑦h　⑧f　⑨j　⑩g

第十五单元　职业选择

1 工作职责

课前预习　参考答案

画线连接相关语句。

A. ①d　②e　③b　④c　⑤f　⑥a

B. ⑦j　⑧k　⑨h　⑩l　⑪i　⑫g

热身　参考答案

①时装模特　②厨师　③翻译　④外交官　⑤记者、摄像师

⑥导游　⑦花样滑冰运动员　⑧空姐

⑨公司经理（老板）、公司职员　⑩新闻播音员（主持人）

⑪调酒师　⑫同声传译员　⑬京剧演员

⑭航天员（宇航员）⑮联合国秘书长、国际维和警察（国际公务员）

演练与交际1　录音文本（15-1）

记　者：刘老师，您好！

刘　明：你好！

记　者：我是北京语言大学电视台的记者，叫金珍珠。很高兴您能抽出时间来接受我的电话采访。您现在从事的同声传译工作，被称为高收入的金领职业，很多同学都非常羡慕，但是对这个工作呢，还不十分了解，您能给我们简单地介绍一下您的主要工作职责吗？

刘　明：噢，好的，我的工作啊，主要是在一些国际会议和商务谈判中做英—汉同声传译。

记　者：哦，那当一名英—汉同声传译员要具备哪些基本条件呢？

刘　明：首先，要有很高的英语—汉语水平；其次，要有广博的知识；此外，还要有稳定的心理素质，任何情况下，都能用平静的心态去集中注意力。当然，还要记忆力好，反应快，发音清楚、准确。总之啊，要能一心多用，准确、完整、迅速地翻译说话人的意思。

记　者：那您觉得做这个工作有什么乐趣呢？

刘　明：能发挥自己的外语专业优势，工资也比较高，嗯……这些我都挺满足的。

记　者：您有什么苦恼吗？

刘　明：苦恼？当然有啊，比如，翻译出了点儿差错，可已经来不及改了，很遗憾。而且，压力相当大，这些，嗯……，一般人是难以想象的。

记　者：看来，做一名合格的同声传译员也很不容易啊！好，刘老师，非常感谢您在百忙之中接受我们的采访，谢谢您！祝您工作顺利！

刘　明：啊，谢谢！不客气！再见！

记　者：再见！

语言聚焦　参考答案

1. 根据每个人描述的工作职责，快速说出他/她的职业。

①I　②H　③B　④F　⑤G　⑥D　⑦A　⑧E　⑨C

2. 选用合适的语句，完整地说出下面的句子。

① a. 调查数据显示，今天参加招聘的男女人数几乎各占50%（相等），共有160人。
b. 多数（80%以上）留学生认为现在学好汉语，将来才能找到与中国有关的工作。

② a. 无论将来从事什么工作，都要具备很高的语言水平和广博的知识。
b. 做/当一名合格的外交官，就要履行自己的工作职责，努力加强与所在国的合作交流，发展双边关系，增进两国人民的友谊。
c. 谁没有工作的乐趣和苦恼呢？从事导游工作，辛苦是辛苦，但可以开阔眼界，让你乐在其中。

③ a. 杨教授您好！我们很想了解汉字的历史，您能给我们讲讲吗？
b. 您的报告让我们对中国的历史文化有了更加深入的了解，非常感谢您在百忙之中给我们做的精彩报告！
c. 刘老师，非常感谢您接受我的采访，衷心地祝愿您桃李满天下！

2　职业意向

课前预习　参考答案

画线连接词语和它们的意思。

A. ①d　②e　③b　④f　⑤c　⑥a

B. ⑦h　⑧k　⑨l　⑩g　⑪i　⑫j

热身　参考答案

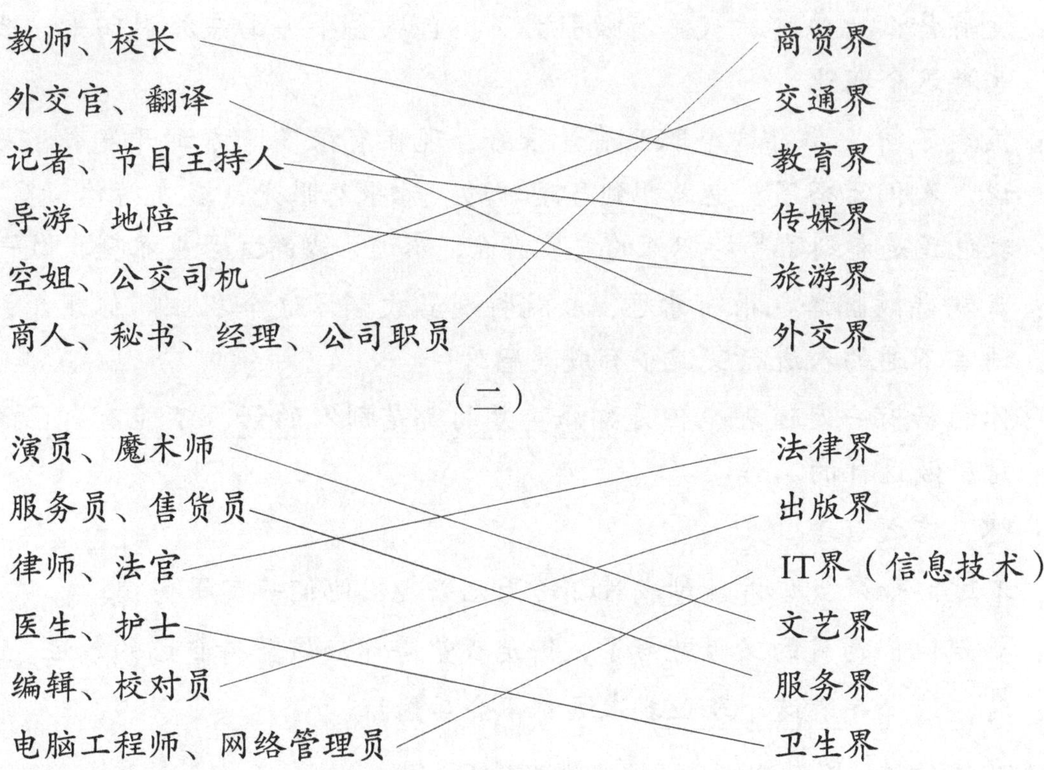

演练与交际1　录音文本（15-2）

①你可以来我们报社做一名记者，怎么样？

②下周，你可以来我们这儿教汉语，没问题吧？

③我们想请你来演电影的主角。

④我们需要一名翻译，你可以来试试。

⑤要是你同意，我们现在就可以请你来当导游。

⑥经理办公室需要一名秘书，你很合适。

⑦国际航班正在招聘空姐，你赶快去试试吧。

⑧有一台文艺晚会需要一位主持人，我们想让你来做。

⑨我们国家的驻华使馆正缺少一名外交官，你的汉语那么好，一定很适合。

⑩ 公司需要招聘一位常驻北京的部门经理，还需要一位精通汉语的翻译，多好的机会啊！

⑪ 你喜欢做汉语教师吗？

语言聚焦　参考答案

1. 根据情境完成对话。

［学生A和学生B在一起聊天儿］

A：毕业后，你打算从事什么工作？

B：没有什么比导游对我更有吸引力了。自从去年去山东旅游回来，我就迷上了导游这个职业。

A：据我了解，导游这个职业前景很好，现在有很多地方都开发成了旅游区，再说，人们富裕了，也总想到各地转转。你很有眼光，我支持你！

B：我也正是看到了导游职业的发展前途，不过，我的父母更希望我做一名翻译。

A：我觉得做翻译也很有意思，我就特别喜欢翻译这个职业。你想想，帮助两个语言不通的人进行交流多有成就感呀！

B：你的话有一定道理，但是翻译重复的都是别人的话，不能有自己的想法。我讨厌做这样的工作。

A：嗯，言之有理。

B：不过，如果我告诉父母我对翻译毫无兴趣，他们一定很失望。

A：要是他们是我的父母就好了，但是我觉得你应该坚持自己的想法。

B：对，选择导游这个职业我永远都不会后悔！

2. 他们考虑的是什么？选择合适的选项填在括号里。

①F　②G　③D　④A　⑤H　⑥E　⑦C　⑧B

3　视听说

课前预习　参考答案

画线连接词语和它们的意思。

①c　②a　③j　④d　⑤f

⑥b　⑦g　⑧e　⑨h　⑩i

语言聚焦　参考答案

2. 根据人物身份，用合适的语气语调快速完成下面的对话。

女　儿：明天有个招聘会，我想去看看。

爸　爸：你想找个什么工作呢？（询问）

女　儿：我想啊，什么挣钱干什么。

爸　爸：挣那么多钱干什么？（反问）

女　儿：俗话说，有钱能使鬼推磨。

爸　爸：你真是掉在钱眼儿里了，别忘了，钱不是万能的！（提醒）

女　儿：是啊，可是，没有钱是万万不能的。

爸　爸：我觉得你的专业面比较宽，所以，很多工作你都可以考虑，比如，教师呀、编辑呀、行政管理呀什么的。（列举相关工作）

女　儿：您说的这些我都没想过。（否定）

爸　爸：除了知道钱，你还知道什么？（生气地问）

女　儿：哟，爸爸，您看您，还真生气了！我呀，在跟您开玩笑呢！我的工作啊，早就找到了！

第十六单元　工作面试

1　面试准备

课前预习　参考答案

画线连接词语和它们的意思。

A. ①d　②e　③a　④b　⑤f　⑥c

B. ⑦i　⑧k　⑨j　⑩l　⑪g　⑫h

演练与交际3　故事会

故事A启示：

成功，往往与诚实结伴而行。诚实是一个"好人"最基本的人格要素，也是做人最基本的道德要求。诚实是成功的基石，也是一个人走向成功的"路标"。

故事B启示：

做事认真，并能反思和想办法改进自己的工作，不占集体便宜，是一个员工应该具备的良好素质。

语言聚焦　参考答案

选词填空。

（一）面试着装

人们都说选择面试时的着装很有学问。我们不能身上穿着便装或者逛街服，脚上穿着运动鞋，背个挎包就去参加面试，这样太/过于随便。一般来说，面试时要穿正装，而且全套服装首先要整洁，其次要得体、大方、风格统一。男士要身穿西装，脚穿皮鞋，还得戴领带；女士最好穿套装。另外，应聘不同的职业，着装也有所不同，一定要选择能体现出职业特点的服装，例如，应聘政府公务员或教师时就不能穿过于暴露、短小、艳丽的服装。

（二）面试要点

面试时除了要着装得体外，最重要的是要有好的表现，能够做到自信大方，从容应对。参加面试要提前到场，不能迟到；面试中要始终面带微笑，与考官有目光交流；面试结束后要礼貌致谢，做到彬彬有礼。另外，当考官提问时，要听清问题，抓住要点；在回答问题时要简明扼要，表述清晰。面对一时无法回答的问题时，也要保持镇定，坦诚地说明。

2 模拟面试

课前预习　参考答案

画线连接词语和它们的意思。

①e　②f　③a　④h　⑤b　⑥c　⑦d　⑧g

演练与交际1　录音文本（16–1）

自我介绍的要点

首先请报出自己的姓名和身份。

其次，你可以简单地介绍一下你的个人基本信息，如学历、工作经历、家庭概况、兴趣爱好、理想与抱负等，以使考官对于你个人的基本情况有较为完整的了解。

再次，由个人基本情况自然地过渡到一两个自己大学或工作期间圆满完成的任务，以这一两个例子来具体说明自己的经验与能力。例如，在学校担任学生干部时成功组织的活动，或者如何利用自己的专长为社会公众服务，或者自己在学业上取得的重要成绩等。

最后，要着重结合你的职业理想说明你应聘这个职位的原因，这一点相当重要。你可以谈你对应聘单位或职务的认识了解，说明你选择这个单位或职务的强烈愿望。你还可以谈如果你被录取，你将怎样尽职尽责地工作，并不断根据需要完善和发展自己。

请注意：

（1）自我介绍时，你不仅仅要告诉考官们你是多么优秀的人才，你更要告诉考官，你多么适合这个工作岗位。而与面试无关的内容，即使是你引以为荣的优点和长处，你也要忍痛舍弃，以突出重点。

（2）自我介绍要展示充分的自信。要面带微笑，真诚自然，条理清晰，表达流畅。

"走进新东方面试考场"视频摘要节选（一）（根据视频内容改编）

刘文忠：请5位选手从金洪开始，每个人用1分钟简单介绍自己。

金　洪：我是一个南北交集的孩子，首先我比较现实，喜欢尝试新鲜事物。平常我参加很多活动，我爱辩论，也很喜欢街舞，这并不矛盾，我很乐于展示自己。我2010年毕业，来自石家庄经济学院，现在正在找工作。今天想跟各位交流一下各方面的感觉，希望大家能支持我。谢谢！

莫　嫚：我来自广西桂林一个非常美丽的地方，我自认为非常勇敢、非常勇往直前，我希望我能够在不同的环境中发现不同的自己，也能在逆境中找到希望，找到我自己的位置，所以非常感谢各位老师能够给我这次机会，也希望今后能和新东方老师一起合作。

程　晖：大家好！我在同学眼中是比较理性或者略显成熟的孩子，但是这不影响我发挥自己内心的激情和动力，我希望从事这个工作，同时选择了人力资源专业，就是因为我觉得从事这个工作能够让我更好地融入一种文化，同时把这种企业的文化带给员工，让大家生活在快乐中。我追求快乐地生活，快乐地工作，追求幸福的人生。

周　意：我来自中国人民大学，主修行政管理和人力资源管理，今天很高兴有这样一个学习的机会来到这里认识大家。我觉得自己一直对人力资源非常感兴趣，在校期间做了4年的学生工作，自我评价是一个非常积极向上、勤奋踏实的一个人，比较乐观开朗。希望大家支持我。谢谢！

马　跃：各位老师、各位朋友、大家晚上好！我叫马跃，来自中国人民大学国际关系学院，现在是硕士二年级，今天非常高兴能来到这里。我从小就在北京长大，所以对北京有一种特殊的感情。之所以选择新东方，是因为我觉得新东方是充满激情、充满梦想，可以让我们展翅高飞的地方。我个人性格比较开朗、外向，非常喜欢组织活动，可以说是文娱方面的发动机。所以再一次感谢新东方给了我这样一次宝贵的机会。谢谢大家！

演练与交际2

"走进新东方面试考场"视频摘要节选（二）（根据视频内容改编）

每人一问

刘文忠：非常好！我还有几个具体的问题。第一个问题我先从马跃开始。马跃，有这样一个问题问你一下：你刚才提到新东方比较吸引你的地方，你觉得新东方哪些地方吸引你？你对它有哪些认识？

马　跃：除了我熟知的口号，更能感动大家心灵的是那句话，"在绝望当中寻找希望。"我觉得希望对于每个人来讲都是非常好的东西，尤其是在逆境当中，这个就是我们在茫茫大海中的灯塔，所以我最看中的是新东方的寻找希望的精神。

刘文忠：下面程晖，你认为比较理想的工作环境是什么样的状况？

程　晖：第一，我认为是有一个很好的员工培养的文化，有助于刚入职的人在里面不断成长，员工能够成长是第一点。第二，是我希望有一个平等和友善的工作关系，我觉得这对于刚入社会的年轻人很重要。新东方这点做得很好，我也是由于这个原因更喜欢新东方的文化。

刘文忠：下面莫嫚。这个问题可能对你有一点儿挑战。既然我们招聘的岗位是"员工活动专员"，我的问题就出来了，你认为你应聘这个岗位最大的优势在什么地方，不足在什么地方？

莫　嫚：真是一个非常有挑战的问题。首先说优势，我自己是非常自信的人，（在）不同的岗位和不同环境中自信非常重要。其次，我是一个可以和大家很好沟通的一个人，我觉得在不同环境中沟通非常重要，因为这可以使得无论是老板还是职员之间，或者职员和职员之间都有非常好的关系，交流上也没有任何的问题。第三，我非常喜欢参与各项活动，组织能力也非常强。我觉得这个方面作为"员工活动专员"（是）非常重要的，组织能力是在任何环境中能够处理问题、遇到问题处变不惊的能力，它对于组织活动者或者参与活动者都是非常重要的。说到缺点很难，我想没有一个应聘者想把自己的缺点展现在考官面前，我的缺点可能是比较紧张，我觉得我需要更冷静或者更沉着。

刘文忠：其实紧张并没有什么，包括我都挺紧张的。

主持人：其实你的微笑特别美，一笑大家都不紧张了。

莫　嫚：谢谢！

语言聚焦　参考答案

读一读下面这两段面试中的自我介绍，找出不恰当的地方，并进行修改。

（一）应聘汉语教师

点评：这段自我介绍基本上适合在面试这种正式场合使用，但是主要的问题是：第一，应聘人安娜介绍的兴趣爱好与应聘汉语教师这个职位关系不大；第二，安娜谈论自己小时候的理想过多，当运动员与汉语教师关系也不大。我们认为，在本段自我介绍中，安娜还可以谈一谈自己的工作经验，以及被录取后自己的工作计划等。

（二）应聘英汉翻译

点评：这段自我介绍不太符合面试这种正式场合的要求，麦克的语言过于随便。主要的问题是：第一，应聘人麦克不必介绍自己的家庭情况，例如不用告诉考官自己有几个哥哥和姐姐；第二，麦克虽然谈到了自己的工作经验以及如被录取将如何工作，但是并不具体、详细。

3　视听说

课前预习　参考答案

A. 画线连接词语和它们的意思。

① e　② c　③ b　④ d　⑤ a

B. 选择合适的词语填空。

小张大夫要上班了，他很紧张，晚上做了一个可怕的梦。他梦见自己一上班就兴奋地上手给一个病人治疗皮肤病。但他没搞清楚书本上写的和实际的差别，结果给病人开错了药。第二天，那个病人一大早就来了，脸上红红的一片，比昨天厉害了许多。主任生气地批评他说：“你怎么学的？难道到我们这儿来当摆设？年轻人年少气盛我能理解，但当医生可不是闹着玩儿的！再说，我们这儿是一个萝卜一个坑，没时间让你实习、替你交学费啊！”

语言聚焦　参考答案

2. 根据人物身份，用合适的语气语调完成下面的对话。

经　理：原则上呢，我们不希望要刚出门的学生，满脑子理论，没有一点儿实际经验。

新职员：这个，您放心！我上学期间总是第一名，没有我做不好的事。（向经理保证）

经　理：年少气盛不是坏事，不过我得提醒你，我这儿可是一个萝卜一个坑，知道吗？

新职员：我一定用我的工作成绩来回答您，一定不会辜负您，您放心。（再次保证）

第十七单元　迎接挑战

1　面对灾难

课前预习　参考答案

画线连接词语和它们的意思。

①g　②f　③a　④i　⑤h　⑥b　⑦d　⑧c　⑨e　⑩k　⑪j

热身　参考答案

① 地震（某地发生了n级地震）；
② 海啸（地震引发了海啸）；
③ 火山（火山喷发，带来了大量火山灰）；
④ 泥石流（某地突发泥石流）；
⑤ 台风（海上有n级台风）；
⑥ 龙卷风（龙卷风袭击了某地）；
⑦ 沙尘暴（某地出现了沙尘暴）；
⑧ 旱灾（某地发生了旱灾）；
⑨ 洪灾/水灾（某地爆发了洪灾/水灾）；
⑩ 虫灾（某地发生了大面积虫灾）；
⑪ 空难（某国发生了空难）；
⑫ 矿难（某地发生了矿难）；
⑬ 核辐射（某地发生了核泄漏，土地遭到了核污染，放射性物质严重超标）

演练与交际1　录音文本（17-1）

火灾逃生常识

（1）居安思危，有备无患。平时要注意你所处环境的安全通道及安全出口，一旦发生危险可迅速逃生。

（2）发现火灾，要尽快拨打火警电话119。如果火势不大，要努力把火扑灭；千万不要惊慌失措，酿成大灾。

(3) 如果火势很大，要赶快披上浸湿的衣物、被子等向安全出口方向跑。穿过浓烟逃生时，要尽量使身体贴近地面，并用湿毛巾捂住口鼻。

(4) 如果身上着火，千万不要奔跑，可就地打滚或用厚重的衣物压灭火苗。

(5) 遇火灾乘坐电梯十分危险。所以，千万不要乘坐普通电梯！可通过楼梯等安全通道、安全出口逃生。

(6) 如果室外着火，门已发烫时，千万不要开门，以防大火蹿入室内。要用浸湿的被子、衣物等堵住门窗缝，并泼水降温。

(7) 如果火势凶猛无法逃生，要立即退回室内，用打手电筒、挥舞衣物、呼叫等方式向窗外发送求救信号，等待救援。

(8) 火灾时千万不要盲目跳楼。实在无自救方法时，可把衣服、被单、窗帘等做成简易救生绳，紧紧拴在窗框、暖气管、铁栏杆等固定物上，然后用湿毛巾等保护手心，抓紧绳子滑到地面或其他安全的地方。

【参考答案】

A（2）、B（6）、C（3）、D（4）、E（3）、F（1）、
G（5）、H（8）、I（5）、J（7）

语言聚焦　参考答案

1. 用括号中的词语完成下面的对话。

❶ 女：听说昨晚西南部地区发生了地震？
男：是啊，据报道发生了6级地震，很多房屋倒塌，伤亡人数也不少。（据报道、6级、倒塌、伤亡）

❶ 男：这次西部地区的泥石流够厉害的，是什么原因造成的？
女：主要是连日暴雨，引发了山体滑坡造成的。（暴雨、引发、山体滑坡）

❸ 女：这次南方地区的水灾厉害吗？
男：哎哟，那可是相当严重，道路被冲垮，交通也瘫痪了，造成大量人员伤亡。（严重、冲垮、瘫痪、伤亡）

❹ 男：近几年怎么总是发生沙尘暴？
女：还不是砍伐森林、水土流失、土地荒漠化造成的嘛！（砍伐、水土流失、荒漠化）
男：嗯，有道理，是该下大力气解决这个问题了！

❺ 女：据电视报道，美国南部7个州遭到了龙卷风的袭击，死亡人数已经上升到306人。（遭到、袭击、上升）
男：这可能是美国几十年来最严重的一次龙卷风灾害了。

2. 根据提示完整地回答问题。

①问：昨晚好像出事了，怎么了？严重吗？
回答：唉，发生了两列火车追尾的重大交通事故，损失巨大啊！

②问：这个地区怎么样？
回答：这个地区是世界上自然灾害最严重的地区之一，几乎连年发生各种自然灾害。

③问：现在我们要做什么？
回答：当务之急是抢救伤员，其次是抢修倒塌的房屋和道路，并尽快查明事故原因。

④问：是什么原因造成了这次事故呢？很多人都在问。
回答：除了恶劣天气等客观原因外，我们认为还有人为的主观因素，这一定要查清楚！

⑤问：政府部门在做什么？
回答：正在采取积极措施，把损失减少到最小，已经安排了很多人在抢修水电、道路，争取尽快恢复正常。

2 迎接挑战

课前预习　参考答案

画线连接词语和它们的意思。

①b ②e ③a ④c ⑤d ⑥g ⑦f

热身　参考答案

①地球变暖　②土地荒漠化　③森林被砍伐　④干旱缺水
⑤城市中的贫民窟　⑥空气污染　⑦水污染　⑧恐怖袭击
⑨贫穷和饥荒　⑩超级病菌　⑪战争　⑫城市中的失业者
⑬能源危机

演练与交际1　录音文本（17-2）

男：现在的气候真反常啊！
女：可不，才5月份就这么热了。
男：这是全球变暖造成的。
女：你说全球变暖是什么原因造成的呢？
男：这可能跟人口增加、工业污染，空气中含碳量过高有关。

女：那，这会对我们有哪些危害呢？

男：危害可多了。比如，气候反常，出现旱涝灾害，地球上的生态系统遭到破坏，有些物种会消失；再比如，极地冰川融化，海平面上升，有些国家，像美丽的印度洋岛国马尔代夫、太平洋岛国基里巴斯等等，都可能被海水吞没……

女：那可真是太可怕了！我们必须得采取措施了！

男：是啊，所以，现在大家都在说要减少环境污染、节能减排、低碳生活呢！

女：我们真应该从现在做起，从我做起，从生活中的一点一滴做起啊！

男：没错，保护地球，就是保护我们自己。

语言聚焦　参考答案

1. 两位学生正在聊一些世界热点问题，根据情境，选用合适的词语完成对话。

学生A：在一些国家，毒品走私还很严重，吸毒的人有增无减。一些毒贩无视法律，还在到处贩卖毒品。

学生B：可不是，这是一个需要多国联手解决的问题。

学生A：哎，你注意没有？近来一些地区政治动荡，战乱不断，这造成了失业人口的增加，使许多人更加贫困，很多地方都能看到无家可归者。

学生B：是啊，还有全球变暖带来的问题，如高温少雨，干旱缺水，在一些非洲国家还引发了饥荒。

学生A：那些人真可怜！我在电视上看到，因为环境污染、超级病菌等原因，很多人得了不治之症，却无钱去治、无药可医。

学生B：唉，问题实在太多了。你没发现吗？最近几天市场上好多东西都涨价了！

学生A：这不就是通货膨胀嘛！全球化的今天，经济危机、能源危机、环境危机、社会动荡，这一系列问题，恐怕都是紧密相连的。

学生B：唉，谁能解决这些问题呢？

学生A：战争是人造成的，和平也是人类努力的成果。人类齐心协力可以改变很多事情。

学生B：你是说“亡羊补牢，未为晚也”？

学生A：你的汉语学得真不错呀！

学生B：（笑了）哪里，哪里，我是想跟大家说，我们只有一个地球，人类应该同舟共济。

学生A：你说得太好了！地球人都应该记住这句话！

2. 下面是一段关于挪威爆炸、枪击案的报道，里面缺少一些词，选用合适的词语把这篇报道补充完整。

当地时间22号下午3点半，位于挪威奥斯陆市中心的挪威政府办公大楼门前突然发生爆炸，爆炸所产生的巨大冲击波严重破坏了这座17层高的大楼和附近的多座建筑，现场随处可以看见破碎的玻璃和金属。爆炸至少造成7人死亡。警方建议人们保持冷静，并远离奥斯陆市区。

然而，不久一个小岛又传来了枪声，一名伪装成警察的30多岁男子突然冲入岛上的一座青年营，向正在那里参加工党青年团年度活动的人群开枪。据目击者称，现场当时大约有700多人，大多数是14岁到18岁的青少年。袭击发生后，行凶的枪手已经被逮捕。挪威警方将此次爆炸、枪击案定性为国内恐怖袭击，与外国恐怖组织无关。

3 视听说

课前预习 参考答案

画线连接词语和它们的意思。

❶c ❷f ❸e ❹b ❺a ❻d

第十八单元 视听说——电影《女人的天空》

语言聚焦 参考答案

1. 介绍“空姐”。

空姐这个职业首先对人的外表有一定的要求。空姐不仅要形象漂亮、身材苗条，更重要的是还要气质高雅，美丽大方。她们在飞机上工作时要求身着统一的制服，头发也有标准的发型规定。另外，无论面对什么样的旅客，她们都要做到面带微笑，热情主动，认真负责。有人说空姐是个令人羡慕的职业，可以一边工作一边周游世界。其实，她们的工作也有一定的危险性，而且如果是国际航班，就要不断倒时差，非常辛苦。

2. 选用合适的词语完成句子或对话。

❶ 他因为赌博把钱都输光了，现在只能住在大街上，成了一个无家可归的人。

❷ 这家宾馆的服务态度非常好，给人一种宾至如归的感觉。因此，每位来这里住宿的客人都很满意。

❸ 法律面前人人平等，对谁都不能网开一面，即使是省长也不行。

④ 他这种小人口蜜腹剑，你可不能只听他口头怎么说，而要看他实际怎么做。
⑤ 这点儿工资只够我们日常生活开支的。你还想买辆新汽车？不要想入非非了！
⑥ 我妹妹从小就喜欢跳舞，只要一听到音乐她就情不自禁地跳起舞来。
⑦ 在这次为地震灾区捐款的活动中，他假公济私，贪了一大笔钱。
⑧ 你刚有这么一点儿小成绩就得意忘形，以后怎么能取得更大的成功呢？
⑨ 你在这么多人面前指出他的缺点，难怪他恼羞成怒了。
⑩ 先生，请不要在这里纠缠不休了！您也知道，本店卖出的商品概不退换。
⑪ [学生A和老师B在毕业论文答辩后]

A：谢谢老师！我今天能顺利地通过论文答辩，从学校毕业，全靠您平时教导有方！

B：怎么能这么说呢？归根到底，还是你自己努力的结果。

⑫ [丈夫A和妻子B在一起谈话]

A：你怎么买了这么贵的一台电视机呀？

B：我可不是心血来潮，而是经过了深思熟虑。

A：是吗？

B：你想想，这台电视机虽然贵了一点儿，但是省电，而且更重要的是辐射小，不伤眼睛。

3. 用给出的词语改说下列句子。

① 买房子这种事要夫妻二人一起商量才行，你怎么没跟我打招呼就自己决定了呢？
② 昨天还说去颐和园，今天又说改去北海了，你怎么想一出是一出呢？
③ 一遇到生人就不敢说话，他从小到大都是这样，想改是改不了了。
④ 他这个人做事我放心，别说办你这点儿小事，即使遇到天大的事情他也都能处理好。
⑤ 按最低价卖给我这台电视，这件事我们不是昨天就说好了吗？
⑥ 你不要再皮笑肉不笑了，其实我知道你心里一点儿也不高兴！
⑦ 他们一吵架我就出去逛商场，眼不见，心不烦。
⑧ 第一次跑步一小时，你肯定觉得累，但是每天都这样锻炼就习惯成自然了。
⑨ 我暑假去哪儿旅游关你什么事？你为什么总是问这问那呢？
⑩ 公司老板天天都给我小鞋穿，我不得不辞职了。
⑪ 公共汽车上有人偷乘客的钱包，你作为售票员，怎么能睁一只眼，闭一只眼呢？

附录2：词语总表

词语	拼音	英文注释	单元-部分
A			
安装	ānzhuāng	to install	13-1
B			
白领	báilǐng	white-collar worker	15-1
白头偕老	báitóu xiélǎo	(of husband and wife) to grow old together	11-1
百忙之中	bǎimáng zhī zhōng	during a busy schedule	15-1
百年好合	bǎinián hǎo hé	lasting harmony	11-1
摆弄	bǎinòng	to fiddle with	11-1
摆设	bǎishe	article merely for show	16-3
办公软件	bàngōng ruǎnjiàn	office software	13-2
伴侣	bànlǚ	mate, partner	11-2
榜样	bǎngyàng	role model	12-2
棒球	bàngqiú	baseball	10-2
包办	bāobàn	to take everything on oneself, to take sole charge of	12-2
保持镇静	bǎochí zhènjìng	to keep calm	17-1
抱怨	bàoyuàn	to complain	16-2
暴躁	bàozào	hot-tempered	14-1
被捕	bèi bǔ	to be arrested	14-1
蹦极	bèngjí	bungee jumping	10-2
编辑	biānjí	editor	15-2
便捷	biànjié	convenient	15-2
便秘	biànmì	constipation	10-1
便装	biànzhuāng	informal dress	16-1
表白	biǎobái	to express (one's feelings), to profess	11-1
比比皆是	bǐbǐ jiē shì	to be great in number	13-2
比翼齐飞	bǐyì qífēi	to pair off wing to wing—to keep each other company all the time	11-2
避孕措施	bìyùn cuòshī	contraceptive measure, birth control method	11-2
病毒	bìngdú	virus	13-1
播放	bōfàng	to broadcast, to play	13-2
伯父	bófù	father's elder brother	12-1
博客	bókè	blog	13-2
不干	bú gàn	to disagree	12-3
不乐观	bú lèguān	not optimistic, not hopeful	10-3
不孝	búxiào	to fail to fulfil filial obligations, to lack filial piety	12-2
不治之症	búzhìzhīzhèng	incurable disease	17-2

词语	拼音	英文注释	单元-部分
不鸣则已，一鸣惊人	bù míng zé yǐ, yìmíng jīngrén	it may not have cried out yet, but once it does, it will startle everyone—(of an obscure person) to amaze the world with the first work	13-1
不闻不问	bùwén búwèn	to be indifferent to	12-2
C			
插足	chāzú	to get involved in	11-2
颤抖	chàndǒu	to tremble, to shiver	17-1
超级病菌	chāojí bìngjūn	super germs	17-2
超级杂交稻	chāojí zájiāo dào	super hybrid rice	14-1
超声诊断科（B超）	chāoshēng zhěnduàn kē (B chāo)	ultrasonic diagnosis department (B-scan)	10-1
晨练	chénliàn	morning exercise	10-2
承受不了	chéngshòu bu liǎo	cannot bear	10-3
吃苦耐劳	chīkǔ nàiláo	to bear hardships and hard work	16-1
耻辱	chǐrǔ	shame	13-1
冲动	chōngdòng	impetuous	14-2
崇拜	chóngbài	to worship, to adore	14-2
崇敬	chóngjìng	to esteem, to respect	16-2
抽屉	chōuti	drawer	10-1
传媒界	chuánméijiè	circles of media	15-2
传染病	chuánrǎnbìng	infectious disease	13-1
窗口	chuāngkǒu	window	13-1
出版界	chūbǎnjiè	publishing circles	15-2
出轨	chūguǐ	to overstep the bounds—to cheat on (one's husband or wife)	11-2
纯朴	chúnpǔ	honest, simple, unsophisticated	14-2
慈善基金会	císhàn jījīnhuì	philanthropic foundation	13-1
刺激	cìjī	to stimulate	10-2
凑合	còuhe	passable	13-3
D			
搭	dā	to build	11-1
打量	dǎliang	to look sb. up and down	11-1
打喷嚏	dǎ pēntì	to sneeze	10-1
大气	dàqì	grand, impressive	14-3
代沟	dàigōu	generation gap	12-2
待遇	dàiyù	pay and benefits	16-2
担忧	dānyōu	to worry	17-2
单亲家庭	dānqīn jiātíng	single-parent family	12-1
胆怯	dǎnqiè	cowardly, timid	16-1
淡（情感方面）	dàn	indifferent	12-3
当务之急	dāngwùzhījí	urgent task of the moment	17-1

词语	拼音	英文注释	单元-部分
倒塌	dǎotā	to collapse, to fall down	17-1
道德准则	dàodé zhǔnzé	code of ethics	11-2
得失	déshī	gains and losses	11-1
得意忘形	déyì wàngxíng	to get dizzy with success	17-3
灯泡	dēngpào	lamp bulb	13-1
灯塔	dēngtǎ	lighthouse	16-2
登峰造极	dēngfēng zàojí	to reach the acme of perfection, to reach the pinnacle	13-1
低调	dīdiào	keeping a low profile, modest	16-2
低碳生活	dītàn shēnghuó	low-carbon life	17-2
地久天长	dìjiǔ tiāncháng	as long-lasting as the heaven and the earth—everlasting and unchanging	11-1
地陪	dìpéi	local guide	15-2
地球变暖	dìqiú biàn nuǎn	global warming	17-2
颠簸	diānbǒ	to jolt, to bump, to toss	17-3
典礼	diǎnlǐ	ceremony	14-1
电闪雷鸣	diàn shǎn léi míng	lightning flashes and thunder roars	11-1
电源	diànyuán	electricity supply	17-1
丁克家庭	dīngkè jiātíng	DINK family	12-1
动不了	dòng bu liǎo	cannot move	10-1
动手术	dòng shǒushù	to perform/have an operation	10-3
逗	dòu	funny	14-3
独身主义	dúshēnzhǔyì	celibacy	11-2
堆着	duīzhe	to be piled with	15-1
多才多艺	duōcái duōyì	talented in many ways, versatile	14-2
躲避	duǒbì	to avoid	17-1
E			
恶心	ěxin	to feel nauseous	10-1
F			
发颤	fāchàn	to quiver, to tremble	16-1
发动机	fādòngjī	engine, motor	16-2
反省	fǎnxǐng	introspection, self-examination	16-2
防守	fángshǒu	to defend	10-2
放射科（X光、CT）	fàngshè kē (X guāng, CT)	radiosurgery (X-ray, CT)	10-1
飞跃	fēiyuè	to leap	11-2
肺炎	fèiyán	pneumonia	10-1
废墟	fèixū	ruins	17-1
分头	fēntóu	parted hair	14-1
奋不顾身	fènbúgùshēn	(to dash ahead) regardless of one's own safety	16-1

词语	拼音	英文注释	单元-部分
风雨同舟	fēngyǔ tóngzhōu	to be in the same storm-tossed boat—to stand together through thick and thin	11-1
疯狂	fēngkuáng	crazy	11-3
腐败	fǔbài	corrupt	17-2
附和	fùhè	to echo	11-1
富豪	fùháo	rich and powerful person	13-1
腹泻（拉肚子）	fùxiè (lā dùzi)	diarrhoea; to have loose bowels	10-1
G			
干旱	gānhàn	drought	17-2
感恩	gǎn'ēn	to feel grateful	14-1
干练	gànliàn	capable and experienced	14-2
高调	gāodiào	maintaining a high profile, high-flown	16-2
隔开	gékāi	to separate	11-1
跟……抗争	gēn……kàngzhēng	to make a stand against	14-3
哽咽	gěngyè	to choke with sobs	11-1
工作职责	gōngzuò zhízé	job responsibility	15-1
公公	gōnggong	husband's father	12-1
贡献	gòngxiàn	contribution	14-1
姑姑	gūgu	father's sister	12-1
孤僻	gūpì	unsociable and eccentric	12-2
骨折	gǔzhé	(bone) fracture	10-1
鼓励	gǔlì	to encourage	12-2
固执	gùzhi	stubborn	14-2
怪异	guàiyì	weird	16-1
光宗耀祖	guāngzōng yàozǔ	to bring honour to one's ancestors	11-2
广博	guǎngbó	(of one's knowledge) wide, extensive	15-1
规范	guīfàn	standard, normal, regular	17-3
规章	guīzhāng	rules	15-2
跪	guì	to kneel	17-1
国际公务员	guójì gōngwùyuán	international civil servant	15-1
国际维和警察	guójì wéihé jǐngchá	international peacekeeping police	15-1
国界	guójiè	national boundary	11-2
过敏	guòmǐn	anaphylactic	10-1
过于	guòyú	excessively, too	16-1
H			
海峡	hǎixiá	strait, channel	11-3
海啸	hǎixiào	tsunami	17-1
害羞	hàixiū	to be shy	16-1
含混	hánhùn	unclear	11-1
旱灾	hànzāi	drought	17-1

词语	拼音	英文注释	单元-部分
航天员（宇航员）	hángtiānyuán (yǔhángyuán)	astronaut	15-1
和蔼可亲	hé'ǎi kěqīn	amiable	14-2
核辐射	héfúshè	nuclear radiation	17-1
阖家幸福	héjiā xìngfú	family happiness	11-1
黑屏	hēipíng	blank screen	13-1
厚道	hòudao	honest and kind, virtuous and sincere	14-2
呼救	hūjiù	to call for help	17-1
蝴蝶	húdié	butterfly	11-1
花轿	huājiào	bridal sedan chair	11-1
花哨	huāshao	garish	16-1
花样滑冰	huāyàng huábīng	figure skating	15-1
滑冰	huábīng	skating	10-2
荒岛	huāng dǎo	uninhabited island	16-2
黄/白痰	huáng/bái tán	yellow/white sputum	10-1
晃	huàng	to shake	17-1
辉煌	huīhuáng	glorious	16-2
回收站	huíshōuzhàn	recycle bin	13-1
昏迷	hūnmí	to be comatose	10-3
浑身酸痛	húnshēn suāntòng	to have pains all over the body	10-1
混血儿	hùnxuè'ér	person of mixed race	12-1
I			
IT界	ITjiè	IT circles	15-2
J			
饥荒	jīhuāng	famine	17-2
机不可失，失不再来	jī bù kě shī, shī bú zài lái	opportunity knocks but once	16-2
极限运动	jíxiàn yùndòng	extreme sport	10-2
吉祥如意	jíxiáng rúyì	good luck and happiness	11-1
急匆匆	jícōngcōng	hurried	17-1
急诊	jízhěn	emergency treatment	10-1
计较	jìjiào	to haggle over	11-1
继父	jìfù	stepfather	12-1
继母	jìmǔ	stepmother	12-1
家喻户晓	jiāyù hùxiǎo	known to every household	14-1
兼职	jiānzhí	part-time job	14-3
见不得人	jiànbudé rén	not fit to be seen	11-1
见仁见智	jiànrén jiànzhì	opinions differ	11-2
健美操	jiànměicāo	callisthenics, body-building exercise	10-2
将就	jiāngjiu	to make do with, to put up with	17-3
交通瘫痪	jiāotōng tānhuàn	paralysed transportation, traffic tie-up	17-1
交学费	jiāo xuéfèi	to pay tuition fees	16-3

词语	拼音	英文注释	单元-部分
娇生惯养	jiāoshēng guànyǎng	to grow up in easy circumstances	12-2
焦虑	jiāolǜ	to feel anxious	10-1
狡猾	jiǎohuá	cunning, tricky	14-2
校对员	jiàoduìyuán	proofreader	15-2
节能减排	jiénéng jiǎnpái	energy saving and emission reduction	17-2
解雇	jiěgù	to fire, to dismiss	15-1
介意	jièyì	to mind, to care	11-1
金领	jīnlǐng	gold-collar worker	15-1
尽职尽责	jìnzhí jìnzé	to do one's part with a sense of duty	16-2
进攻	jìngōng	to attack	10-2
进修	jìnxiū	to engage in advanced studies	15-2
晋升	jìnshēng	to promote to a higher office	15-2
经贸	jīngmào	economy and trade	15-2
惊慌	jīnghuāng	scared, panic-stricken	17-1
精力充沛	jīnglì chōngpèi	energetic	14-2
精力过人	jīnglì guòrén	to have exceptional vitality	13-1
精神失常	jīngshén shīcháng	abnormality of mind	17-1
警棍	jǐnggùn	police baton	15-1
敬佩	jìngpèi	to esteem, to admire	14-2
炯炯有神	jiǒngjiǒng yǒu shén	(of eyes) bright and piercing	14-1
酒窝	jiǔwō	dimple	14-1
舅舅	jiùjiu	mother's brother	12-1
救援	jiùyuán	to rescue	16-2
就职	jiùzhí	to assume office	14-1
居然	jūrán	unexpectedly	12-3
举重	jǔzhòng	weightlifting	10-2
飓风	jùfēng	hurricane	17-1
捐献	juānxiàn	to contribute, to donate	13-1
绝望	juéwàng	to give up all hope, to despair	17-1
倔脾气	juè píqi	stubborn temper	11-1
均等	jūnděng	equal	15-3
K			
开朗	kāilǎng	optimistic, cheerful	14-2
开明	kāimíng	enlightened, open-minded	15-2
看守	kānshǒu	guard, jailer, warder	14-1
砍伐森林	kǎnfá sēnlín	to deforest	17-2
慷慨	kāngkǎi	generous	14-2
啃老族	kěnlǎozú	dependent adult child	13-2
空巢家庭	kōngcháo jiātíng	empty-nest family	12-1
空难	kōngnàn	air crash	17-1
恐怖袭击	kǒngbù xíjī	terrorist attack	17-2

词语	拼音	英文注释	单元-部分
跨国婚姻	kuàguó hūnyīn	transnational marriage	11-2
跨洋过海	kuà yáng guò hǎi	to cross the ocean and sea, to go abroad	11-2
快捷	kuàijié	quick, fast	15-2
宽容	kuānróng	to be tolerant	12-2
矿难	kuàngnàn	mine disaster, mining accident	17-1
		L	
蜡烛	làzhú	candle	11-1
来临之际	láilín zhī jì	as…approaches	17-2
蓝领	lánlǐng	blue-collar worker	15-1
懒惰	lǎnduò	lazy	12-2
烂	làn	to rot, to decay	14-1
浪费	làngfèi	to waste	14-1
浪漫	làngmàn	romantic	11-2
姥姥	lǎolao	maternal grandmother	12-1
姥爷	lǎoye	maternal grandfather	12-1
冷漠	lěngmò	cold and detached, indifferent	14-2
理性	lǐxìng	reason, sense	16-2
理智	lǐzhì	reasonable, rational	11-3
连理	liánlǐ	trees or plants whose branches interlock or join together—loving couple	11-2
联合国秘书长	Liánhéguó mìshūzhǎng	Secretary-General of the United Nations	14-1
脸颊	liǎnjiá	cheek	11-1
凉	liáng	cool	15-1
裂开	lièkāi	to crack/split open	11-1
吝啬	lìnsè	stingy, mean	14-2
灵敏	língmǐn	sensitive, keen, agile	16-2
流鼻涕	liú bítì	to have a running nose	10-1
浏览器	liúlǎnqì	browser	13-2
龙卷风	lóngjuǎnfēng	tornado	17-1
聋哑人	lóngyǎrén	deaf-mute	14-1
绿草茵茵	lǜ cǎo yīnyīn	lush green grass	13-3
络腮胡子	luòsāi húzi	whiskers, sideburns	14-1
		M	
马术	mǎshù	horsemanship	10-2
忙碌	mánglù	busy	15-1
盲人	mángrén	blind person	14-1
煤气	méiqì	gas	17-1
门当户对	méndāng hùduì	(of a marriage) to be well-matched in socio-economic position	11-2
门诊	ménzhěn	outpatient service	10-1
蒙（骗）人	mēng (piàn) rén	to hoodwink people, to deceive people	13-3

词语	拼音	英文注释	单元-部分
弥漫	mímàn	to be suffused with	11-1
免疫力	miǎnyìlì	immunity	10-2
名声	míngshēng	reputation	15-2
模糊不清	móhu bù qīng	blurred, indistinct	10-1
魔术师	móshùshī	magician	15-2
抹	mǒ	to apply (medicine, ointment, etc.)	10-1
莫大	mòdà	greatest	15-1
目击者	mùjīzhě	witness	17-2
墓	mù	tomb, grave	11-1
		N	
那倒是	nà dào shì	that is quite true	14-3
内裤	nèikù	underpants	15-1
内衣	nèiyī	underwear	15-1
能说会道	néngshuō huìdào	to have the gift of the gab	14-2
能源危机	néngyuán wēijī	energy crisis	17-2
泥石流	níshíliú	mud-rock flow	17-1
逆反	nìfǎn	to be disobedient, to be rebellious	12-2
溺爱	nì'ài	to spoil (a child)	12-2
年老色衰	nián lǎo sè shuāi	to lose one's charm with years	11-1
年少气盛	niánshào qìshèng	to be young and impetuous	16-3
浓痰	nóng tán	thick sputum	10-1
女扮男装	nǚ bàn nán zhuāng	(of a woman) to disguise oneself as a man	11-1
女婿	nǚxu	son-in-law	12-1
		O	
呕吐	ǒutù	to throw up, to vomit	10-1
		P	
爬/登山	pá/dēng shān	mountain climbing, mountaineering	10-2
排球	páiqiú	volleyball	10-2
攀岩	pānyán	rock climbing	10-2
培训	péixùn	to train	15-2
疲惫不堪	píbèi bùkān	extremely exhausted	16-2
贫民窟	pínmínkū	slum	17-2
乒乓球	pīngpāngqiú	ping-pong, table tennis	10-2
平台	píngtái	platform	13-2
婆婆	pópo	husband's mother	12-1
迫害	pòhài	to persecute	14-1
扑	pū	to throw oneself on	11-1
		Q	
齐心协力	qíxīn xiélì	to make a concerted effort	17-2
奇闻逸事	qíwén yìshì	fantastic stories and anecdotes	13-2
起色	qǐsè	improvement	11-1

词语	拼音	英文注释	单元-部分
气魄	qìpò	great courage	16-2
泣不成声	qìbùchéngshēng	to sob too bitterly to speak	11-1
前夫	qiánfū	ex-husband	12-1
前妻	qiánqī	ex-wife	12-1
前景看好	qiánjǐng kànhǎo	to have good prospects	15-2
潜力	qiánlì	potential	15-3
潜水	qiánshuǐ	(underwater) diving	10-2
抢救	qiǎngjiù	to rescue, to save	10-3
抢修	qiǎngxiū	to do rush repairs	17-1
敲击	qiāojī	to knock	17-1
亲和力	qīnhélì	affinity, amiability	14-2
青梅竹马	qīngméi zhúmǎ	green plums and bamboo horse—a girl and a boy playing innocently together, childhood sweethearts	11-2
情投意合	qíngtóu yìhé	to find each other congenial	11-2
亲家	qìngjia	relatives by marriage	12-1
求婚	qiúhūn	to propose, to make an offer of marriage	11-1
曲折	qūzhé	tortuous, intricate	13-1
圈子	quānzi	circle	13-2
全球化	quánqiúhuà	globalization	17-2
全身不适	quánshēn búshì	general malaise; to feel uncomfortable all over the body	10-1
全职	quánzhí	full-time	16-1
泉水干涸	quánshuǐ gānhé	a spring (water) dries up	11-2
拳击	quánjī	boxing	10-2
蜷缩	quánsuō	to curl up, to huddle up	17-1
鹊桥相会	quèqiáo xiānghuì	to meet on the Magpie Bridge	11-1
R			
人各有志	rén gè yǒu zhì	everyone has his own ambition	12-2
人祸	rénhuò	man-made disaster	17-1
人无远虑，必有近忧	rén wú yuǎnlǜ, bì yǒu jìnyōu	unpreparedness spells trouble	15-2
任性	rènxìng	self-willed	12-2
荣幸	róngxìng	honoured	15-1
软件	ruǎnjiàn	software	13-1
弱势群体	ruòshì qúntǐ	disadvantaged group	15-1
S			
撒谎	sāhuǎng	to lie, to tell a lie	12-2
洒脱	sǎtuō	free and easy, unrestrained	16-2
赛跑	sàipǎo	race	10-2
赛艇	sàitǐng	rowing	10-2
杀毒	shādú	to kill a computer virus	13-1

词语	拼音	英文注释	单元-部分
沙尘暴	shāchénbào	sandstorm	17-1
商贸界	shāngmàojiè	circles of business and trade	15-2
上传	shàngchuán	to upload	13-2
上手	shàngshǒu	to get started	16-3
奢侈	shēchǐ	luxurious, wasteful	14-2
社区	shèqū	community	15-3
射击	shèjī	shooting	10-2
摄像师	shèxiàngshī	cameraman	15-1
摄像头	shèxiàngtóu	camera	13-3
慎重	shènzhòng	cautious, discreet	11-2
生态学家	shēngtàixuéjiā	ecologist	16-2
失眠	shīmián	to suffer from insomnia	10-1
湿润	shīrùn	moist, wet	11-2
时光不能倒转	shíguāng bù néng dào-zhuǎn	time never flows backwards	16-2
时冷时热	shí lěng shí rè	sometimes cold and sometimes hot	10-1
时装模特	shízhuāng mótè	fashion model	15-1
视频	shìpín	video	13-1
释放	shìfàng	to release, to set free	14-1
手足（情）	shǒuzú (qíng)	brotherhood	12-1
首位	shǒuwèi	first place	13-1
摔伤	shuāishāng	to fall and hurt oneself	10-1
拴	shuān	to fasten, to tie	15-1
双胞胎	shuāngbāotāi	twins	12-1
双边关系	shuāngbiān guānxì	bilateral relations	15-1
水稻	shuǐdào	paddy (rice), rice	14-1
顺其自然	shùn qí zìrán	to let nature take its course, to follow the natural tendency of sth.	12-2
死机	sǐjī	(of a computer) to crash	13-1
搜索工具	sōusuǒ gōngjù	search engine	13-2
算是	suànshì	kind of, sort of	14-3
随和	suíhe	easy-going	14-2
随机应变	suíjī yìngbiàn	to act according to circumstances	16-2
T			
台风	táifēng	typhoon	17-1
太极拳	tàijíquán	tai chi chuan, shadow boxing	10-2
叹息	tànxī	to sigh	13-3
逃生	táoshēng	to flee for one's life	16-2
桃李满天下	táolǐ mǎn tiānxià	to have students scattered throughout the land	15-1
淘汰	táotài	to eliminate through selection or competition	16-1

词语	拼音	英文注释	单元-部分
套装	tàozhuāng	suit (of clothes)	16-1
提升	tíshēng	to promote	15-1
体操	tǐcāo	gymnastics	10-2
体力	tǐlì	physical strength	17-1
体质	tǐzhì	physique, constitution	10-2
天宫	tiāngōng	heavenly palace	11-1
天堂	tiāntáng	heaven	11-1
天灾	tiānzāi	natural disaster	17-1
挑剔	tiāoti	to be nitpicking	16-1
调解	tiáojiě	to reconcile	15-1
调酒师	tiáojiǔshī	bartender	15-1
调配	tiáopèi	to allocate, to deploy, to distribute, to allot	12-3
跳高	tiàogāo	high jump	10-2
跳水	tiàoshuǐ	diving	10-2
跳远	tiàoyuǎn	long jump	10-2
通货膨胀	tōnghuò péngzhàng	inflation	17-2
同父异母	tóng fù yì mǔ	with the same father but different mothers	12-1
同行	tóngháng	people of the same trade	14-1
同母异父	tóng mǔ yì fù	with the same mother but different fathers	12-1
同舟共济	tóngzhōu gòngjì	to pull together in times of trouble	17-2
头等舱	tóuděngcāng	first-class cabin	17-3
头晕	tóu yūn	dizziness	10-1
土地荒漠化	tǔdì huāngmòhuà	desertification	17-2
退烧药	tuìshāoyào	antipyretic	10-1
退缩	tuìsuō	to shrink back	13-2
W			
挖掘	wājué	to excavate	17-1
崴脚	wǎi jiǎo	to sprain one's ankle	10-1
外孙/外孙女	wàisūn/wàisūnǚ	grandson/granddaughter, son/daughter of one's daughter	12-1
完备	wánbèi	complete, perfect	15-2
晚宴	wǎnyàn	evening banquet	11-1
亡羊补牢，未为晚也	wáng yáng bǔ láo, wèi wéi wǎn yě	it is not too late to mend the fold even after the sheep has been lost	17-2
网卡	wǎngkǎ	network (interface) card	13-1
网球	wǎngqiú	tennis	10-2
网页	wǎngyè	web page	13-2
望子成龙	wàngzǐ chénglóng	to hope one's children will have a bright future	12-2
微乎其微	wēihūqíwēi	next to nothing	10-3
为人友善	wéirén yǒushàn	to be friendly with everyone	14-2
围裙	wéiqun	apron	10-1

词语	拼音	英文注释	单元-部分
维持	wéichí	to maintain	10-3
为……辩护	wèi……biànhù	to argue in favour of, to defend	15-1
未婚同居	wèi hūn tóngjū	to live together before marriage	11-2
胃肠炎	wèichángyán	gastroenteritis	10-1
文化差异	wénhuà chāyì	cultural difference	11-2
稳重	wěnzhòng	steady, prudent	11-1
无家可归	wú jiā kě guī	to be homeless	17-2
无可厚非	wúkěhòufēi	to give no cause for criticism	13-2
无视	wúshì	to ignore	17-2
无线	wúxiàn	wireless	13-1
五官端正	wǔguān duānzhèng	to have regular features	14-1
捂住	wǔzhù	to cover	17-1
物色	wùsè	to look for	15-3
X			
喜鹊	xǐquè	magpie	11-1
细致	xìzhì	careful, meticulous	16-1
瞎混	xiā hùn	to muddle along	14-3
下属	xiàshǔ	subordinate	16-2
下载	xiàzài	to download	13-1
显示	xiǎnshì	to show, to display	15-1
相敬如宾	xiāngjìng rúbīn	(of a married couple) to respect each other as if the other were a guest	11-2
相濡以沫	xiāngrú yǐmò	to help each other pull through a plight	11-1
相貌	xiàngmào	looks, appearance	14-1
小事一桩（件）	xiǎo shì yì zhuāng (jiàn)	a piece of cake, minor task	13-1
携起手来	xié qi shǒu lai	to be hand in hand	17-2
心胸狭窄	xīnxiōng xiázhǎi	narrow-minded	16-2
新闻播音员	xīnwén bōyīnyuán	newscaster	15-1
薪金	xīnjīn	salary	16-2
信任	xìnrèn	to trust	12-2
信息技术	xìnxī jìshù	information technology	15-2
信仰	xìnyǎng	faith, belief	11-2
雄心	xióngxīn	great ambition	16-2
虚弱	xūruò	(of the body) weak	10-3
血管	xuèguǎn	(blood) vessel	10-3
血液循环	xuèyè xúnhuán	blood circulation	10-2
Y			
压缩	yāsuō	to compress, to compact	13-1
牙疼不是病，疼起来真要命。	Yá téng bú shì bìng, téng qilai zhēn yào mìng.	Toothache is nothing, but it's everything when it happens.	10-1
烟尘	yānchén	smoke and dust	17-1

词语	拼音	英文注释	单元-部分
严谨	yánjǐn	careful and prudent, scrupulous	16-1
言之有理	yán zhī yǒu lǐ	to sound reasonable, to make sense	15-2
厌食	yànshí	to have a poor appetite	10-1
养父	yǎngfù	foster father	12-1
养母	yǎngmǔ	foster mother	12-1
痒	yǎng	to itch	10-1
邀功请赏	yāogōng qǐngshǎng	to claim credit and seek rewards for someone else's achievements	16-1
依依不舍	yīyī bù shě	to be reluctant to part with	11-1
一个萝卜一个坑	yí ge luóbo yí ge kēng	one radish to one hole—everybody has his own task and no one is idle	16-3
一见钟情	yíjiàn zhōngqíng	to fall in love at first sight	11-2
姨	yí	mother's sister	12-1
以免	yǐmiǎn	lest, in order to avoid	17-1
抑郁症	yìyùzhèng	depression	10-1
疫苗	yìmiáo	vaccine	13-1
意向	yìxiàng	intention	15-1
引以为荣	yǐn yǐ wéi róng	to take as a great honour	16-2
硬件	yìngjiàn	hardware	13-1
硬盘	yìngpán	hard disc drive	13-1
永恒	yǒnghéng	eternal	11-1
勇往直前	yǒngwǎng zhíqián	to march right ahead courageously	16-2
优雅	yōuyǎ	elegant	15-2
忧虑	yōulǜ	worried, anxious, concerned	17-2
邮件	yóujiàn	email	13-1
有好感	yǒu hǎogǎn	to have a good opinion of sb.	16-1
有礼有节	yǒulǐ yǒujié	polite and decent	17-3
（有）前途	(yǒu) qiántú	(to have) future, prospects	15-2
有情人终成眷属	yǒu qíng rén zhōng chéng juànshǔ	lovers will eventually be wedded	11-2
有求必应	yǒuqiú bìyìng	to respond to every plea	12-2
（有）眼光	(yǒu) yǎnguāng	(to have) vision, foresight	15-2
有主见	yǒu zhǔjiàn	to know one's own mind, to have definite views of one's own	14-3
瘀血	yū xiě/yūxuè	blood stasis	10-1
于己无损，于人有益	yú jǐ wú sǔn, yú rén yǒu yì	to benefit others without hurting oneself	14-1
余震	yúzhèn	aftershock	17-1
瑜伽	yújiā	yoga	10-2
与众不同	yǔ zhòng bù tóng	out of the ordinary	14-2
羽毛球	yǔmáoqiú	badminton	10-2
语无伦次	yǔwúlúncì	to speak incoherently	16-1
预备	yùbèi	to prepare	15-3

词语	拼音	英文注释	单元-部分
渊博	yuānbó	broad and profound, erudite	14-2
源泉	yuánquán	source, fountainhead	12-1
远离	yuǎnlí	to be far away from	17-1
岳父	yuèfù	wife's father	12-1
岳母	yuèmǔ	wife's mother	12-1
运输	yùnshū	transportation	17-1
运行	yùnxíng	(of a software program, etc.) to run	13-1
		Z	
造就	zàojiù	to create, to train	11-2
责任感	zérèngǎn	sense of responsibility	12-2
宅生活	zhái shēnghuó	indoor life, life of a shut-in	13-2
占优势	zhàn yōushì	to have superiority	15-3
战乱	zhànluàn	chaos caused by war	17-2
张扬	zhāngyáng	to make widely known	16-2
仗义执言	zhàngyì zhíyán	to speak boldly in defence of justice	15-1
帐篷	zhàngpeng	tent	16-2
朝九晚五	zhāo jiǔ wǎn wǔ	to work from 9 am to 5 pm	15-2
针锋相对	zhēnfēng xiāngduì	to give tit for tat, to be in direct opposition to	13-2
阵痛	zhèntòng	recurrent spasm of pain	10-1
震垮	zhènkuǎ	to knock down, to destroy by shaking	17-1
争端	zhēngduān	dispute	15-1
正规	zhèngguī	standard, regular	15-2
正装	zhèngzhuāng	formal dress	16-1
郑重	zhèngzhòng	serious, solemn, earnest	16-1
之所以……，是因为……	zhī suǒyǐ……, shì yīnwèi……	the reason that…is…, because…	15-2
支吾	zhīwu	to prevaricate, to hum and haw	11-1
制度	zhìdù	regulations	15-2
中西融合	zhōngxī rónghé	fusion of the Chinese and Western styles	11-1
肿/疼得厉害	zhǒng/téng de lìhai	to be terribly swollen/painful	10-1
中毒	zhòngdú	to be attacked by a virus	13-1
中暑	zhòngshǔ	to suffer heatstroke	16-2
主心骨	zhǔxīngǔ	mainstay	12-2
抓紧	zhuājǐn	to lose no time in doing sth.	14-3
专业面儿	zhuānyèmiànr	scope of a profession	15-3
转行	zhuǎnháng	to change one's career	15-3
着装	zhuózhuāng	to be dressed in	16-1
滋润	zīrùn	well-off, comfortable	12-3
子承父业	zǐ chéng fù yè	to follow one's father's occupation	12-2
自卑	zìbēi	self-abased, self-contemptuous	12-2
自救	zìjiù	to save oneself	17-1

词语	拼音	英文注释	单元-部分
自立	zìlì	to earn one's own living	12-2
自私	zìsī	selfish	12-2
自以为是	zìyǐwéishì	to consider oneself (always) in the right	12-2
总裁	zǒngcái	(company) president	16-1
走私	zǒusī	to smuggle	17-2
足不出户	zúbùchūhù	to keep to the house	13-2
阻挡	zǔdǎng	to stop, to obstruct	11-2
阻塞	zǔsè	to block, to jam	10-3
钻心地疼	zuānxīn de téng	to feel unbearable pain	10-1
琢磨	zuómo	to ponder, to consider	14-3
坐牢	zuòláo	to be in prison	11-1

专有名词

词语	拼音	英文注释	单元-部分
		F	
福布斯世界富豪榜	Fúbùsī Shìjiè Fùháobǎng	Forbes List of the World's Richest People	13-1
		J	
剑桥	Jiànqiáo	Cambridge	13-3
		L	
洛杉矶	Luòshānjī	City of Los Angeles	17-1
		N	
牛郎	Niúláng	Cowherd	11-1
		Q	
七夕节	Qīxī Jié	Chinese Valentine's Day, the seventh day of the seventh month in the lunar calendar	11-1
		W	
王母娘娘	Wángmǔ niángniang	Queen Mother of the Heavens	11-1
		Z	
织女	Zhīnǚ	Weaver Girl	11-1

版权声明

《沟通——任务型中级汉语口语》是一套对外汉语口语教材，教材中的部分图片、选文来源于网上等多种媒体。由于时间、地域、联系渠道等多方面的困难，我们在无法与所有权利人取得联系的情况下使用了有关作者的作品，同时因教学需要，对作品进行了必要的修改、调整。对此，我们深表歉意并衷心希望得到权利人的理解和支持。另外，有些作品由于无法了解作者的信息并与作者取得联系，未署作者的姓名，恳请权利人谅解。希望原文作者与编者联系，妥善解决版权问题。

编者

图书在版编目（CIP）数据

沟通：任务型中级汉语口语．下/赵雷主编．北京 ：
北京语言大学出版社，2013.8（2018.3 重印）
（尔雅中文）
ISBN 978-7-5619-3572-9

Ⅰ．①沟… Ⅱ．①赵… Ⅲ．①汉语－口语－对外
汉语教学－教材 Ⅳ．①H195.4

中国版本图书馆 CIP 数据核字（2013）第 188064 号

尔雅中文　沟通——任务型中级汉语口语·下

ERYA ZHONGWEN　GOUTONG——RENWUXING ZHONGJI HANYU KOUYU · XIA

责任印制：周 燚
排版制作：北京鑫联必升文化发展有限公司
插　　图：插图绘制：北京鑫联必升文化发展有限公司
图片由“前图网”“微图网”“中国新闻图片网”提供

出版发行：北京语言大学出版社
社　　址：北京市海淀区学院路 15 号，100083
网　　址：www.blcup.com
电子信箱：service@blcup.com
电　　话：编辑部　8610-82303647/3592/3395
国内发行　8610-82303650/3591/3648
海外发行　8610-82303365/3080/3668
北语书店　8610-82303653
网购咨询　8610-82303908
印　　刷：北京京华虎彩印刷有限公司

版　　次：2013 年 8 月第 1 版　　印　　次：2018 年 3 月第 2 次印刷
开　　本：889 毫米 × 1194 毫米　1/16　　印　　张：18.5
字　　数：409 千字
定　　价：88.00 元

PRINTED IN CHINA